Volland

Gebäudeenergiegesetz (GEG)

Gebäudeenergiegesetz (GEG)

Schnelleinstieg
Chancen nutzen
Risiken vermeiden

von
Dipl. Ing. (FH) Johannes Volland
Zertifizierter Energieberater der HWK,
Regensburg

Textausgabe mit Schnelleinstieg

4. aktualisierte Auflage

Bibliografische Informationen der Deutschen Nationalbibliothek

Die Deutsche Nationalbibliothek verzeichnet diese Publikation in der
Deutschen Nationalbibliografie; detaillierte bibliografische Daten sind im
Internet
über <http://dnb.d-nb.de> abrufbar.

Bei der Herstellung des Werkes haben wir uns zukunftsbewusst für
umweltverträgliche
und wiederverwertbare Materialien entschieden.
Der Inhalt ist auf elementar chlorfreiem Papier gedruckt.

ISBN 978-3-8073-2697-9

E-Mail: kundenservice@hjr-verlag.de

Telefon: +49 0800/2183-333 (innerhalb Deutschlands)
Telefax: +49 89/2183-7928

© rehm, eine Marke der Verlagsgruppe Hüthig Jehle Rehm GmbH
Im Weiher 10, 69121 Heidelberg

www.rehm-verlag.de

Satz: TypoScript GmbH, München
Druck: Westermann Druck Zwickau GmbH,
Crimmitschauer Str. 43, 08058 Zwickau
Abbildung vom Titelblatt: www.digitalstock.de, Bildautor: M. Osterrieder

Vorwort

Mit dem neuen Gebäudeenergiegesetz wird das bisherige Energie-einsparungsgesetz (EnEG), die bisherige Energieeinsparverordnung (EnEV) und das bisherige Erneuerbare-Energien-Wärmegesetz (EEWärmeG) zu einem neuen Gesetz zusammengefasst. Die europäischen Vorgaben zur Gesamtenergieeffizienz von Gebäuden werden umgesetzt. Die Regelung des Niedrigstenergiegebäudes in das vereinheitlichte Energieeinsparrecht integriert. Nicht verschärft wurden das aktuelle energetische Anforderungsniveau für Neubauten und Sanierung, weil weitere Steigerungen der Bau- und Wohnkosten vermieden werden sollen.

Die Novelle der Verordnung von 2014 war zudem notwendig, weil einige DIN-Normen, auf die sich die EnEV bzw. das neue GEG bezieht, aktualisiert und überarbeitet wurden, wie z.B. die DIN 18599 Teil 1-10 und das Beiblatt 2 der DIN 4108.

Wesentliche Neuerungen sind die Ansetzbarkeit von Strom aus erneuerbaren Energien sowie von gasförmiger Biomasse bei der energetischen Bilanzierung, die notwendige Angabe der Kohlendioxidemissionen im Energieausweis, die Einschränkung des Einbaus neuer Ölheizungen ab dem Jahr 2026 nach den Maßgaben in den Eckpunkten für das Klimaschutzprogramm 2030. Diese Regelung gilt ab 2026 gleichermaßen für den Einbau von neuen, mit festen fossilen Brennstoffen beschickten Heizkesseln (Kohleheizungen). Außerdem wurde mit aufgenommen, dass in den Fällen des Verkaufs einer Immobilie oder bei der Sanierung von Ein- und Zweifamilienhäusern eine energetische Beratung des Käufers bzw. Eigentümers notwendig ist.

Alle Änderungen im GEG zur EnEV 2014 wurden in dieser neuen Auflage mit aufgenommen. Auch die aktuellen Förderungen über die BAFA und die KFW-Bank sind mit der neuen Auflage aktualisiert worden.

Dieses Buch möchte Sie an das Thema „Energiesparendes Bauen und GEG" heranführen, Ihnen aufzeigen, welche Chancen für Sie als Planer darin stecken und wie spannend es sein kann, sich mit dieser Thematik intensiver zu beschäftigen. Wagen Sie einen Einblick in das GEG. Mit diesem Buch können Sie selbst entscheiden, welche Kompetenz Sie sich erwerben wollen. Die nötige Grundlage für eine Entscheidung ist schnell zu adaptieren. Begrifflichkeiten werden prägnant erklärt.

Inhaltsübersicht

A
Einführung

1 Warum energiesparendes Bauen und dessen Chancen für den Architekten und Ingenieur

Seit der Einführung der ersten Wärmeschutzverordnung 1977 sind die Energiepreise kontinuierlich bis 2006 gestiegen. Seit 2008 ist der Ölpreis starken Schwankungen ausgesetzt und eher wieder rückläufig. Wie sich der Ölpreis weiter entwickelt kann nur schwer prognostiziert werden. Durch die Einführung der CO_2-Steuer Angang 2021 werden jedoch fossile Energieträger wieder teurer. Betrachtet man die Entwicklung des Energiepreises von Erdgas und Pellets, so ist dieser seit 2008 ziemlich stabil.

Beim Kauf einer Bestandsimmobilie oder beim Bau eines neuen Eigenheimes ist eine der zentralen Fragen für den Bauherrn, wie er sein Gebäude beheizen soll. Schon in der EnEV 2014 wurde festgelegt, dass in Immobilienanzeigen der Energiebedarf eines Gebäudes mit angegeben werden muss. Der Immobilienkäufer kann dadurch besser beurteilen, mit welchen Nebenkosten für das Beheizen des Gebäudes zu rechnen ist. Auch durch die eingeführten Energieeffizienzklassen kann der Bau- oder Kaufinteressierte den energetischen Standard eines Gebäudes besser beurteilen.

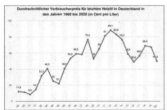 

Bild 1: Entwicklung der Energiepreise seit 2000 (Quelle: Bundesamt für Statistik)

▶ a) Nachhaltiges energiesparendes Bauen ist eine Herausforderung

Der Architekt sollte dieses Aufgabenfeld nicht anderen Berufsgruppen überlassen. Gerade die Architektur ist bei der Umsetzung der neuen Anforderungen an die Gebäude stark gefragt. Dies sollte nicht als Hemmschuh in der Gestaltung gesehen werden, sondern als Herausforderung. Haustechnik und Baumaterialien müssen aufeinander abgestimmt werden. Wärmebrücken müssen vermieden werden. Dies gelingt nur über eine gute Werk- und Detailplanung. Konstruieren rückt stärker ins Zentrum der Gestaltung. Neue Materialien generieren eine neue Ästhetik. In einem ausgewogen konstruierten, energieeffizienten Gebäude stehen der Wärmeschutz und die Anlagentechnik in einem ausgewogenen Verhältnis zueinander, unter Berücksichtigung der örtlichen Gegebenheiten. Durch die Einführung einer Energiekennzahl für jedes Gebäude wird die Architektur messbar und gerade diese sollte als Herausforderung gesehen werden.

▶ **b) Zeitgewinn durch frühzeitige Berücksichtigung bauphysikalischer Belange**

Wenn ein umfangreiches Wissen bezüglich Wärmeschutz und Anlagentechnik vorhanden ist, kann es frühzeitig in der Planung berücksichtigt werden. Es ergibt sich ein erheblicher Zeitgewinn, wenn die Anforderungen des energiesparenden Bauens von Anfang an beurteilt und berücksichtigt werden können. Auch bei der Zusammenarbeit mit den Fachingenieuren führt ein kompetentes Fachwissen zu schnelleren Problemlösungen.

▶ **c) Mehr Freiheit in der Planung**

Es gibt viele Möglichkeiten, den Anforderungen des GEG gerecht zu werden. Das Gebäude darf einen gewissen Primärenergiebedarf nicht überschreiten. Dies kann entweder durch einen hohen Wärmedämmstandard der Gebäudehülle oder durch eine sehr effiziente und umweltfreundliche Anlagentechnik erreicht werden. Je nach Gebäudeart und Nutzerverhalten kann entschieden werden, in welche Richtung mehr investiert werden soll.

▶ **d) Mehr Planungssicherheit**

Mehr Wissen bedeutet auch mehr Planungssicherheit. Die hohen Anforderungen an die Gebäudehülle erfordern ein durchdachtes Planungskonzept und eine ausgearbeitete Werk- und Detailplanung, um Bauschäden zu vermeiden. Diese treten immer häufiger auf, da an dieser Detailplanung nach wie vor gespart wird. Es liegt am verantwortlichen Planer, den Bauherrn darüber aufzuklären, dass nur durch eine detaillierte gewerkübergreifende Ausführungsplanung Bauschäden vermieden werden können und diese nicht den Handwerkern überlassen werden darf.

▶ **e) Mehr Aufträge**

Die steigende Nachfrage nach energieeffizienten Gebäuden und die notwendige Sanierung des Altbaubestandes eröffnet dem planenden Architekten oder Ingenieur neue Aufgabengebiete. Diese können aber nur erschlossen werden, wenn das notwendige Fachwissen auf diesem Gebiet vorhanden ist.

2 Grundlagen

2.1 Entwicklung der Vorschriften und Verordnungen

Zur Vermeidung von Feuchteschäden und der Überhitzung von Gebäuden im Sommer wurde 1952 die DIN 4108 „Wärmeschutz und Energieeinsparung in Gebäuden" eingeführt. Die erste Wärmeschutzverordnung zur Verringerung des Energiebedarfs von Gebäuden wurde 1977 verabschiedet. In der nachfolgenden Tabelle wird die Entwicklung der Vorschriften zum Wärmeschutz von Gebäuden mit normaler Innentemperatur dargestellt.

Hinweis:

Der in der Tabelle erwähnte k-Wert wurde 2002 durch die Europäisierung der Normen und Bezeichnungen in den U-Wert umgewandelt. Der U-Wert ist die heute gültige Bezeichnung für den Wärmedurchgangskoeffizienten.

Tabelle 1: Entwicklung der Verordnungen zum baulichen Wärmeschutz

Inkrafttreten	Verordnung	Anforderungen
1952	DIN 4108 Mindestwärmeschutz	Eine Mindestanforderung an den k-Wert von Bauteilen der Gebäudehülle wird eingeführt.
1.11.1977	1. Wärmeschutzverordnung (1. WSCHVO)	Mindestwärmeschutz nach DIN 4108. Neu: Zusätzlich wird ein zul. $k_{m,max}$-Wert in Abhängigkeit des A/V-Verhältnisses eingeführt.
1.1.1984	2. Wärmeschutzverordnung (2. WSCHVO)	Mindestwärmeschutz nach DIN 4108. Die Anforderungen an den zul. $k_{m,max}$-Wert in Abhängigkeit des A/V-Verhältnisses werden erhöht. Neu: Anforderungen an die Dichtheit der Fenster durch Begrenzung des Fugendurchlasskoeffizienten. Anforderungen an den k-Wert von Bauteilen bestehender Gebäude bei Sanierungen.
1.1.1995	3. Wärmeschutzverordnung (3. WSCHVO)	Mindestwärmeschutz nach DIN 4108. Die Anforderungen an den k-Wert bei Sanierung von Bauteilen werden weiter erhöht. Neu: Einführung eines zul. Heizwärmebedarfs Q_h in Abhängigkeit des A/V-Verhältnisses. Der zul. Heizwärmebedarf eines Gebäudes gilt nun als Richtwert für die Bemessung der Wärmedämmung. Nachweis des sommerlichen Wärmeschutzes.

Inkrafttreten	Verordnung	Anforderungen
1.2.2002	1. Energieeinsparverordnung (EnEV)	Mindestwärmeschutz nach DIN 4108. Die Anforderungen an den U-Wert bei der Sanierung von Bauteilen werden differenzierter betrachtet und weiter verschärft. Der Nachweis des sommerlichen Wärmeschutzes wird komplexer. Neu: Der zul. Primärenergiebedarf Q_p in Abhängigkeit des A/V-Verhältnisses gilt nun als Kenngröße eines Gebäudes. Es wird nicht mehr allein der Wärmebedarf des Gebäudes betrachtet, sondern auch die Effizienz und Umweltfreundlichkeit der Anlagentechnik. Die Wärmeverluste werden über den zul. Transmissionswärmeverlust H_T begrenzt. Erstmalige Unterscheidung zwischen Wohn- und Nichtwohngebäuden sowie beheizten und niedrig beheizten Gebäuden.
2.12.2004	2. Energieeinsparverordnung (EnEV)	Geringfügige Änderungen im Gesetzestext. Integration der aktualisierten DIN-Normen.
2007	3. Energieeinsparverordnung (EnEV)	Nachweis für Wohngebäude wie bei EnEV 2004 mit geringfügigen Änderungen. Neu: Eigenes Nachweisverfahren für Nichtwohngebäude und bestehende Wohngebäude. Bei Nichtwohngebäuden wird nun auch der Energiebedarf für Belüftung, Kühlung und Beleuchtung mit berücksichtigt. Einführung eines Energieausweises für alle neuen und bestehenden Gebäude.
2009	4. Energieeinsparverordnung (EnEV)	Die Anforderungen an neue Wohn- und Nichtwohngebäude werden weiter verschärft. Die zul. Transmissionswärmeverluste H_T um durchschnittliche 15 %, der zul. Primärenergiebedarf Q_p um durchschnittlich 30 %. Auch die Anforderungen bei Sanierung von bestehenden Gebäuden wurden angehoben. Neu: Der zul. Primärenergiebedarf Q_p ist nun auch bei Wohngebäuden über ein Referenzgebäude zu berechnen. Außerdem dürfen nun auch Wohngebäude nach DIN V 18599 berechnet werden. Das „Vereinfachte Verfahren" für Wohngebäude wurde nicht mehr mit aufgenommen.

Inkrafttreten	Verordnung	Anforderungen
2014	5. Energieeinsparverordnung (EnEV)	Bei Neubauten wird ab dem 1. Januar 2016 der zulässige Primärenergiebedarf um weitere 25 % gesenkt. Die Anforderungen bei der Sanierung von Altbauten bleiben gleich. Ab dem 1. Januar 2016 wird der zulässige Transmissionswärmeverlust auch über das Referenzgebäude festgelegt. Es dürfen dann sowohl der Wert des Referenzgebäudes als auch der Wert der Tabelle 2 Anlage 1 nicht überschritten werden. Neuregelungen bei der Ausstellung von Energieausweisen: Jeder Energieausweis bekommt eine Registriernummer. Es wird eine Energieeffizienzklasse im Energieausweis mit eingeführt. Das sog. Referenzklima in Deutschland wird von Würzburg nach Potsdam verlegt.
2020	1. GEG	Durch das GEG werden EnEG, EnEV und EEWärmeG in einem modernen Gesetz zusammengeführt. Der Begriff Niedrigstenergiegebäude wird definiert. Strom darf nun als „Erneuerbare Energie" angerechnet werden. Die Nachrüstpflicht bei Heizkesseln wurde neu definiert. Eine Innovationsklausel wurde mit aufgenommen. Ein einheitliches Berechnungsverfahren zur Bestimmung der Treibhausgasse wurde eingeführt. Bei der Ausstellung von Energieausweisen ist nun eine Vor-Ort-Begehung mit aussagekräftigem Bildmaterial verpflichtend. Verbindliche Angaben von Treibhausgasemissionen im Energieausweis. Verpflichtende energetische Beratung durch einen Energieberater bei Kauf einer Immobilie. Die Ausstellungsberechtigung für Energieausweise wurde geändert. Keine Unterscheidung zwischen Wohn- und Nichtwohngebäuden.

2.2 Die wichtigsten Begriffe in der Energieberatung

Tabelle 2: Begriffe in der Energieberatung

Begriff	Erläuterung
Primärenergiebedarf Q_P	Berücksichtigt die **fossile** Energiemenge, die gewonnen werden muss, um den Gesamtenergiebedarf des Gebäudes zu decken. Darin ist auch der fossile Energiebedarf enthalten, der für die Gewinnung, die Umwandlung und den Transport des Energieträgers notwendig ist. Der Anteil an erneuerbarer Energie wird im Primärenergiebedarf nach GEG nicht berücksichtigt. Der Primärenergiebedarf ist der Kennwert für die energetische Beurteilung von Gebäuden und darf den in der GEG definierten Wert nicht überschreiten. Dieser wird im Energieausweis ausgewiesen und mit dem zulässigen Wert verglichen. Er sagt nichts über den gesamten Energiebedarf des Gebäudes aus, da nur der fossile Anteil an benötigter Energie berücksichtigt wird.
Primärenergiefaktor f_P	Berücksichtigt die fossile Energiemenge für die Gewinnung, die Umwandlung und den Transport des Energieträgers. Dieser wird als insgesamt sowie für den nicht erneuerbaren Anteil angegeben. Der für den nicht erneuerbaren Anteil ist für den Nachweis nach GEG zu verwenden. Der Anteil an Primärenergie für den erneuerbaren Anteil am Gesamtenergiebedarf wird nicht berücksichtigt.
Anlagenkennzahl e_P	Beschreibt das Verhältnis der von der Anlagentechnik aufgenommenen Primärenergie Q_P in Relation zu der von ihr abgegebenen Nutzwärme (Heizwärmebedarf Q_h + Trinkwasserbedarf Q_W), **einschließlich des Primärenergiefaktors.**
Aufwandszahl e_g	Beschreibt, um wie viel mehr an Energie dem Heizsystem zugeführt werden muss, um die benötigte Heizwärme zu erzeugen.
Endenergiebedarf Q_E	Ist die rechnerisch ermittelte Energiemenge in kWh, die dem Gebäude zum Heizen, Kühlen, Klimatisieren und Beleuchten zugeführt werden muss. Er ist ein theoretischer Wert, der mit normierten Klimaverhältnissen nach GEG berechnet wird. Er sagt nichts über den tatsächlichen Verbrauch des Gebäudes aus.
Heizwärmebedarf Q_h (nach DIN V 4108-6) Nutzwärmebedarf Heizung $Q_{n,B}$ (nach DIN V 18599-2)	Ist die rechnerisch ermittelte Energiemenge in kWh, die dem Gebäude über ein Heizsystem zur Aufrechterhaltung einer gewünschten Raumtemperatur zugeführt werden muss.
Trinkwasserbedarf Q_w (nach DIN V 4108-6) Nutzwärmebedarf Trinkwasser $Q_{w,B}$ (nach DIN V 18599-2)	Ist die benötigte Menge an warmem Leitungswasser.
Spezifischer Transmissionswärmeverlust H_T (nach DIN V 4108-6) Transmissionswärmetransferkoeffizient H_T (nach DIN V 18599-2)	Kennzeichnet den Wärmestrom, der durch die wärmeübertragende Umfassungsfläche A fließt, wenn die Temperaturdifferenz zwischen Innen und Außen 1K beträgt (W/K). Diese sind der Kennwert für die energetische Qualität der Gebäudehülle und dürfen einen in der GEG definierten Wert nicht überschreiten. Der spezifische Transmissionswärmeverlust wird im Energieausweis ausgewiesen und mit dem nach GEG zulässigen Wert verglichen.

Begriff	Erläuterung
Transmissionswärmeverlust Q_T	Bezeichnet die Energieverluste in kWh, die über die Außenhülle eines Gebäudes in einem definierten Zeitraum verloren gehen.
Lüftungswärmeverlust Q_V (nach DIN V 4108-6) Lüftungswärmesenken Q_V (nach DIN V 18599-2)	Bezeichnet die Wärmeverluste in kWh, die infolge Luftaustausch von warmer verbrauchter Innenluft durch frische Außenluft in einem definierten Zeitraum stattfinden.
Solare Wärmegewinne Q_S (nach DIN V 4108-6) Solare Wärmeeinträge Q_s (nach DIN V 18599-2)	Entstehen durch direkte Sonneneinstrahlung auf transparente Bauteile wie Fenster bzw. durch Strahlungsabsorption an den Oberflächen nicht transparenter Bauteile. Es ist die Energiemenge in kWh, die das Gebäude zur Beheizung nutzen kann.
Interne Wärmegewinne Q_i (nach DIN V 4108-6) Interne Wärmequellen Q_i (nach DIN V 18599-2)	Entstehen durch Wärmeabgabe von elektrischen Geräten wie Licht, Computer, Backofen etc. sowie durch Körperwärme von Mensch und Tier. Es ist die Energiemenge in kWh, die das Gebäude zur Beheizung nutzen kann.
Wärmesenken Q_{sink}	Ist die Bezeichnung nach DIN V 18599-2 für Wärmeverluste in einem beheizten oder gekühlten Gebäude
Wärmequellen Q_{source}	Ist die Bezeichnung nach DIN V 18599-2 für Wärmegewinne in einem beheizten oder gekühlten Gebäude
Energieverbrauch	Ist der gemessene Energieverbrauch eines bestehenden Gebäudes (Gas, Öl, Holz, Strom etc.).
Passivhaus	Ein Passivhaus ist ein Gebäude, dessen Heizwärmebedarf Q_h nicht mehr als 15 kWh/(m² · a) und dessen Primärenergiebedarf Q_P einschließlich Warmwasser und Haushaltsstrom nicht mehr als 120 kWh/(m² · a) beträgt. Im Vergleich zu konventionellen Gebäuden benötigt ein Passivhaus 80–90 % weniger Heizenergie. Für den Nachweis von Passivhäusern gibt es ein eigenes Nachweisverfahren, das vom Passivhaus-Institut entwickelt wurde. Alles Wissenswerte über Passivhäuser und deren Nachweisverfahren kann man dort erfahren (www.passiv.de).
KfW-Bank	Kreditanstalt für Wiederaufbau. Die KfW Förderbank fördert energiesparendes Bauen und Maßnahmen zur CO_2- Minderung im Bestand. Die Fördergelder können nicht direkt bei dieser Bank beantragt werden, sondern sind immer über die eigene Hausbank zu beantragen (www.kfw.de).
KfW-Effizienzhaus	Ein KfW Effizienzhaus ist ein neues Gebäude, das auf Grund seines geringen Energiebedarfs über die KfW-Bank mit zinsgünstigen Darlehen gefördert wird (www.kfw.de).
KfW-Effizienzhaus 40	Ist ein Gebäude, dessen Jahres-Primärenergieverbrauch nicht mehr als 40 % und dessen Transmissionswärmeverluste H'_T nicht mehr als 55 % der zulässigen Werte nach GEG ausmachen
KfW-Effizienzhaus 55	Ist ein Gebäude, dessen Jahres-Primärenergieverbrauch nicht mehr als 55 % und dessen Transmissionswärmeverluste H'_T nicht mehr als 70 % der zulässigen Werte nach GEG ausmachen.
KfW-Effizienzhaus 70	Ist ein Gebäude, dessen Jahres-Primärenergieverbrauch nicht mehr als 70 % und dessen Transmissionswärmeverluste H'_T nicht mehr als 85 % der zulässigen Werte nach GEG ausmachen.
KfW-Effizienzhaus 85	Ist ein Gebäude, dessen Jahres-Primärenergieverbrauch nicht mehr als 85 % und dessen Transmissionswärmeverluste H'_T nicht mehr als 100 % der zulässigen Werte nach GEG ausmachen.

Begriff	Erläuterung
KfW-Effizienzhaus 100	Ist ein Gebäude, dessen Jahres-Primärenergieverbrauch nicht mehr als 100 % und dessen Transmissionswärmeverluste H'_T nicht mehr als 115 % der zulässigen Werte nach GEG ausmachen.
KfW-Effizienzhaus 115	Ist ein Gebäude, dessen Jahres-Primärenergieverbrauch nicht mehr als 115 % und dessen Transmissionswärmeverluste H'_T nicht mehr als 130 % der zulässigen Werte nach GEG ausmachen.
KfW-Effizienzhaus Denkmal	Ist ein Gebäude, dessen Jahres-Primärenergieverbrauch nicht mehr als 160 % der zulässigen Werte nach GEG ausmachen. An den Transmissionswärmeverlust H'_T werden keine Anforderungen gestellt.
DENA	Deutsche Energie-Agentur. Die Deutsche Energie-Agentur GmbH (dena) ist ein Kompetenzzentrum für Energieeffizienz und regenerative Energien. Ihre zentralen Ziele sind die rationelle und damit umweltschonende Gewinnung, Umwandlung und Anwendung von Energien sowie die Entwicklung zukunftsfähiger Energiesysteme unter besonderer Berücksichtigung der verstärkten Nutzung von regenerativen Energien. Ihre Gesellschafter sind die Bundesrepublik Deutschland und die KfW Bankengruppe. Sie wurde im Herbst 2000 mit Sitz in Berlin gegründet. Eines ihrer großen Projekte war die Einführung des Energiepasses (jetzt Energieausweis). (www.dena.de)
BAFA	Bundesamt für Wirtschaft und Ausfuhrkontrolle. Eine Aufgabe dieses Amtes ist u. a. das Ziel einer ökonomisch und ökologisch ausgewogenen sowie langfristig sicheren Energieversorgung. Der Schwerpunkt liegt dabei in der Förderung erneuerbarer Energien. Ein weiterer Schwerpunkt ist die geförderte Energieberatung „Vor-Ort-Beratung" (www.bafa.de).
Vor-Ort-Beratung	Ist eine über die BAFA geförderte Energieberatung vor Ort. Alle Hausbesitzer, die ein Gebäude mit Baugenehmigung vor dem 31.12.1994 besitzen, können eine über die BAFA geförderte Energieberatung (Vor-Ort-Beratung) durch einen bei der BAFA zertifizierten Energieberater beantragen. Die Fördergelder werden über den Energieberater beantragt und an diesen ausgezahlt (www.bafa.de).
Sanierungsfahrplan	Der individuelle Sanierungsfahrplan Wohngebäude stellt aufeinander abgestimmten Schritte einer energetischen Sanierung dar. Gemeinsam mit Konsortialpartnern hat die dena dafür eine Gesamtmethodik entwickelt, die eine einheitliche Energieberatung ermöglicht.
Niedrigenergiehaus	Der Begriff Niedrigenergiehaus wird heute bei Neubauten nicht mehr benutzt. Diese Gebäude wurden vor der Einführung der EnEV 2002 gefördert, wenn sie die Anforderungen der WSCHVO von 1995 um 30 % unterschritten. Durch die erhöhten Anforderungen der EnEV 2002 gegenüber der WSCHVO von 1995 wurde das Niedrigenergiehaus zum heutigen Standard.

Begriff	Erläuterung
Fossile Energiequellen	Sind endliche Energien. Sie sind vor mehreren Milliarden Jahren durch Ablagerungen von mikroskopisch kleinen Meereslebewesen entstanden. Zu den fossilen Energiequellen gehören Erdöl, Erdgas, Steinkohle und Braunkohle. Die Verbrennung von fossilen Brennstoffen wird als umweltschädlich eingestuft, da das über Jahrmillionen gespeicherte CO_2 in kurzer Zeit wieder freigesetzt wird und in der Atmosphäre den viel zitierten Treibhauseffekt mit verursacht.
Regenerative Energiequellen	Sind Energiequellen, die sich laufend erneuern und unerschöpflich zur Verfügung stehen. Unterschieden wird hier zwischen Energie, die aus direkter Sonneneinstrahlung z. B. durch Photovoltaikelemente Strom oder durch Solarkollektoren Wärme erzeugen, und umgewandelter Strahlungsenergie, die als Wind-, Wasser- oder Bioenergie zur Verfügung steht. Zu den regenerativen Energiequellen zählt auch geothermische Energie sowie Erdwärme und Gravitationsenergie. Die Nutzung von regenerativen Energiequellen wird als umweltfreundlich eingestuft, da bei deren Umwandlung in nutzbare Energie die Atmosphäre nicht mit zusätzlichen schädlichen Gasen wie CO_2 belastet wird. Das bei der Verbrennung von Biomasse freiwerdende CO_2 wird durch nachwachsende Pflanzen wieder gebunden.
Passive Nutzung von Solarenergie	Ist die direkte Nutzung von Sonnenenergie. Dies sind z. B. solare Wärmegewinne über transparente Bauteile in beheizten Gebäuden. Eine durchdachte architektonische Bauweise kann erheblich zur passiven Nutzung von Sonnenenergie beitragen. Nach Süden orientierte Fenster, vorhandene Speichermassen sowie ein schnell regulierendes Heizsystem im Gebäude sind die Voraussetzung dafür.
Aktive Nutzung von Solarenergie	Ist die indirekte Nutzung von Sonnenenergie. Hierbei wird direkte und indirekte Sonnenenergie durch eine Anlagentechnik zur Erwärmung eines Wärmeträgers genutzt. Direkte Sonnenenergie kann durch Photovoltaikelemente in Strom umgewandelt oder über Solarkollektoren zur Erwärmung von Luft oder Wasser genutzt werden. Indirekte Sonnenenergie steht als Erdwärme, Wind, Wasser oder Biomasse zur Verfügung.
Energieausweis	In der EU-Richtlinie 2002/91/EG „Gesamtenergieeffizienz von Gebäuden" wurde die Einführung eines Ausweises über den Energieverbrauch für Neu- und Bestandgebäude festgelegt. Mit der EnEV 2007 wurde dieses in nationales Recht umgesetzt. Durch die Einführung des Energieausweises soll das Bewusstsein über den Energieverbrauch von beheizten und gekühlten Gebäuden gestärkt und Besitzer von Immobilien mit hohem Energieverbrauch dazu ermuntert werden, diese energetisch zu sanieren. Im Energieausweis wird der Primär- und Endenergieverbrauch bzw. der gemessene Energieverbrauch grafisch dargestellt und mit anderen Gebäuden verglichen. Dadurch bekommt der Käufer oder Mieter die Möglichkeit, die energetische Qualität der zu erwerbenden oder zu mietenden Immobilie beurteilen zu können und mit anderen Immobilien zu vergleichen.

Begriff	Erläuterung
Energiepass	Zur Einführung des Ausweises über den Energieverbrauch für Neu- und Bestandsgebäude wurde von der DENA im Herbst 2003 eine Feldversuch gestartet. In diesem wurde der jetzige Energieausweis Energiepass genannt. Alle Energiepässe, die vor Inkrafttreten der EnEV 2007 erstellt und über die DENA registriert wurden, haben weiterhin Gültigkeit.

2.3 Klimatische Verhältnisse in Deutschland

Um die Gebäude innerhalb Deutschlands miteinander vergleichen zu können, sind für den Nachweis nach GEG und den Energieausweis die mittleren Durchschnittswerte von Deutschland zu verwenden. Zur Beurteilung der energetischen Qualität eines Gebäudes und für eine energetisch optimierte Planung ist es aber notwendig, die klimatischen Verhältnisse vor Ort zu berücksichtigen. Diese können regional sehr unterschiedlich sein. Insbesondere für die Beurteilung der wirtschaftlichen Nutzung von Solarenergie (aktiv und passiv) ist die genaue Betrachtung der Wetterdaten vor Ort notwendig.

In kalten Regionen mit geringer Strahlungsintensität, z. B. Fichtelgebirge (siehe Tabelle 3), ist es wirtschaftlich gesehen sinnvoller, mehr Geld in die Wärmedämmung der Gebäudehülle zu investieren als in die Nutzung von Solarenergie. In Regionen mit hoher Strahlungsintensität (z. B. Garmisch-Partenkirchen) ist die Nutzung von Solarenergie, je nach Gebäudenutzung, durchaus lukrativ.

Durchschnittliche Wetterdaten in Deutschland (nach DIN V 18599-10):

Außentemperatur (Potsdam):   9,5 °C,

Strahlungsangebot im Jahr auf eine 30° geneigte   1.211 kWh/m²
Süd-Fläche:

In der nachfolgenden Tabelle ist das Strahlungsangebot der einzelnen Regionen mit deren durchschnittlicher Außentemperatur dargestellt.

Tabelle 3: Wetterdaten der einzelnen Regionen in Deutschland nach DIN V 18599-10

	Klimaregionen															
	1	2	3	4	5	6	7		8	9	10	11	12	13	14	15
	Deutschland	Bremerhaven	Rostock	Hamburg	Potsdam	Essen	Bad Marienburg	Kassel	Braunlage	Chemnitz	Hof	Fichtelgebirge	Mannheim	Passau	Stötten	Garmisch-P.
Orientierung	Durchschnittliche Strahlungsintensität in Deutschland															
Süd	838	741	838	732	838	702	708	750	755	839	753	760	845	779	765	858
Ost	707	644	671	625	707	626	626	649	663	687	715	651	726	705	698	758
West	628	523	602	522	628	507	516	543	535	602	548	543	576	566	568	571
Nord	365	390	353	338	365	391	394	406	401	361	414	352	365	419	421	430
gesamt	2538	2298	2464	2217	2538	2226	2244	2348	2354	2489	2430	2306	2512	2469	2452	2617
Abweichung in %	100%	91%	97%	87%	100%	88%	88%	93%	93%	98%	96%	91%	99%	97%	97%	103%
Außentemperatur C° Durchschnitt im Jahr	9,5	10,1	9,5	9,5	9,5	10,4	7,8	9,3	6,7	8,7	7,4	3,8	11,1	8,6	7,8	7,4
Abweichung in %	100%	106%	100%	100%	100%	109%	82%	98%	71%	92%	78%	40%	117%	91%	82%	78%

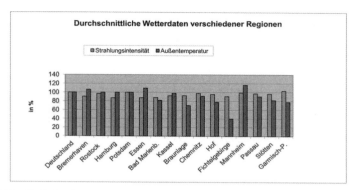

Bild 2: Grafische Auswertung der Ergebnisse aus Tabelle 3

In der Tabelle 3 und Bild 2 ist gut erkennbar, welche Unterschiede bezüglich des Strahlungsangebots und der Außentemperatur in ganz Deutschland vorhanden sind. So wird z. B. in der Region Fichtelgebirge eine durchschnittliche Außentemperatur von 3,8 °C gemessen und in der Region Mannheim 11,1 °C. Das ist ein Temperaturunterschied von 7,3 °C, der sich auf den tatsächlichen Energiebedarf erheblich auswirkt. Das größte Strahlungsangebot in Deutschland wird in der Region Garmisch-Partenkirchen gemessen. Es ist um 18 % höher als in der Region Essen.

In der nächsten Grafik wurde untersucht, wie sich das Strahlungsangebot bezüglich des Neigungswinkels der Fläche in den einzelnen Monaten auf ein südorientiertes Fenster darstellt.

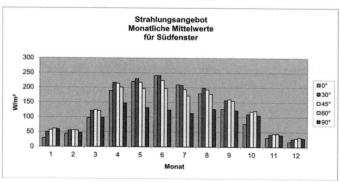

Bild 3: Mittleres durchschnittliches Strahlungsangebot für Deutschland nach DIN 18599-10

Bild 3 zeigt, dass in den Wintermonaten die Neigung der Fensterfläche (außer horizontale Flächen) eine geringe Rolle bezüglich der möglichen solaren Wärmegewinne spielt. Bei Nutzung von Solarkollektoren zur Brauchwasserunterstützung ist der ideale Aufstellwinkel zwischen 0° und 60°, da mit diesem Winkel im Sommer das größte Strahlungsangebot zur Verfügung steht.

Beim Einsatz von Solarkollektoren zur Heizungsunterstützung ist es durchaus sinnvoll, diese sehr steil aufzustellen. Es werden große Flächen benötigt, damit in den strahlungsarmen Wintermonaten genügend Energie gewonnen werden kann, um einen Teil des Heizwärmebedarfs und den Trinkwasserbedarf decken zu können. In den strahlungsreichen Sommermonaten wird aber nur Energie für die Trinkwasserbereitung benötigt, so dass es hier zu einem Überangebot kommt. Der steile Aufstellwinkel verringert das Überangebot an Wärmegewinnen im Sommer. Wenn ein großer Solarspeicher vorhanden ist, der das Überangebot im Sommer speichern kann, sollten diese wiederum zwischen 0° und 60° geneigt werden.

Zudem ist erkennbar, dass geneigte Fensterflächen im Sommer wesentlich mehr Wärmegewinne verursachen als senkrechte, was leicht zur Überhitzung der dahinterliegenden Räume führen kann.

Ein weiteres Kriterium für die Beurteilung von solaren Wärmegewinnen ist die Himmelsrichtung.

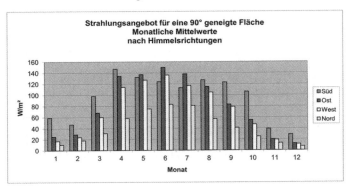

Bild 4: Mittleres durchschnittliches Strahlungsangebot für Deutschland nach DIN 18599-10 für verschiedene Himmelsrichtungen

Aus Bild 4 geht hervor, dass in den Wintermonaten die meisten solaren Wärmegewinne über nach Süden orientierte Flächen möglich sind, hingegen in den Sommermonaten die nach Ost/West orientierten Flächen höhere Werte erzielen. Dies sollte z. B. bei der Anordnung von Schlafräumen beachtet werden, da diese in den Abendstunden der Sommermonate leicht überhitzt werden können.

Bei der Nutzung von Wärme aus Solarkollektoren zur Heizungsunterstützung müssen diese unbedingt nach Süden orientiert werden.

Dies ist nur eine kleine Auswertung der Wetterdaten in Deutschland. Sie soll aufzeigen, wie wichtig es ist, die Wettereinflüsse bei der Planung von Gebäuden zu berücksichtigen.

2.4 Einfluss der Gebäudehülle auf das Raumklima

Ein gut gedämmtes und belichtetes Gebäude mit einer durchdachten Anlagentechnik verringert nicht nur den Energiebedarf und somit die Energiekosten, sondern trägt auch wesentlich zu einem behaglichen Raumklima bei. Durch ein energetisch optimiertes Gebäude werden physikalische Kenngrößen, die für das Wohlbehagen in einem Raum verantwortlich sind, positiv beeinflusst.

a) Angenehme Raumtemperatur durch hohe Oberflächentemperatur der Außenbauteile

Die Raumtemperatur ist eine der zentralen Kriterien für das Wohlbefinden. Je nach Temperaturempfinden der Bewohner wird der Innenraum von diesem unterschiedlich warm beheizt. Stark beeinflusst wird dieses Empfinden von der Oberflächentemperatur der Außenbauteile. Je höher diese ist, umso niedriger kann die beheizte Innentemperatur des Raumes sein, um das gleiche Wohlbefinden zu erzielen. Denn, so wie ein Kachelofen Wärme abstrahlt, strahlt auch eine warme Wand Wärme ab. Eine kalte Wand absorbiert die vom Körper abgestrahlte Wärme, was als unangenehm empfunden wird. Um dies auszugleichen, muss bei kalten Wänden die Innentemperatur angehoben, bei warmen Wänden gesenkt werden. Wenn der Temperaturunterschied zwischen Innenluft und Oberflächentemperatur der Außenbauteile stark differiert, entsteht zusätzlich eine Zirkulation der Luft im Raum, die wiederum meist als unbehaglich empfunden wird. Hohe Oberflächentemperaturen können durch gut gedämmte Wände erzielt werden (siehe Bild 5).

Eine gut gedämmte Gebäudehülle verringert nicht nur im Winter den Wärmefluss von innen nach außen, sondern auch im Sommer von außen nach innen. Dadurch kann auch im Sommer ein angenehmes Raumklima sichergestellt werden.

Zusammenstellung der Vorteile einer gut gedämmten Gebäudehülle:

- geringe Wärmeleitfähigkeit und dadurch geringere Energiekosten
- angenehme Oberflächentemperatur der Außenbauteile
- angenehme Raumtemperatur, keine Überhitzung
- keine Zirkulationen durch starke Temperaturunterschiede im Raum
- niedrigere Innentemperaturen verringern wiederum die Wärmeverluste, da sich diese proportional zum Temperaturunterschied zwischen innen und außen einstellen
- Beitrag zum sommerlichen Wärmeschutz.

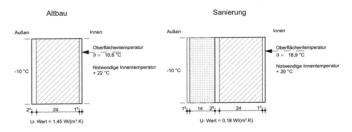

Bild 5: Oberflächentemperaturen von Außenwänden in Abhängigkeit ihrer U-Werte

Bei einem U-Wert der Außenwand von 1,45 W/(m² · K) weist diese eine Oberflächentemperatur von nur ca. 11 °C auf, bei einer notwendigen Innentemperatur für das Wohlbefinden von min. 22 °C. Bei einer Wand mit einem U-Wert von 0,18 W/(m² · K) steigt die Oberflächentemperatur auf 18,9 °C. Die notwendige Innentemperatur für das Wohlbefinden kann dadurch auf 20 °C gesenkt werden.

b)   Gute Luftqualität durch Lüftungsanlagen bei einer dichten Gebäudehülle

Durch eine dichte Gebäudehülle kann der Luftwechsel im Gebäude reguliert und den Anforderungen angepasst werden. Bestehende Gebäude mit undichten Fenstern und Bauteilanschlüssen benötigen zwar keine Lüftungsanlage, aber der vorhandene Luftwechsel ist meist wesentlich höher als notwendig, was unangenehme Zugerscheinungen verursacht und zu unnötigen Wärmeverlusten führt. Durch eine kontrollierte Lüftungsanlage ist es möglich, den Luftaustausch auf die vorhandenen Gegebenheiten einzustellen und individuell zu regulieren, wodurch eine gleichmäßige und schadstofffreie Luftqualität gewährleistet werden kann. Dies führt wiederum zu einer hohen Wohnqualität im Gebäude.

Zusammenstellung der Vorteile einer dichten Gebäudehülle mit Lüftungsanlage:

- keine Zugerscheinungen im Gebäude
- keine unnötigen Lüftungswärmeverluste und dadurch geringere Energiekosten
- gleichbleibend gute Luftqualität
- geringer Schadstoff- und Pollenstaubgehalt der Luft durch Filter in den Zuluftöffnungen
- geringere Lärmbelastung durch geschlossene Fenster.

c) Ausreichende natürliche Belichtung

Ein weiteres Kriterium für das Wohlbefinden in einem geschlossenen Gebäude ist eine ausreichende Belichtung. Diese sollte nach Möglichkeit weitgehend über direktes Tageslicht erfolgen. Lichtdurchflutete Räume sind heute das Markenzeichen guter Architektur. Großzügige Fensteröffnungen lassen Licht und Wärme ins Haus, wodurch Sonnenenergie passiv genutzt und Strom für die Belichtung eingespart werden kann. Es sollte aber darauf geachtet werden, dass durch zu hohe solare Wärmegewinne und blendendes Licht diese nicht wieder voll verschattet werden müssen, wodurch die Räume wieder künstlich zu belichten sind. Zu hohe solare Wärmegewinne sollten außerdem nach Möglichkeit nicht über Klimaanlagen reguliert, sondern über diffuse Verschattungseinrichtungen, Kühldecken sowie ausreichende Belüftung und Zirkulation vermieden werden.

Zusammenstellung der Vorteile optimierter Fensteröffnungen:

- lichtdurchflutete Räume und dadurch hohe Wohnqualität
- Verringerung der Wärmeverluste durch Nutzung passiver solarer Wärmegewinne
- Verringerung des Energiebedarfes für künstliche Belichtung.

Voraussetzung: Ausreichende und wohldosierte Beschattung (nicht Verschattung).

2.5 Energiebedarf und Heizzeit von Gebäuden mit unterschiedlichem energetischen Standard

Der Energiebedarf von Gebäuden wurde in den letzten 40 Jahren stetig verringert. Durch die WSCHVO von 1984 und 1995 sowie die jetzt gültige Energieeinsparverordnung EnEV 2014 musste die Baustoffindustrie Baustoffe entwickeln, die eine immer geringere Wärmeleitfähigkeit aufweisen. Die Wärmeleitfähigkeit von Ziegeln wurde in den letzten 20 Jahren von $\lambda = 0{,}36$ W/(m · K) auf 0,07 W/(m · K) gesenkt. Wärmedämmstoffe sind mit einem λ-Wert von bis zu 0,020 W/(m · K) auf dem

Markt erhältlich. Vakuumdämmplatten erzielen sogar noch wesentlich bessere Werte. Auch die Wärmeleitfähigkeit der Fenster konnte in den letzten 20 Jahren erheblich verringert werden. Bis zum Inkrafttreten der Wärmeschutzverordnung von 1995 besaßen Isolierglasscheiben einen mittleren U_G-Wert von 2,7 W/(m² · K). Der jetzige Standard liegt bei ca. 0,9 W/(m² · K). Zu empfehlen sind aber auch jetzt schon Gläser mit einem U_G-Wert von 0,6 W/(m² · K). Es sind auch Wärmeschutzgläser mit einem U_G-Wert von bis zu 0,4 W/(m² · K) erhältlich.

Nicht nur die Wärmeverluste über die Gebäudehülle wurden erheblich verringert, sondern auch die Effizienz der Anlagentechnik verbessert. Erreichen alte Niedertemperaturkessel und Standardkessel gerade mal einen Wirkungsgrad von ca. 70 %, können neue Heizungsanlagen mit Brennwerttechnik einen Wirkungsgrad von bis zu 98 % erzielen. Die Emissionen wurden dadurch erheblich gesenkt. Folgende Grafik zeigt den Primärenergiebedarf verschiedener Gebäudestandards.

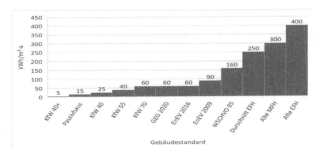

Bild 6: Endenergiebedarf im Vergleich

Ein gut gedämmtes Gebäude benötigt nicht nur weniger Energie, um ein Temperaturniveau aufrechtzuhalten, sondern muss auch über eine wesentlich kürzere Zeit mit Wärme versorgt werden. Die Heizzeit wird durch die Heizgrenztemperatur festgelegt, die über einen Außentemperaturfühler gemessen wird. Unterschreitet die Außentemperatur die eingestellte Grenztemperatur, wird die Heizung eingeschaltet.

Gebäude mit einem Dämmstandard vor Einführung der WSCHVO von 1977 haben eine durchschnittliche Heizgrenztemperatur von ca. 15 °C (Bild 7). Das bedeutet, wenn die Außentemperatur unter 15 °C sinkt, muss das Gebäude auf Grund seiner schlechten Dämmeigenschaft beheizt werden.

Wenn man die durchschnittliche Außentemperatur von Deutschland annimmt, ergibt dies eine Heizzeit von ca. 275 Tagen. Gebäude mit diesem Dämmstandard müssen von Mitte September bis Mitte Juni mit Heizwärme versorgt werden. Der Primärenergiebedarf liegt bei bis zu 430 kWh/(m² · a).

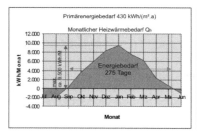 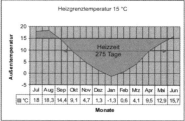

Bild 7: Heizzeit und Heizwärmebedarf eines Einfamilienhauses mit einem Energiestandard vor 1977

In der linken Grafik ist der Energiebedarf dargestellt. Von Mitte September bis Ende Mai sind die Wärmeverluste größer als die Wärmegewinne. In diesem Zeitraum muss dem Gebäude Energie zugeführt werden. In der rechten Grafik ist der Zeitraum dargestellt, in dem die Außentemperatur unter die Heizgrenztemperatur von 15 °C fällt. Der Zeitraum deckt sich mit der linken Grafik. Der maximal notwendige Energiebedarf pro Monat liegt bei dem untersuchten Einfamilienhaus im Januar bei ca. 9.500 kWh.

Mit den erhöhten Wärmeschutzanforderungen durch die Einführung der Wärmeschutzverordnung von 1995 konnte die Heizgrenztemperatur um 3 °C auf 12 °C gesenkt werden (Bild 8). Dadurch verringerte sich die durchschnittliche Heizzeit von Wohngebäuden um ca. 2 Monate. Der Energiebedarf wurde dadurch auf durchschnittlich 178 kWh/(m² · a) gesenkt.

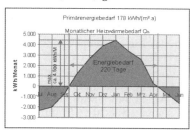 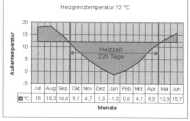

Bild 8: Heizzeit und Heizwärmebedarf eines Einfamilienhauses mit einem Energiestandard nach 1995

Wie aus der linken Grafik hervorgeht, hat sich nicht nur der Zeitraum von Ende September bis Ende April wesentlich verringert, in dem die Wärmeverluste größer sind als die Wärmegewinne, sondern auch der maximal notwendige monatliche Primärenergiebedarf von nun 4.500 kWh im Monat Januar. Dieser wurde mehr als halbiert. Dadurch hat sich auch die notwendige Heizleistung der Heizungsanlage wesentlich vermindert.

Mit dem Inkrafttreten der Energieeinsparverordnung EnEV 2002, durch die der Niedrigenergiehausstandard eingeführt wurde, verringerte sich die durchschnittliche Heizzeit für neue Gebäude noch einmal um 1½ Monate auf 185 Tage. Die Heizgrenztemperatur wurde auf Grund des nun sehr guten Dämmstandards noch einmal um 2 °C auf 10 °C gesenkt.

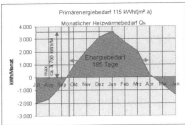 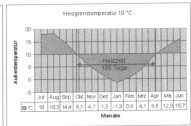

Bild 9: Heizzeit und Heizwärmebedarf von Wohngebäuden mit einem Energiestandard nach EnEV 2002

Durch diese erhöhten Anforderungen wurde der monatliche Primärenergiebedarf bei Neubauten auf durchschnittlich 115 kWh/(m² · a) gesenkt. Die maximal notwendige Energiemenge liegt im Januar bei nur noch 3.700 kWh im Monat.

Mit dem Inkrafttreten der Energieeinsparverordnung EnEV 2009 und des EEWärmeG werden die Anforderungen in erster Linie an den Primärenergiebedarf verschärft. Die zul. Werte wurden um durchschnittlich 30 % gesenkt. Erreicht wird dies hauptsächlich über die Nutzungspflicht erneuerbarer Energien (EEWärmeG). Die Anforderungen an die Gebäudehülle wurden nur um durchschnittlich 15 % angehoben. Aus diesem Grund verringern sich die durchschnittliche Heizzeit und die Heizgrenztemperatur nur geringfügig, davon abhängig, ob die notwendige Einsparung an Primärenergie mehr über den Einsatz erneuerbarer Energien oder über eine wesentliche Verbesserung des Dämmstandards der Gebäudehülle erreicht wird (siehe auch Kapitel 4).

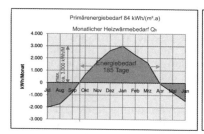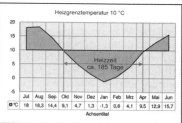

Bild 9a: Heizzeit und Heizwärmebedarf von Wohngebäuden mit einem Energiestandard nach EnEV 2009

Durch die weitere Verschärfung der Anforderungen wurde der monatliche Primärenergiebedarf bei Neubauten auf durchschnittlich 84 kWh/(m² · a) gesenkt. Die maximal notwendige Energiemenge liegt im Januar bei nur noch ca. 3.000 kWh im Monat.

In der EnEV 2014 wird festgelegt, dass ab 2016 bei Neubauten der zulässige Primärenergiebedarf noch einmal um 25 % gegenüber der EnEV 2009 gesenkt wird. Die Heizzeit wird dadurch nicht mehr verringert. Die weitere Senkung des Primärenergiebedarfs hat in erster Linie Auswirkungen auf das Verheizen von fossiler Energie.

Bei Gebäuden mit einem KfW 40-Standard verringert sich die Heizzeit auf nur noch ca. 155 Tage im Jahr. Die Heizgrenztemperatur liegt bei diesem Energiestandard bei ca. 8–10 °C.

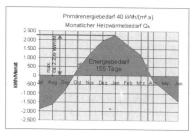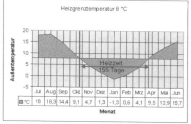

Bild 10: Heizzeit und Heizwärmebedarf von Wohngebäuden mit einem KfW 40-Standard

Durch die kurze Heizzeit und den geringen Energiebedarf ist es möglich, diese Gebäude mit kleinen Heizungsanlagen und der Nutzung von Sonnenenergie zu beheizen. Es muss zwar mehr

Geld in die Gebäudehülle investiert werden, dafür sind die laufenden Kosten für den Energiebedarf sehr gering. Energiepreissteigerungen wirken sich nur noch unwesentlich auf die laufenden Kosten aus.

Mit Inkrafttreten des GEG 2020 wurde der mit der EnEV 2016 festgelegte Energiebedarf nicht weiter reduziert.

2.6 Energiebilanz von Wohngebäuden

Die Energiebilanz eines Wohngebäudes wird durch eine Vielzahl von Faktoren beeinflusst. Damit die notwendige Energie für die Beheizung und die Erwärmung des Trinkwassers bereitsteht, wird ein Energieträger benötigt, der durch ein Heizsystem in Wärme umgewandelt und durch ein Verteilungssystem an den gewünschten Ort transportiert wird.

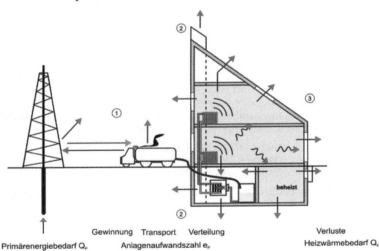

Primärenergiebedarf Q_p Gewinnung Transport Verteilung   Verluste

                                Anlagenaufwandszahl e_p Heizwärmebedarf Q_h

Bild 11: Energiestrom von der Energiequelle bis zum Bestimmungsort (Quelle: „Wärmeschutz und Energiebedarf nach EnEV", Volland/Volland)

Der Primärenergiebedarf Q_P setzt sich zusammen aus dem Heizwärmebedarf Q_h ,dem Warmwasserbedarf Q_W sowie aus dem Energiebedarf für Gewinnung und Transport des Energieträgers und den Verlusten bei der Umwandlung in Wärme und deren Verteilung. Wird das Gebäude gekühlt, muss noch der Primärenergieaufwand Q_{P_c} für die Kühlung berücksichtigt werden. Der Energiebedarf für Gewinnung und Transport sowie Umwandlung und Verteilung wird durch die Anlagenaufwandszahl e_P (Anlagenaufwandszahl = Anlagenkennzahl) ausgedrückt. Zu beachten ist, dass im Primärenergiebedarf nur die fossile Energiemenge berücksichtigt wird. Energiegewinne aus regenerativen Energiequellen, zu denen auch der Brennstoff Holz gehört, bleiben unberücksichtigt (siehe Bild 16).

$Q_P = (Q_h + Q_W) \cdot e_P + $ Anteil für Kühlung

Der Warmwasserbedarf Q_W wird nach DIN V 4701-10 mit 12,5 kWh/(m² · a) angesetzt. Wird nach DIN V 18599 gerechnet, ist bei Einfamilienhäuser der Warmwasserbedarf mit 11,0 kWh/(m² · a) anzusetzen, jedoch bei Mehrfamilienhäuser ist mit einem höheren Warmwasserbedarf von 15 kWh/(m² · a) zu rechnen. Zu beachten ist jedoch, dass bei der Berechnung nach DIN 18599-2 der Warmwasserbedarf auf die Netto-Grundfläche bezogen wird.

Wird das Wohngebäude gekühlt, muss dieses nach DIN 18599 berechnet werden.

Die Anlagenkennzahl e_P für neue Heizungsanlagen (nach 1995 eingebaut) kann mit Hilfe der DIN V 4701-10 ermittelt werden (siehe 5.6). Alte Heizungsanlagen sind nach DIN 4701-12 zu berechnen oder nach der „Bekanntmachung der Regeln zur Datenaufnahme und Datenverwendung im Wohngebäudebestand" veröffentlicht vom Bundesministerium für Verkehr, Bau und Stadtentwicklung.

Wird der Heizwärmebedarf nach DIN V 18599 berechnet, so sind auch die Anlagenverluste nach dieser Norm zu bestimmen. Nach DIN V 18599 können auch alte Heizungsanlagen berechnet werden.

Der Heizwärmebedarf Q_h ist von einer Vielzahl von Faktoren abhängig.

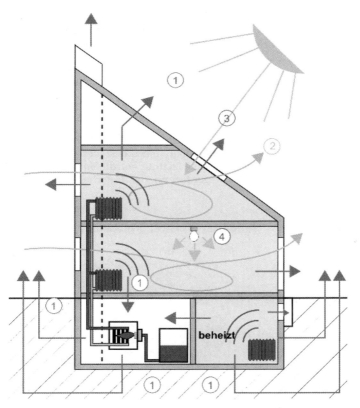

(1) Transmissionswärmeverluste Q_T; (2) Lüftungswärmeverluste Q_V;
(3) Solare Wärmegewinne Q_S; (4) Interne Wärmegewinne Q_I

Bild 12: Energiebilanz eines beheizten Wohngebäudes (Quelle: „Wärmeschutz und Energiebedarf nach EnEV", Volland/Volland)

Es wird so viel Heizwärme benötigt (Q_h), wie durch die Gebäudehülle verloren geht (Q_l). Ein Teil der benötigten Wärmemenge kann durch solare und interne Wärmegewinne abgedeckt werden (Q_g). Da die Wärmegewinne nicht zu 100 % genutzt werden können, müssen diese noch abgemindert werden (η).

$$Q_h = Q_l - \eta \cdot Q_g$$

Die Wärmeverluste Q_I setzen sich zusammen aus den Wärmeverlusten über die Gebäudehülle Q_T (Transmissionswärmeverluste) und den Lüftungswärmeverlusten Q_V. Bei den Wärmegewinnen werden die solaren Gewinne über die Fenster Q_S und die internen Wärmegewinne Q_i berücksichtigt. Da nicht alle Wärmegewinne genutzt werden können, werden diese über den Nutzungsfaktor n abgemindert.

$$Q_h = (Q_T + Q_V) - \eta \cdot (Q_S + Q_i)$$

Wenn ein Gebäude energetisch verbessert werden soll, ist es notwendig, die Energiebilanz der einzelnen Wärmeverluste zu betrachten.

Als Beispiel wurde die Energiebilanz eines bestehenden Einfamilienhauses grafisch ausgewertet. Als Heizung wurde eine Gas-Brennwerttherme angesetzt. Die Anlagentechnik ist innerhalb des beheizten Bereiches.

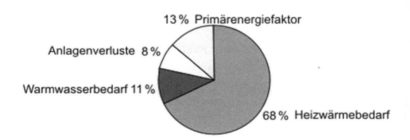

Anteil am Primärenergiebedarf

13 % Primärenergiefaktor

Anlagenverluste 8 %

Warmwasserbedarf 11 %

68 % Heizwärmebedarf

Bild 13: Energiebilanz eines Einfamilienhauses nach GEG

Bei dem betrachteten Gebäude gehen die meisten Wärmeverluste über die Gebäudehülle verloren. Hier kann durch Verbesserungen des Wärmeschutzes am meisten Energie eingespart werden. Der Energiebedarf für die Trinkwasserbereitung liegt bei Annahme eines durchschnittlichen Warmwasserbedarfs von 12,5 kWh/(m² · a) bei ca. 11 %. Im Vergleich zum Heizwärmebedarf spielt dieser nur eine untergeordnete Rolle. Die Anlagenverluste sind ebenfalls sehr niedrig, da die Anlage und die Verteilung sich innerhalb des beheizten Bereiches befinden. Befindet sich diese außerhalb des beheizten Bereiches, erhöhen sich deren Verluste, da die Wärmeabgabe für die Beheizung der Räume nicht mehr genutzt werden kann. Der Primärenergiefaktor kann durch die Wahl eines regenerativen Energieträgers wesentlich gesenkt werden.

Anschließend werden die Heizwärmeverluste und der Energiebedarf für Trinkwasser nach Gruppen aufgeteilt, um diese genauer interpretieren zu können.

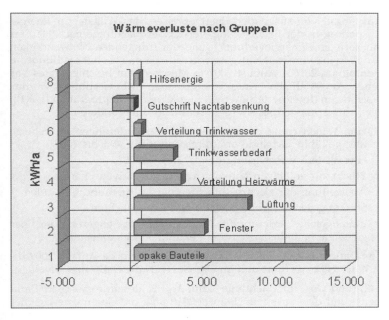

Bild 14: Aufteilung der Wärmeverluste nach Gruppen

In der Grafik sind die am Wärmeverlust des Gebäudes beteiligten Energiemengen dargestellt. Es ist erkennbar, dass die meiste Energie mit ca. 13.500 kWh/a über die opaken (= lichtundurchlässigen) Bauteile verloren geht. Den zweitgrößten Anteil haben die Lüftungswärmeverluste mit ca. 8.000 kWh/a. Diese können durch den Einbau einer kontrollierten Lüftungsanlage gesenkt werden. Erst wenn diese zwei Komponenten energetisch optimiert sind, ist es sinnvoll zu untersuchen, ob die anderen Wärmeverluste noch verringert werden können.

Die Energiebilanz fällt bei jedem Gebäudetyp unterschiedlich aus. Die Festlegung der erforderlichen Maßnahmen zur Reduzierung des Energiebedarfs kann deshalb nur mit gebäudespezifischen Berechnungen erfolgen.

3 Einstieg in das Gebäudeenergiegesetz (GEG)

3.1 Allgemeines zum GEG und zur EnEV

Auf Grund von steigenden Energiepreisen, des Willens zur Energieeinsparung in der Bevölkerung, verstärkter Nachfrage nach Häusern mit geringem Energieverbrauch und der dringenden Notwendigkeit, den Ausstoß von Treibhausgasen zu reduzieren etc., hat die Bundesregierung am 23./24. August 2007 in Meseberg ein beschleunigtes Vorgehen im Rahmen eines umfassenden Klimaschutzprogramms beschlossen (Integriertes Energie- und Klimaschutzprogramm [IEKP]). Die Schwerpunkte dieses Programms sind unter anderem

- eine Verschärfung der energetischen Anforderungen an beheizte und gekühlte Gebäude um durchschnittlich 30 % bis 2009
- eine weitere Verschärfung um ca. 30 % bis 2012
- Pflicht zur anteiligen Nutzung von regenerativen Energien
- Ausweitung der Nachrüstpflichten bei Anlagen und Gebäuden
- Stärkung der Kontrolle privater Nachweispflichten
- umfangeiche Förderung für Maßnahmen zur Steigerung der Energieeffizienz im beheizten und gekühlten Gebäudebereich.

Zur Umsetzung des Klimaschutzprogramms wurde Anfang 2009 das EEWärmeG eingeführt und im Oktober 2009 die EnEV neu novelliert.

Aufgrund der „EU-Richtlinie 2010/31/EU des Europäischen Parlaments und des Rates vom 19. Mai 2010 über die Gesamtenergieeffizienz von Gebäuden" musste die EnEV erneut novelliert werden. In dieser EU-Richtlinie wurde unter anderem festgelegt, dass ab 31. Dezember 2020 alle neuen Gebäude Niedrigstenergiegebäude sein müssen.

Mit der Novellierung der EnEV 2014 wurde die Forderung der EU schrittweise eingeführt. Ab 2016 wird der zulässige Energieverbrauch von Neubauten um weitere 25 % gegenüber den Anforderungen der EnEV 2009 gesenkt.

Mit dem neuen GEG 2020 werden die europäischen Vorgaben zur Gesamtenergieeffizienz von Gebäuden vollständig umgesetzt. Es definiert nun die Anforderungen an ein Niedrigstenergiegebäude.

3.2 Was ist neu im neuen GEG (Gebäudeenergiegesetz)

Die wesentlichen Änderungen im GEG zur EnEV 2014 (bzw. 2016) sind:

Das GEG setzt die europäischen Vorgaben zur Gesamtenergieeffizienz von Gebäuden vollständig um und definiert die Anforderungen an ein Niedrigstenergiegebäude.

- Gebäudenah erzeugter Photovoltaikstrom, der vorrangig selbst genutzt wird, kann auf den Primärenergiebedarf mit bis zu 30 Prozent (ohne Speicher) und bis zu 45 Prozent (mit Speicher) angerechnet werden.
- Photovoltaikstrom als erneuerbare Energie kann bei der Wärmeerzeugung angerechnet werden, wenn er zur Deckung von mindestens 15 Prozent des Wärme- bzw. Kältebedarfs bei Nichtwohngebäuden beiträgt.
- Die Nachrüstpflicht bei Heizkesseln wurde neu definiert. Ölheizungen dürfen ab 2026 nur noch unter Ausnahmen betrieben werden.
- Eine Innovationsklausel wurde eingeführt. Alternativ zum Jahres-Primärenergiebedarf können auch Treibhausgasemissionen beschränkt werden, wenn bestimmte energetische Anforderungen erfüllt sind.
- Ein neues einheitliches Berechnungsverfahren zur Bestimmung von Treibhausgasemisionen wurde definiert.
- Bei Ausstellung eines Energieausweises wird eine Vor-Ort-Begehung mit aussagekräftigem Bildmaterial verpflichtend.
- Im Energieausweis müssen nun auch die Treibhausgasemissionen mit angegeben werden.
- Verpflichtende energetische Beratung durch einen Energieberater bei Kauf einer Immobilie.
- Ausweitung der Ausstellungsberechtigung für Energieausweise. Keine Unterscheidung zwischen Wohn- und Nichtwohngebäuden.
- Das EEWärmeG wurde in das GEG integriert.

3.3 Aufbau und Anforderungsstruktur des GEG

Das Gesetz besteht aus neun Teilen, die in Abschnitte geteilt sind und elf Anhängen:

Teil 1:   Allgemeiner Teil
Teil 2:   Anforderungen an zu errichtende Gebäude
               Abschnitt 1: Allgemeiner Teil
               Abschnitt 2: Jahres-Primärenergiebedarf und baulicher
               Wärmeschutz bei zu errichtenden Gebäuden
               Unterabschnitt 1: Wohngebäude
               Unterabschnitt 2: Nichtwohngebäude
               Abschnitt 3: Berechnungsgrundlagen und -verfahren
               Abschnitt 4: Nutzung von erneuerbaren Energien zur
               Wärme- und Kälteerzeugung bei einem zu errichtenden
               Gebäude
Teil 3:   Bestehende Gebäude
               Abschnitt 1: Anforderungen an bestehende Gebäude
               Abschnitt 2: Nutzung erneuerbarer Energien zur Wär-
               meerzeugung bei bestehenden öffentlichen Gebäuden
Teil 4:   Anlagen der Heizungs-, Kühl- und Raumlufttechnik
               sowie der Warmwasserversorgung
               Abschnitt 1: Aufrechterhaltung der energetischen Quali-
               tät bestehender Anlagen
               Unterabschnitt 1: Veränderungsverbot
               Unterabschnitt 2: Betreiberpflichten
               Abschnitt 2: Einbau und Ersatz
               Unterabschnitt 1: Verteilungseinrichtungen und Warm-
               wasseranlagen
               Unterabschnitt 2: Klimaanlagen und sonstige Anlagen
               der Raumlufttechnik
               Unterabschnitt 3: Wärmedämmung von Rohrleitungen
               und Armaturen
               Unterabschnitt 4: Nachrüstpflicht bei heizungstechni-
               schen Anlagen, Betriebsverbot für Heizkessel
               Abschnitt 3: Energetische Inspektion von Klimaanlagen
Teil 5:   Energieausweis
Teil 6:   Finanzielle Förderung der Nutzung erneuerbarer Ener-
               gien für die Erzeugung von Wärme oder Kälte und von
               Energieeffizienzmaßnahmen
Teil 7:   Vollzug
Teil 8   Besondere Gebäude
Teil 9   Übergangsvorschriften
Anlage 1:   Technische Ausführung des Referenzgebäudes (Wohnge-
               bäude)
Anlage 2:   Technische Ausführung des Referenzgebäudes (Nicht-
               wohngebäude)

Anlage 3:   Höchstwerte der mittleren Wärmedurchgangskoeffizienten der wärmeübertragenden Umfassungsfläche (Nichtwohngebäude)

Anlage 4:   Primärenergiefaktoren

Anlage 5:   Vereinfachtes Nachweisverfahren für ein zu errichtendes Wohngebäude

Anlage 6:   Zu verwendendes Nutzungsprofil für die Berechnungen des Jahres-Primärenergiebedarfs beim vereinfachten Berechnungsverfahren für ein zu errichtendes Nichtwohngebäude

Anlage 7:   Höchstwerte der Wärmedurchgangskoeffizienten von Außenbauteilen bei Änderung an bestehenden Gebäuden

Anlage 8:   Anforderung an die Wärmedämmung von Rohleitungen und Armaturen

Anlage 9:   Umrechnung in Treibhausgasemissionen

Anlage 10:   Energieeffizienzklassen von Wohngebäuden

Anlage 11:   Anforderung an die Inhalte der Schulung für die Berechtigung zur Ausstellung von Energieausweisen

Bei der Nachweisführung nach GEG für Wohngebäude sind folgende Faktoren und Anforderungen nachzuweisen:

a) Transmissionswärmeverluste H_T bei Wohngebäuden

b) Primärenergiebedarf Q_P

c) Anlagenkennzahl e_p

d) Sommerlicher Wärmeschutz S

e) Anlagentechnik

f) Treibhausgasemissionen

3.4 Referenzgebäude – Verfahren nach GEG

Der zulässige Jahres-Primärenergiebedarf wird seit Einführung der EnEV 2009 über das Referenzgebäudeverfahren ermittelt. Der zulässige Jahres-Primärenergiebedarf Q_p ist über das Referenzgebäude der Tabelle 1 Anlage 1 der GEG zu berechnen. Der sich daraus ergebende Jahres-Primärenergiebedarf Q_p gilt als Grenzwert und darf nicht überschritten werden. Der zulässige Wert ist nach §15 (1) mit 0,75 zu multiplizieren.

Die Berechnung des Jahres-Primärenergiebedarfs ist nach § 20 nach DIN V 18599:2018-09 zu berechnen.

Bis zum 31. Dezember 2023 darf der Jahres-Primärenergiebedarf noch nach dem Monatsbilanzverfahren der DIN V 4108-6:2003-06 (berichtigt 2004-03) und DIN V 4701-10:2003-08 (geändert durch A1:2012-07) berechnet werden. Die Berechnung des Referenzgebäudes und der Nachweis des nachzuweisenden Gebäudes haben jedoch jeweils mit dem gleichen Rechenverfahren zu erfolgen. Als Referenzklima ist immer das Klima aus der DIN V 18599-10:2018-09 Abschnitt 7.1 (Region Potsdam) zu verwenden.

Das Gebäude ist also **zweimal** zu berechnen, einmal mit den Werten des Referenzgebäudes nach Tabelle 1 Anlage 1 der GEG, um den zulässigen Jahres-Primärenergiebedarf zu bekommen, und einmal mit den tatsächlichen Werten. Wird die Gebäudehülle und die Anlagentechnik des nachzuweisenden Gebäudes genauso wie das Referenzgebäude ausgeführt, muss kein weiterer Nachweis geführt werden.

Tabelle 4: Ausführung des Referenzgebäudes (Quelle: GEG Anhang 1)

Zeile	Bauteile/System	Referenzausführung/Wert (Maßeinheit)	
1.1	Außenwand, (einschließlich Einbauten wie Rollladenkästen), Geschossdecken gegen Außenluft	Wärmedurchgangskoeffizient	$U = 0,28 \ W/(m^2 \cdot K)$
1.2	Außenwand gegen Erdreich, Bodenplatte, Wände und Decken zu unbeheizten Räumen	Wärmedurchgangskoeffizient	$U = 0,35 \ W/(m^2 \cdot K)$
1.3	Dach, oberste Geschossdecke, Wände zu Abseiten	Wärmedurchgangskoeffizient	$U = 0,2 \ W/(m^2 \cdot K)$
1.4	Fenster, Fenstertüren	Wärmedurchgangskoeffizient Gesamtenergiedurchlassgrad der Verglasung	$U = 1,3 \ W/(m^2 \cdot K)$ $g^\perp = 0,60$
1.5	Dachflächenfenster	Wärmedurchgangskoeffizient Gesamtenergiedurchlassgrad der Verglasung	$U = 1,4 \ W/(m^2 \cdot K)$ $g^\perp = 0,60$
1.6	Lichtkuppeln	Wärmedurchgangskoeffizient Gesamtenergiedurchlassgrad der Verglasung	$U = 2,7 \ W/(m^2 \cdot K)$ $g^\perp = 0,64$
1.7	Außentüren	Wärmedurchgangskoeffizient	$U = 1,8 \ W/(m^2 \cdot K)$

Zeile	Bauteile/System	Referenzausführung/Wert (Maßeinheit)	
2	Bauteile nach den Zeilen 1.1 bis 1.7	Wärmebrückenzuschlag	$\Delta U_{WB} = 0{,}05 \ W/(m^2 \cdot K)$
3	Solare Wärmegewinne über opake Bauteile	Wie das zu errichtende Gebäude.	
4	Luftdichtheit der Gebäudehülle	Bemessungswert n_{50}	Bei Berechnung nach – DIN V 4108-6:2003-06: mit Dichtheitsprüfung – DIN V 18599-2:2018-09: nach Kategorie I
5	Sonnenschutzvorrichtung	keine Sonnenschutzvorrichtung	
6	Heizungsanlage	– Wärmeerzeugung durch Brennwertkessel (verbessert, bei der Berechnung nach § 20 Absatz 1 nach 1994), Erdgas, Aufstellung: – für Gebäude bis zu 500 m² Gebäudenutzfläche innerhalb der thermischen Hülle – für Gebäude mit mehr als 500 m² Gebäudenutzfläche außerhalb der thermischen Hülle – Auslegungstemperatur 55/45 °C, zentrales Verteilsystem innerhalb der wärmeübertragenden Umfassungsfläche, innenliegende Stränge und Anbindeleitungen, Standardleitungslängen nach DIN V 4701-10; 2003-08 Tabelle 5.3-2, Pumpe auf Bedarf ausgelegt (geregelt, Δp konstant), Rohrnetz hydraulisch abgeglichen Wärmeübergabe mit freien statischen Heizflächen, Anordnung an normaler Außenwand, Thermostatventile mit Proportionalbereich 1 K nach DIN V 4701-10, 2003-08 bzw. P-Regler (nicht zertifiziert) nach DIN V 18599-5: 2018-09 – Wärmeübergabe mit freien statischen Heizflächen, Anordnung an normaler Außenwand, Thermostatventile mit Proportionalbereich 1 K	

Zeile	Bauteile/System	Referenzausführung/Wert (Maßeinheit)
7	Anlage zur Warmwasserbereitung	– zentrale Warmwasserbereitung – gemeinsame Wärmebereitung mit Heizungsanlage nach Zeile 6 – bei Berechnung nach § 20 Absatz 1: – allgemeine Randbedingungen gemäß DIN V 18599-9:2018-09 Tabelle 6, Solaranlage mit Flachkollektor nach 1998 sowie Speicher ausgelegt gemäß DIN V 18599-8: 2018-09 Abschnitt 6.4.3 – die Berechnung nach § 20 Absatz 2: – Solaranlage mit Flachkollektor zur ausschließlichen Trinkwassererwärmung entsprechend den Vorgaben nach DIN V 4701-10:2003-08 Tabelle 5.1-10 mit Speicher, indirekt beheizt (stehend), gleiche Aufstellung wie Wärmeerzeuger, – kleine Solaranlage bei $A_N \leq 500$ m² (bivalenter Solarspeicher) – große Solaranlage bei $A_N > 500$ m² – Verteilsystem innerhalb der wärmeübertragenden Umfassungsfläche, innenliegende Stränge, gemeinsame Installationswand, Standard-Leitungslängen nach DIN V 4701-10: 2003-08 Tabelle 5.1-2
8	Kühlung	keine Kühlung
9	Lüftung	zentrale Abluftanlage, bedarfsgeführt mit geregeltem DC-Ventilator – DIN V 4701: 2003-08: Anlagen-Luftwechsel n_A = 0,4 h^{-1} – DIN 18599: 2018-09: nutzungsbedingter Mindestaußenluftwechsel n_{Nutz}: 0,55 h^{-1}
10	Gebäudeautomation	Klasse C nach DIN V 18599-11: 2018-09

Baulicher Wärmeschutz nach § 16 GEG

„Ein zu errichtendes Wohngebäude ist so zu errichten, dass der Höchstwert des spezifischen, auf die wärmeübertragende Umfassungsfläche bezogenen Transmissionswärmeverlustes das 1,0fache des entsprechenden Wertes des jeweiligen Referenzgebäudes nach § 15 Absatz 1 nicht überschreitet.

3.5 Faktoren der Energiebilanz bei Wohngebäuden (Formelsammlung)

Nachfolgend werden die einzelnen Faktoren der Energiebilanz, des sommerlichen Wärmeschutzes und der Anlagentechnik aufgelistet und deren Ermittlung dargestellt.

Die Formelsammlung beruht auf der Berechnung nach DIN V 4108-6 und DIN V 4701-10. Die Formeln für die Berechnung nach DIN V 18599 sind hier nicht aufgelistet.

Tabelle 5: Faktoren der Energiebilanz und deren Ermittlung

Begriff	Symbol	Einheit	Formel	Quelle
Nachweis Primärenergiebedarf mit Anlagenkennzahl	Q_p''		Monatsbilanzverfahren	EnEV DIN V 4108-6
Primärenergiebedarf	Q_P	kWh/a	$= (Q_h + Q_W) \cdot e_P$ + Anteil für Kühlung	DIN V 4108-6 EnEV (Anlage 1 Nr. 2.8)
zul. Primärenergiebedarf für Wohngebäude	zul. Q_p''	kWh/(m² · K)	$= 50{,}94 + 75{,}29 \cdot A/V_e +$ ΔQ_{TW}	EnEV (Anlage 1 Nr. 2.1)
Trinkwasserbedarf	Q_W	kWh/a	$= 12{,}5 \cdot A_N$	DIN V 4108-6
Wärmeübertragende Gebäudehülle	A	m²		DIN V 18599-1 DIN 4108-2
Gebäudenutzfläche	A_N	m²	$= 0{,}32 \text{ m}^{-1} \cdot V_e$ wenn $h_g > 2{,}5$ m, dann $= (1 / h_g - 0{,}04 \text{ m}^{-1}) \cdot V_e$	EnEV (Anlage 1 Nr. 1.3.1)
gekühlter Anteil der Gebäudenutzfläche	$A_{N,c}$	m²		EnEV
Brutto-Gebäudevolumen	V_e	m³		DIN V 18599-1 DIN 4108-2
Anlagenkennzahl	e_P	–	Neubau Altbau Vereinfachungen	DIN V 4701-10 DIN V 4701-12 Bekanntmachung der Regeln zur Datenaufnahme und Datenverwendung im Wohngebäudebestand (Bundesministerium für Verkehr, Bau und Stadtentwicklung)
Heizwärmebedarf	$Q_{h,M}$	kWh/M	Monatsbilanzverfahren: $= Q_{l,M} - \eta_M \cdot Q_{g,M}$	DIN V 4108-6
monatliche Wärmeverluste	$Q_{l,M}$	kWh/M	$= H_M \cdot 0{,}024 \cdot (\theta_i - \theta_{c,M}) \cdot t_M$	DIN V 4108-6

Begriff	Symbol	Einheit	Formel	Quelle
spezifische Wärmeverluste pro Monat	H_M	W/K	$= H_T + H_V$	DIN V 4108-6
Gradtagzahl	F_{GT}	kWh/M	$= 0{,}024 \cdot (\theta_i - \theta_{c,M}) \, t_M$	DIN V 4108-6
0,024			Umrechnungsfaktor vom Tag in Stunden und Watt in Kilowatt	
durchschnittliche Innentemperatur	θ_i	°C	19 °C	DIN V 4108-6
durchschnittliche Außentemperatur	θ_c	°C	für Deutschland in der Heizperiode	DIN V 18599-10
Auf einen Monat bezogen	Index M			
Tage	t	d		
Spezifische Transmissionswärmeverluste	H_T	W/K	$H_T = \Sigma U_i \cdot A_i + H_U + L_S + H_{WB} + \Delta H_{T,\,FH}$	DIN V 4108-6
Bauteile, die an die Außenluft grenzen		W/K	$\Sigma U_i \cdot A_i$	DIN V 4108-6
Bauteile, die an unbeheizte oder niedrig beheizte Räume grenzen	H_U	W/K	$\Sigma F_{xi} \cdot U_i \cdot A_i$	DIN V 4108-6
Bauteile, die an das Erdreich grenzen	L_S	W/K	$\Sigma F_{xi} \cdot U_i \cdot A_i$	DIN V 4108-6
Wärmebrückenverluste in Bauteilen	H_{WB}	W/K	$\Delta U_{WB} \cdot A_i$	DIN V 4108-6
Bauteile mit Flächenheizung	$\Delta H_{T,FH}$	W/K	Wärmedämmung von mindestens 8 cm unter Fußbodenheizung ($\lambda \le 0{,}04$ W/(m · K)	DIN 4108-6 Tabelle D.3 Zeile 14
Temperatur-Korrekturfaktor	F_{xi}	–	Monatsbilanzverfahren	DIN V 4108-6
Wärmedurchgangskoeffizient	U	W/(m²·K)	$= 1/R_T$	DIN EN ISO 6946
Längenbezogener Wärmedurchgangskoeffizient		W/(m·K)	Aus Wärmebrückenkatalogen	DIN EN ISO 10211
Wärmedurchlasswiderstand	R_T	m²·K / W	$= R_{si} + \Sigma R_n + R_{se}$	DIN EN 6946 DIN 4108-2
Wärmedurchgangswiderstand für Stoffe	R_n	m²·K / W	$= d / \lambda$	
Schichtdicke einer Stoffschicht	d	m		
Wärmeleitfähigkeit der Stoffschicht	λ	W/(m · K)		DIN V 4108-4
Wärmeübergangswiderstand innen	R_{si}	m²·K / W		DIN EN ISO 6946 DIN 4108-2

Begriff	Symbol	Einheit	Formel	Quelle
Wärmeübergangswiderstand außen	R_{se}	m²·K / W		DIN EN ISO 6946 DIN 4108-2
Wärmeübertragende Bauteilfläche	A_i	m²		DIN V 18599-1 DIN 4108-2
Wärmebrückenfaktor	ΔU_{WB}	W/(m²·K)		DIN 4108-6
Spezifische Lüftungswärmeverluste	H_V	W/K	Monatsbilanzverfahren $= n \cdot V \cdot \varrho_L \cdot c_{pL}$	DIN 4108-6
Luftwechselrate	n	h⁻¹		DIN V 4108-6
Nettovolumen Gebäude	V	m³	Ein- und Zweifamilienhäuser bis zu drei Vollgeschosse: $= 0,76 \cdot V_e$ alle anderen Gebäude: $= 0,80 \cdot V_e$	EnEV
Spezifische Wärmekapazität der Luft	$\varrho_L \cdot c_{pL}$	Wh/(m³·K)	$= 0,34$	
Monatliche Wärmegewinne	$Q_{g,M}$	kWh/(m²·M)	$= Q_s + Q_i$	DIN V 4108-6
Solare Wärmegewinne	Q_S	kWh/a	Monatsbilanzverfahren $= \Sigma I_{S,M,j} \cdot \Sigma A_{S,j,i} \cdot 0,024 \cdot t_M$	DIN V 4108-6
Umrechnungsfaktor von Tag auf Stunden und Watt auf Kilowatt	0,024			
Solare Wärmegewinne eines Monats, bezogen auf eine Himmelsrichtung (j)	$I_{S,M,j}$	kWh/(m²·a)	Mittelwerte für Deutschland	DIN V 18599-10 Kapitel 7
effektive Kollektorfläche eines Fenster (i) bezogen auf eine Himmelsrichtung (j)	$A_{S,j,i}$	m²	Monatsbilanzverfahren $= F_F \cdot F_S \cdot F_C \cdot F_W \cdot g_\perp \cdot A_i$	EnEV DIN V 4108-6
Fensterrahmenanteil	F_F	–	$= 0,7$ (ohne genauen Nachweis)	DIN V 4108-6 D.3
Verschattungsanteil	F_S	–	$= 0,9$ (wenn keine Verschattung vorhanden ist)	DIN V 4108-6 D.3
Sonnenschutzvorrichtung	F_C	–	$= 1$ (wenn kein Sonnenschutz vorhanden ist)	DIN V 4108-6 D.3
Abminderungsfaktor infolge nicht senkrechter Strahlung	F_W	–	$= 0,9$	DIN V 4108-6 D.3
Gesamtenergiedurchlassgrad des Glases bei senkrechter Einstrahlung	$g_\perp$	–		DIN V 4108-6

Begriff	Symbol	Einheit	Formel	Quelle
wirksamer Gesamtener-giedurchlassgrad eines Fensters (i) bei senkrech-ter Einstrahlung	g_i	–	$= F_W \cdot g$	DIN 4108-2 DIN V 4108-6
Bruttofläche eines Fens-ters (i)	A_i	m^2		
Zeit	t_M	d	Tage pro Monat	
Fensterflächenanteil	f	–	$= A_W / (A_W + A_{AW})$	EnEV
Fläche der Fenster gesamt	A_W	m^2		
Fläche der Außenwände gesamt ohne Fenster	A_{AW}	m^2		
Interne Wärmegewinne	Q_i	$kWh/(m^2 \cdot a)$	Monatsbilanzverfahren $= q_{i,M} \cdot A_N \cdot 0,024\ t_M$	EnEV
Mittlere interne Wärme-leistung eines Monats (i)	$q_{i,M}$	W/m^2	$= 5$	DIN V 4108-6
monatlicher Ausnut-zungsgrad der Wärmege-winne	η_M	–		
			Monatsbilanzverfahren $= (1 - \gamma^a) / (1 - \gamma^{a+1})$	DIN V 4108-6
Verhältnis Wärmever-luste zu Wärmegewinne		–	$= Q_g / Q_l$	DIN V 4108-6
Numerischer Parameter	α	–	$= \alpha_o + \tau/\tau_o$	DIN V 4108-6
Zeitkonstante	τ	h	$= C_{wirk} / H$	DIN V 4108-6
Wirksame Wärmespei-cherfähigkeit	C_{wirk}	Wh/K	$= \Sigma\ (c_i \cdot \varrho_i \cdot d_i \cdot A_i)$	DIN V 4108-6
spezifische Wärmekapa-zität eines Bauteils	$c_i \cdot \varrho$	$Wh/(m^3 \cdot K)$		DIN 4108-2
Wärmekapazität	C_i	Wh/K		DIN 4108-2
Rohdichte	ϱ	kg/m^3		DIN 4108-2
Heizgrenztemperatur	θ_{ed}	°C	$= \theta_i - \eta_o \cdot Q_{g,M} / (H_M \cdot 0,024)$	DIN V 4108-6
Primärenergiebedarf mit Primärenergiefaktor	Q_p	kWh/a	$= Q_{H,P} + Q_{TW,P} + Q_{L,P} + Q_{HE,P}$	DIN V 4701-10 EnEV Anlage 1
Primärenergiebedarf mit Primärenergiefaktor bei gekühlen Wohngebäuden	$Q_{p,c}$	kWh/a	-	Nur noch nach DIN V 18955
Primärenergiebedarf Hei-zung	$Q_{H,P}$	kWh/a	$= Q_{H,E} \cdot f_{p,i}$	DIN V 4701-10
Primärenergiebedarf Trinkwasser	$Q_{TW,P}$	kWh/a	$= Q_{TW,E} \cdot f_{p,i}$	DIN V 4701-10
Primärenergiebedarf Lüftung	$Q_{L,P}$	kWh/a	$= Q_{L,E} \cdot f_{p,i}$	DIN V 4701-10
Hilfsenergiebedarf	$Q_{HE,P}$	kWh/a	$= Q_{HE,E} \cdot f_{p,i}$	DIN V 4701-10
Anteil Kühlung		kWh/a		EnEV Anlage 1 Nr. 2.11

Begriff	Symbol	Einheit	Formel	Quelle
Primärenergiefaktor	$f_{p,i}$	–		DIN V 4701-10
Endenergiebedarf Heizung	$q_{H,E}$	$kWh/(m^2 \cdot a)$	$= [q_h - (q_{h,TW} + q_{h,L}) + q_{H,ce} + q_{H,d} + q_{H,s}] \cdot e_g$	DIN V 4701-10
Jahres-Heizwärmebedarf	q_h	$kWh/(m^2 \cdot a)$		DIN V 4701-10
Heizwärmegutschrift aus Trinkwasserverteilung $q_{TW,d}$	$q_{h,TW}$	$kWh/(m^2 \cdot a)$		DIN V 4701-10
Heizwärmegutschrift aus Lüftungsanlage $q_{TW,d}$	$q_{h,L}$	$kWh/(m^2 \cdot a)$		DIN V 4701-10
Wärmeübergabeverluste	Index ce	$kWh/(m^2 \cdot a)$		DIN V 4701-10
Wärmeverteilerverluste	Index d	$kWh/(m^2 \cdot a)$		DIN V 4701-10
Wärmespeicherverluste	Index s	$kWh/(m^2 \cdot a)$		DIN V 4701-10
Aufwandzahl Heizung	e_g	–		DIN V 4701-10
Endenergiebedarf Trinkwasser	$q_{TW,E}$	$kWh/(m^2 \cdot a)$	$= [q_{tw} + q_{TW,d} + q_{TW,s}] \cdot e_{TW,g}$	DIN V 4701-10
Jahres-Trinkwasserbedarf	q_{tw}	$kWh/(m^2 \cdot a)$		DIN V 4701-10
Lüftungsbeitrag am Q_h	$q_{h,L}$	$kWh/(m^2 \cdot a)$	$= q_{L,g} - q_{L,d} - q_{L,ce} - q_{h,n}$	DIN V 4701-10
Heizwärme-Endenergiebedarf Lüftung	$q_{L,E}$	$kWh/(m^2 \cdot a)$	$= q_{L,g} \cdot e_{L,g}$	DIN V 4701-10
Wirkungsgrad der Lüftungsanlage	$e_{L,g}$	–		DIN V 4701-10
Luftwechsel-Korrekturfaktor	$q_{h,n}$	–		DIN V 4701-10
Endenergie Hilfsenergie	$Q_{HE,E}$	kWh/a	$= Q_{H,HE} + Q_{TW,HE} + Q_{L,HE}$	DIN V 4701-10
Endenergie Hilfsenergie für Heizung, Trinkwasser, Lüftung	$q_{HE,E}$	$kWh/(m^2 \cdot a)$	$= q_{ce,HE} - q_{d,HE} - q_{s,HE} - q_{g,HE}$	DIN V 4701-10
Hilfsenergie Wärmeerzeugung	$q_{g,HE}$	$kWh/(m^2 \cdot a)$		DIN V 4701-10
Sommerlicher Wärmeschutz	S	–		DIN 4108-2
Vorhandener Sonneneintragskennwert	S	–	$= (A_{w,j} \cdot g_{total}) \cdot A_G$	DIN 4108-2
Solarwirksame Fläche	$A_{w,j}$	m^2		DIN 4108-2
Gesamtenergiedurchlassgrad der Verglasung einschl. Sonnenschutz	g_{total}	–	$= g \cdot F_C$	DIN 4108-2
Nettogrundfläche des Raumes	A_G	m^2	$= B \cdot b$	DIN 4108-2
Länge der Außenwand	B	m		DIN 4108-2
Tiefe des Raumes	b	m	$= \leq 3\ h_{Netto}$	DIN 4108-2
Solarwirksame Fläche	f_{AG}	%	$= (A_w / A_G) \cdot 100$	DIN 4108-2

Begriff	Symbol	Einheit	Formel	Quelle
Zulässiger Sonnenein-tragskennwert	S_{zul}	–	$= \Sigma S_X$	DIN 4108-2
Brennstoffbedarf, Emissionen				
Brennstoffbedarf			$= Q_E \cdot H_U$	
Unterer Heizwert	H_U	Strom Öl Erdgas H Flüssiggas Pellets Holz Steinkohle	1 kWh/kWh Strom 10 kWh/l 10 kWh/m³ 13 kWh/m³ 5 kWh/kg 4,1 kWh/kg 8,1 kWh/kg	Merkblatt von Bundesministe-rium für Verkehr, Bau und Stadtent-wicklung. Regeln für Ener-gieverbrauchs-kennwerte im Wohngebäudebe-stand
Emissionen	CO_2-äquiva-lent	g_{CO2}	$= Q_E \cdot$ Emissionsfaktor	nach GEMIS
CO_2-äquivalenter Emissi-onsfaktor nach Anlage 9 Nr. 3	Fossile Brennstoffe		$g_{CO2} -$ Äquivalent pro kWh	
	Heizöl		310	
	Erdgas		240	
	Flüssiggas		270	
	Steinkohle		400	
	Braunkohle		430	
	Biogene Brennstoffe		$g_{CO2} -$ Äquivalent pro kWh	
	Biogas		140	
	Biogas, gebäudenah erzeugt		75	
	Biogenes Flüssiggas		180	
	Bioöl		210	
	Bioöl, gebäudenah erzeugt		105	
	Holz		20	
	Strom		$g_{CO2} -$ Äquivalent pro kWh	
	netzbezogen		560	
	Gebäudenah erzeugt (aus Photovoltaik oder Wind-kraft)		0	
	Verdrängungsstrom-mix		860	
	Wärme, Kälte		$g_{CO2} -$ Äquivalent pro kWh	

Begriff	Symbol	Einheit	Formel	Quelle
CO$_2$-äquivalenter Emissionsfaktor nach Anlage 9 Nr. 3 (Fortzetzung)	Erdwärme, Geothermie, Solarthermie, Umgebungswärme		0	
	Erdkälte, Umgebungskälte		0	
	Abwärme aus Prozessen		40	
	Wärme aus KWK, gebäudeintegriert oder gebäudenah		Nach DIN V 18599-9	
	Wärme aus Verbrennung von -Siedlungsabfällen (unter pauschaler Berücksichtigung von Hilfsenergie und Stützfeuerung)		20	
	Nah-/ und Fernwärme aus KWK mit Deckungsanteilen an der Wärmeerzeugung von mindestens 70 Prozent		g$_{CO2}$ – Äquivalent pro kWh	
	Brennstoff: Stein-/Braunkohle		300	
	Gasförmige und flüssige Brennstoffe		180	
	Erneuerbare Brennstoffe		40	
	Nah-/Fernwärme aus Heizwerken		g$_{CO2}$ – Äquivalent pro kWh	
	Brennstoff: Stein-/Braunkohle		400	
	Gasförmige und flüssige Brennstoffe		300	
	Erneuerbare Brennstoffe		60	
Einheiten				
Energiemenge	Q	J, kWh	Joule, Kilowattstunde	
Leistung	P	kW	Kilowatt	
Umrechnung von KWh in Joule			1 J = 1 Ws 1 kWh = 1 000 W · 3 600 s = 3 600 000 Ws = 3 600 000 J	

3.6 Die unterschiedlichen Nachweisverfahren

Der Primärenergiebedarf Q_P darf nach GEG bei Wohngebäuden noch mit zwei verschiedenen Berechnungsverfahren ermittelt werden:

a) Monatsbilanzverfahren nach DIN V 4108-6 Anhang 3 (bis 31. Dezember 2023)

Im Monatsbilanzverfahren wird der Energiebedarf für jeden einzelnen Monat berechnet. Es werden für jeden Monat die möglichen Wärmegewinne und Wärmeverluste ermittelt, in Abhängigkeit der durchschnittlichen monatlichen Außentemperatur und Strahlungsintensität. Über das Verhältnis Wärmegewinn zu Wärmeverlust in Abhängigkeit zur Wärmespeicherfähigkeit des Gebäudes werden die nutzbaren Wärmegewinne bestimmt. Über die Summe der Wärmeverluste Q_l abzüglich der nutzbaren Wärmegewinne Q_G wird der Heizwärmebedarf Q_h ermittelt. Für den ermittelten Heizwärmebedarf Q_h werden dann die Anlagenverluste (nach DIN V 4701-10) in Abhängigkeit der vorhandenen Nutzfläche A_N bestimmt. Der Endenergiebedarf Q_E ergibt sich dann aus der Summe des Heizenergiebedarfs Q_h zuzüglich des Trinkwasserbedarfs Q_W und der ermittelten Anlagenverluste.

Dieses Berechnungsverfahren kann für jedes Wohn-Gebäude angesetzt werden, da der Gradtagzahlfaktor und die nutzbaren Wärmegewinne individuell in Abhängigkeit des Wärmestandards des Gebäudes ermittelt werden. Die für die Berechnung notwendigen Wetterdaten sind aus der DIN V 18599-10 Abschnitt 7.1 (Region Potsdam) zu entnehmen.

b) Monatsbilanzverfahren nach DIN V 18599-2

Im Unterschied zum Monatsbilanzverfahren nach DIN V 4108-6 wird der Endenergiebedarf Q_E in der DIN V 18599-2 iterativ bestimmt. *„Ein Teil der inneren Fremdwärme aus der Anlagentechnik kann erst berechnet werden, wenn die Anlagenauslastung bekannt ist. Diese ergibt sich erst in der Abfolge der Bilanz, wenn die notwendige, dem Gebäude bzw. der Gebäudezone zuzuführende Nutzwärme für Heizung und Kühlung bekannt ist. Die Nutzwärme ist wiederum ein Ergebnis der Gegenüberstellung von Wärmequellen und -senken für das Gebäude bzw. die Gebäudezone"* (Quelle: DIN V 18599-2).

Die Ermittlung der einzelnen Faktoren für den Heizwärmebedarf ist weitgehend identisch, jedoch die Berechnung des Endenergiebedarfs unterscheidet sich erheblich vom Verfahren nach DIN V 4108-6 und DIN V 4701-10.

3.7 Wichtige Einflussfaktoren auf die Energiebilanz

Die GEG lässt einen großen Berechnungsspielraum in der Nachweisführung zu. Wie bereits beschrieben, kann zwischen zwei Berechnungsverfahren ausgewählt werden, die zu unterschiedlichen Ergebnissen führen. Außerdem dürfen bestimmte Faktoren pauschal angesetzt oder durch eine Berechnung genau ermittelt werden. Die genaue Berechnung führt meist zu einem rechnerisch geringeren Energiebedarf, wodurch der notwendige Aufwand für Wärmedämmung und Anlagentechnik verringert werden kann, was wiederum die Baukosten senkt.

Nachfolgend werden diese Faktoren kurz erläutert.

a) Wärmebrückenfaktor U_{WB}

Die Verluste über Wärmebrücken sind nach GEG § 24 mit dem Wärmebrückenfaktor U_{WB} bei der Ermittlung der spezifischen Transmissionswärmeverluste H_T zu berücksichtigen. Diese können entweder pauschal angesetzt oder genau ermittelt werden:

$\Delta U_{WB} = 0{,}05$ W/(m²·K), bzw. 0,03 nach DIN 18599-2 2018-09

wenn die Wärmebrückendetails nach Beiblatt 2 der DIN 4108 2019-6 ausgeführt werden. Es muss nachgewiesen sein, dass die vorhandenen Wärmebrücken denen des Beiblatts entsprechen oder diesen gleichwertig sind. Nach GEG 2020 muss kein Gleichwertigkeitsnachweis geführt werden, wenn die angrenzenden Bauteile des Wärmebrückendetails kleinere U-Werte (Wärmedurchgangskoeffizienten) aufweisen, als in der Musterlösung der DIN 4108 Beiblatt 2 zugrunde gelegt wurden. Das konstruktive Grundprinzip muss jedoch erhalten bleiben.

$\Delta U_{WB} = 0{,}10$ W/(m²·K),

wenn kein Nachweis erfolgt, muss mit dem erhöhten Wärmebrückenfaktor gerechnet werden. Auch bei bestehenden Gebäuden ist mit diesem Faktor zu rechnen.

$\Delta U_{WB} = 0{,}15$ W/(m²·K),

bei bestehenden Gebäuden, wenn mehr als 50 % der Außenwände mit einer innenliegenden Dämmschicht versehen sind und Massivdecken diese durchdringen. Bei dieser Bauweise wirken sich Wärmebrücken besonders stark aus.

Genaue Berechnung

Dies ist besonders bei Energiesparhäusern wie KfW Effizienzhaus 55 bzw. 40 zu empfehlen, da bei einem genauen Nachweis des Wärmebrückenfaktors dieser zwischen 0,01 und 0,025 liegen sollte. Wenn bei einem Einfamilienhaus statt mit einem U_{WB} von 0,10 mit 0,02 W/(m²·K) gerechnet wird, verringern sich die Transmissionswärmeverluste um ca. 15 %.

In der nachfolgenden Tabelle 7 wird dargestellt, wie dick ein Mauerwerk sein muss (Spalte 4 – 6), damit unter Berücksichtigung des ΔU_{WB} von 0,02, 0,05 und 0,10 W/(m² · K) der gleiche U_{AW}-Wert erreicht wird (Spalte 3) wie ohne Berücksichtigung des Wärmebrückenfaktors.

Tabelle 6: Mauerwerksdicke

Regel-Mauerwerksdicke U_{AW}-Wert ohne ΔU_{WB} UAW = 1/(0,13 + d/λ + 0,04)			Erforderliche Dicke für gleichen U-Wert einschl. ΔU_{WB} $U_{gesamt} = U_{AW} + \Delta U_{WB}$		
1	2	3	4	5	6
Dicke d	λ-Wert	U-Wert	$\Delta U_{WB} = 0,02$	$\Delta U_{WB} = 0,05$	$\Delta U_{WB} = 0,10$
m	W/(m · K)	W/(m² · K)	m	m	m
0,30	0,21	0,63	0,31	0,33	0,36
0,365	0,21	0,52	0,38	0,41	0,46
0,42	0,21	0,46	0,44	0,48	0,55

Dicke d	λ-Wert	U-Wert	$\Delta U_{WB} = 0,02$	$\Delta U_{WB} = 0,05$	$\Delta U_{WB} = 0,10$
m	W/(m · K)	W/(m² · K)	m	m	m
0,30	0,09	0,29	0,32	0,37	0,47
0,365	0,09	0,24	0,40	0,47	0,64
0,42	0,09	0,21	0,47	0,56	0,83

Quelle: Wärmebrücken Johannes Volland – Michael Pils – Timo Skora

Ein 36,5 cm starkes Mauerwerk mit einem λ-Wert des Steins von 0,09 W (m · K) hat einen U_{AW}-Wert ohne Berücksichtigung des Wärmebrückenfaktors von 0,21 W(m² · K) (siehe Spalte 3). Wenn kein Nachweis der Wärmebrücken erfolgt, muss mit einem ΔU_{WB} von 0,10 W (m² · K) gerechnet werden. Um diesen Wärmebrückenaufschlag auszugleichen, muss die Wand auf 64 cm verstärkt werden, damit der gleiche U_{AW}-Wert erzielt werden kann.

Aus diesem Grund sollte zumindest immer ein Gleichwertigkeitsnachweis geführt werden, damit mit dem abgeminderten Wärmebrückenzuschlag von 0,05 W/(m² · K) gerechnet werden darf.

Die Berechnung von Wärmebrücken wird im Buch „Wärmebrücken" (Autoren: Johannes Volland/Michael Pils/Timo Skora) ausführlich beschrieben.

b) Luftwechselrate n

Zur Berechnung der spezifischen Lüftungswärmeverluste wird die Luftwechselrate im Gebäude benötigt. Sie sagt aus, wie oft das Gebäudevolumen in einer Stunde durch frische Luft ausgetauscht wird. Die zu berücksichtigende Luftwechselrate n darf nach DIN V 4108-6 bzw. 18599-2 wie folgt angesetzt werden:

n = 0,7   wenn kein Nachweis der Luftdichtheit durchgeführt wird

n = 0,6   wenn die Luftdichtheit geprüft wird

n = 1,0   bei bestehenden Gebäuden mit offensichtlicher Undichtheit

Je niedriger die Luftwechselrate angesetzt wird, umso einfacher sind die Anforderungen nach GEG einzuhalten. Durch Verringerung der Luftwechselrate bei der Berechnung von 0,7 auf 0,6 kann der zu ermittelnde Primärenergiebedarf bei einem Einfamilienhaus um ca. 7 % gesenkt werden. Nachdem das Gebäude den Dichtheitsanforderungen der GEG § 26 genügen muss, ist es durchaus sinnvoll, dies auch zu prüfen.

Wird im Gebäude eine Lüftungsanlage installiert, ist nach EnEV eine Dichtheitsprüfung durchzuführen.

c) Anteil der Verglasung an der Fensteröffnung F_F

Der Rahmenanteil der Fenster wird bei der Berechnung der solaren Wärmegewinne pauschal mit 30 % angesetzt. Dies entspricht einem Fenster mit der Größe von ca. 1,26 m x 2,26 m und einer Rahmenbreite von 0,10 m. Der Rahmenanteil darf aber auch genau bestimmt werden, was bei größeren Fenstern zu höheren solaren Wärmegewinnen führt und die rechnerischen Wärmeverluste verringert.

d) Anlagenkennzahl e_P

Die Anlagenkennzahl ist für neue Heizungsanlagen mit Hilfe der DIN V 4701-10 oder DIN V 18599 zu bestimmen (siehe 1). In der DIN V 4701-10 stehen drei Berechnungsverfahren mit unterschiedlicher Genauigkeit zur Verfügung. Mit dem „Detaillierten Verfahren" ergibt sich in der Regel die genaueste und niedrigste Anlagenkennzahl. Dieses ist aber auch das aufwendigste Verfahren.

Im Diagramm- und Tabellenverfahren wird mit normierten Werten gerechnet. Diese Normwerte repräsentieren Geräte, deren energetische Qualität dem unteren Durchschnitt des Marktniveaus entspricht. Diese zwei Verfahren führen in der Regel zu einer höheren Anlagenkennzahl, was ein höheres Dämmniveau der Gebäudehülle erfordert.

3.8 U-Werte von Bauteilen neuer und bestehender Gebäude

Der Wärmedurchgangskoeffizient (U-Wert) kennzeichnet die Größe des Wärmestroms, der über eine Fläche von 1 m² aus dem Innenraum durch ein Bauteil an die Außenluft fließt, wenn die Temperaturdifferenz zwischen Innenluft und Außenluft 1 K beträgt. Die Berechnung der U-Werte erfolgt unter der Annahme, dass zwischen der Innenluft und der Außenluft über lange Zeit ein gleichmäßiges Temperaturgefälle besteht. In der Praxis ist dies jedoch niemals gegeben, da sowohl die Außentemperatur als auch die Innentemperatur ständigen Schwankungen unterworfen ist. Der U-Wert ist nach DIN EN ISO 6946 zu berechnen.

Je niedriger der U-Wert des Bauteils ist, desto besser ist dessen Wärmedämmeigenschaft. U-Werte neuer Bauteile, die an die Außenluft grenzen, sollten einen Wert unter 0,28 W/(m² · K) aufweisen. Gut gedämmte Bauteile haben einen Wert unter 0,20 W/(m² · K). Bei der Passivhausbauweise werden U-Werte unter 0,15 W/(m² · K) gefordert. U-Werte von alten Gebäuden weisen oft einen Wert von über 1,0 W/(m² · K) auf.

In den nachfolgenden Tabellen sind U-Werte verschiedener Bauteile aufgelistet.

Tabelle 7: Einschaliger Außenwandverputz
U-Wert in Abhängigkeit der Wärmeleitfähigkeit λ des Wandbausteins

Wanddicke 30 cm		Wanddicke 36,5 cm		Wanddicke 42,5 cm		Wanddicke 49 cm	
λ	U-Wert	λ	U-Wert	λ	U-Wert	λ	U-Wert
W/(m · K)	W/(m² · K)	W/(m · K)	W/(m² · K)	W/(m · K)	W/(m² · K)	W/(m · K)	W/(m² · K)
0,365	0,953	0,365	0,815	0,365	0,719	0,365	0,632
0,210	0,604	0,210	0,509	0,210	0,444	0,210	0,387
0,180	0,528	0,180	0,443	0,180	0,386	0,180	0,336
0,160	0,476	0,160	0,399	0,160	0,347	0,160	0,301
0,140	0,422	0,140	0,353	0,140	0,306	0,140	0,266
0,130	0,395	0,130	0,330	0,130	0,286	0,130	0,248
0,120	0,367	0,120	0,306	0,120	0,265	0,120	0,230
0,110	0,338	0,110	0,282	0,110	0,244	0,110	0,212
0,100	0,310	0,100	0,258	0,100	0,223	0,100	0,193
0,090	0,281	0,090	0,233	0,090	0,202	0,090	0,175
0,080	0,251	0,080	0,209	0,080	0,181	0,080	0,156

Für das Referenzgebäude nach GEG ist für Außenwände ein U-Wert von 0,28 W/(m² · K) anzusetzen (siehe auch Tabelle 4).

Tabelle 8: Außenwand 24 cm mit Wärmedämmverbundsystem
U-Wert in Abhängigkeit der Dämmstoffdicke

λ-Wandbaustein = 0,18 W/(m² · K)		λ-Wandbaustein = 0,13 W/(m² · K)	
Dicke Dämmung	U-Wert	Dicke Dämmung	U-Wert
m	W/(m² · K)	m	W/(m² · K)
0,04	0,388	0,04	0,324
0,08	0,280	0,08	0,244
0,12	0,218	0,12	0,196
0,16	0,179	0,16	0,164
0,20	0,152	0,20	0,141
0,24	0,132	0,24	0,124
0,28	0,117	0,28	0,110
0,32	0,104	0,32	0,099

Tabelle 9: Decke zu unb. Keller und Fachwerk Dach bzw. Wand
U-Wert in Abhängigkeit der Dämmstoffdicke

Kellerdecke zu unb. Keller[1]				Fachwerk Dach/Wand zur Außenluft[2]	
Dicke Dämmung λ = 0,04 W/(m · K)	U-Wert	f_x[3]	U-Abgemindert[4]	Dicke Dämmung	U-Wert
m	W/(m² · K)	–	W/(m² · K)	m	W/(m² · K)
0,04	0,690	0,6	0,414	0,04	0,950
0,06	0,513	0,6	0,308	0,06	0,690
0,08	0,408	0,6	0,245	0,08	0,540
0,10	0,339	0,6	0,203	0,10	0,450
0,12	0,290	0,6	0,174	0,12	0,380
0,14	0,253	0,6	0,152	0,14	0,330
0,16	0,225	0,6	0,135	0,16	0,290
0,18	0,202	0,6	0,121	0,18	0,260
0,20	0,183	0,6	0,110	0,20	0,240
0,24	0,155	0,6	0,093	0,24	0,200
0,30	0,126	0,6	0,075	0,30	0,160

1) Schichtaufbau: Fliesen, Estrich, Folie, Wärmedämmung, Folie, Beton
2) Schichtaufbau: Gipskartonplatte, Lattung, Folie, Fachwerk Sparren/Wärmedämmung Fachwerkbreite 70 cm
3) Abminderungsfaktor f_x für Bauteile, die nicht an die Außenluft grenzen wie Kellerräume
4) Abgeminderter U-Wert = U · f_x

Für das Referenzgebäude im GEG wird für Kellerdecken ein U-Wert von 0,35 W/(m² · K) und für Dächer ein U-Wert von 0,20 W/(m² · K) angesetzt (siehe auch Tabelle 4).

Das Schwierigste bei der Berechnung des Heizwärmebedarfs von Altbauten ist die Bestimmung der U-Werte der Außenbauteile. Um diese genau bestimmen zu können, müssten die Konstruktionen der Außenbauteile geöffnet und die Wärmeleitfähigkeit der Baustoffe bestimmt werden. Da dies aus Zeit- und Kostengründen meist nicht möglich ist, dürfen nach § 50 im GEG gesicherte Erfahrungswerte für Bauteile und Anlagenkomponenten vergleichbarer Altersklassen verwendet werden. Hierzu dürfen die vom Bundesministerium für Wirtschaft und Energie und vom Bundesministerium des Innern, für Bau und Heimat gemeinsam im Bundesanzeiger bekannt gemachten Veröffentlichungen verwendet werden. In dieser Tabelle sind verschiedene Bauteile nach Altersklassen sortiert.

Tabelle 10: Pauschalwerte für den Wärmedurchgangskoeffizienten bestehender Bauteile ohne nachträgliche Dämmung (Tabelle 2 in der Veröffentlichung des Bundesministeriums)

Pauschalwerte für den Wärmedurchgangskoeffizienten (ohne nachträgliche Dämmung) Bekanntmachung vom Bundesministerium für Wirtschaft und Energie und vom Bundesministerium des Innern, für Bau und Heimat, Bekanntmachung gemäß § 50 Abs. 4 im GEG									
		Bauteilklasse[*]							
		bis 1918	1919 bis 1948	1949 bis 1957	1958 bis 1968	1969 bis 1978	1979 bis 1983	1984 bis 1994	ab 1995
		Pauschalwerte für den Wärmedurchgangskoeffizienten in W/(m² · K)							
Dach	Massive Konstruktion (insbes. Flachdächer)	2,1	2,1	2,1	2,1	0,6	0,5	0,4	0,3
(auch Wände zwischen beheiztem und unbeh. Dachgeschoss)	Holzkonstruktion (insbes. Steildächer)	2,6	1,4	1,4	1,4	0,8	0,5	0,4	0,3
oberste Geschossdecke	masssive Decke	2,1	2,1	2,1	2,1	0,6	0,5	0,4	0,3
(auch Fußboden gegen außen z. B. über Durchfahrten)	Holzbalkendecke	1,0	0,8	0,8	0,8	0,6	0,4	0,3	0,3
Außenwand	Massive Konstruktion (Mauerwerk, Beton)	1,7	1,7	1,4	1,4	1,0	0,8	0,6	0,5
(auch Wände zum Erdreich und zu unbeheizten (Keller-)Räumen)	Holzkonstruktion (Fachwerk, Fertighaus)	2,0	2,0	1,4	1,4	0,6	0,5	0,4	0,4
Bauteile gegen Erdreich und Keller	massive Bauteile	1,2	1,2	1,5	1,0	1,0	0,8	0,6	0,6
	Holzbalkendecke	1,0	0,8	0,8	0,8	0,6	0,6	0,4	0,4

Pauschalwerte für den Wärmedurchgangskoeffizienten (ohne nachträgliche Dämmung)
Bekanntmachung vom Bundesministerium für Wirtschaft und Energie und vom Bundesministerium des Innern, für Bau und Heimat, Bekanntmachung gemäß § 50 Abs. 4 im GEG

		Bauteilklasse*)							
		bis 1918	1919 bis 1948	1949 bis 1957	1958 bis 1968	1969 bis 1978	1979 bis 1983	1984 bis 1994	ab 1995
		Pauschalwerte für den Wärmedurchgangskoeffizienten in W/(m² · K)							
Fenster, Fenstertüren	Holzfenster einfach verglast	5,0	5,0	5,0	5,0	5,0	5,0	–	–
	Holzfenster zwei Scheiben**)	2,7	2,7	2,7	2,7	2,7	2,7	2,7	2,7
	Kunststofffenster Isolierverglasung	–	–	–	3,0	3,0	3,0	3,0	3,0
	Alu- oder Stahlfenster, Isolierverglasung	–	–	–	4,3	4,3	4,3	4,3	3,2
Rollladenkästen	neu, gedämmt	1,8							
	alt, ungedämmt	3,0							
Türen		3,5							

*) Baualtersklasse des Gebäudes (bzw. des Bauteils bei neu eingebauten Bauteilen, insbes. Fenster). Die Baualtersklasse 1984 bis 1994 betrifft Gebäude, die nach der Wärmeschutzverordnung vom 24. Februar 1982 (Inkrafttreten 1.1.1984) errichtet wurden.

**) Isolierverglasung, Kastenfenster oder Verbundfenster.

Tabelle 11: Wärmedurchgangskoeffizienten für zusätzlich gedämmte Bauteile (Tabelle 3 in der Veröffentlichung des Bundesministeriums)

Wärmedurchgangskoeffizienten für zusätzlich gedämmte Bauteile
Bekanntmachung vom Bundesministerium für Verkehr, Bau- und Stadtentwicklung im Einvernehmen mit dem Bundesministerium für Wirtschaft und Technologie
Bekanntmachung gemäß § 9 Abs. 2 Satz 3 EnEV

Urzustand	zusätzliche Dämmung							
	2 cm	5 cm	8 cm	12 cm	16 cm	20 cm	30 cm	40 cm
> 2,5	1,20	0,63	0,43	0,30	0,23	0,19	0,13	0,10
> 2,0 … 2,5	1,11	0,61	0,42	0,29	0,23	0,19	0,13	0,10
> 1,5 … 2,0	1,00	0,57	0,40	0,29	0,22	0,18	0,13	0,10
> 1,0 … 1,5	0,86	0,52	0,38	0,27	0,21	0,18	0,12	0,09
> 0,7 … 1,0	0,67	0,44	0,33	0,25	0,20	0,17	0,12	0,09
> 0,5 … 0,7	0,52	0,37	0,29	0,23	0,18	0,16	0,11	0,09
≥ 0,5	0,40	0,31	0,25	0,20	0,17	0,14	0,11	0,08

3.9   Einzuhaltende U-Werte bei Sanierungsmaßnahmen

Werden Bauteile an einem Gebäude verändert, erneuert oder erstmalig eingebaut, müssen die Bauteile den Anforderungen der Anlage 7 im GEG erfüllen.

3.10   Nachrüstpflicht bei bestehenden Gebäuden

Die GEG schreibt für bestehende Gebäude und Anlagen unter bestimmten Voraussetzungen eine Nachrüstpflicht vor.

a)   Anforderung an alte Heizkessel (§ 72–73)

„Eigentümer von Gebäuden dürfen Heizkessel",

– *„die mit flüssigen oder gasförmigen Brennstoffen beschickt werden",*
– die *„vor dem 1. Januar 1991 eingebaut oder aufgestellt worden sind",*

nicht mehr betreiben.

Wenn genannte Heizkessel nach dem 1. Januar 1991 eingebaut oder aufgestellt wurden, dürfen diese nach 30 Jahren nicht mehr betrieben werden.

Dies gilt für Kessel mit einer Nennwärmeleistung zwischen 4 kW und 400 kW.

Ausgenommen sind Niedertemperatur-Heizkessel oder Brennwertkessel, sowie Heizkessel nach GEG § 72 Abs. 3 (siehe Ausnahmen nach GEG).

Ab dem 1. Januar 2026 dürfen Heizkessel, die mit Heizöl oder mit festen fossilen Brennstoffen beschickt werden, in einem Gebäude nur eingebaut oder aufgestellt werden, wenn der Wärme- und Kältebedarf anteilig nach den Maßgaben des GEG §§ 34–41 mit erneuerbaren Energien gedeckt wird

oder

ein bestehendes Gebäude so errichtet oder saniert wird, dass der Wärme- oder Kältebedarf anteilig durch erneuerbare Energien gedeckt wird.

Wenn ein bestehendes Gebäude keinen Gas- oder Fernwärmeanschluss besitzt und eine andere Deckung des Wärmebedarfs durch erneuerbare Energien technisch nicht möglich ist, dürfen weiterhin Heizkessel mit Heizöl oder festen fossilen Brennstoffen eingebaut werden (siehe § 72 Abs. 4 Satz 4 und 5).

b) Anforderung an Wärmeverteilungs- und Warmwasserleitungen (§ 71)

Ungedämmte Wärmeverteilungs- und Warmwasserleitungen sowie Armaturen, die sich nicht in beheizten Räumen befinden, müssen von den Eigentümern nach Anlage 5 der EnEV gedämmt werden, soweit diese zugänglich sind.

Erläuterung:

Ungedämmte Warmwasserleitungen haben einen enormen Wärmeverlust und tragen dadurch zu einem unnötig hohen Energieverbrauch des Gebäudes bei. Auch Warmwasserleitungen in beheizten Räumen sollten gedämmt werden, damit die Wärmeabgabe in die beheizten Räume besser reguliert werden kann.

c) Oberste Geschossdecke (§ 47)

„Eigentümer von Wohngebäuden sowie von Nichtwohngebäuden, die nach ihrer Zweckbestimmung jährlich mindestens vier Monate und auf Innentemperaturen von mindestens 19 °C beheizt werden, müssen dafür sorgen, dass zugängliche Decken beheizter Räume zum unbeheizten Dachraum (oberste Geschossdecken), die nicht die Anforderungen an den Mindestwärmeschutz nach DIN 4108-2 erfüllen, so gedämmt sind, dass der Wärmedurchgangskoeffizient der obersten Geschossdecke 0,24 W/(m² · K) nicht überschreitet". Alternativ kann auch das darüber liegende, bisher ungedämmte Dach entsprechend gedämmt werden. Die Pflicht gilt auch als erfüllt, wenn das Dach die Anforderungen an den Mindestwärmeschutz nach DIN 4108-2 erfüllt. Die Anforderungen der GEG Anlage 7 sind zu beachten.

Wird der Wärmeschutz durch das Dämmen in einem Deckenzwischenraum ausgeführt und ist die mögliche Dämmschichtdicke aus technischen Gründen begrenzt, so gelten die Anforderungen als erfüllt, wenn die nach anerkannten Regeln der Technik höchstmögliche Dämmstoffdicke eingebaut wird. Das Dämmmaterial muss die Wärmeleitfähigkeit von 0,035 W/m²K einhalten.

Wird der Dämmstoff in Hohlräume eingeblasen oder ein Dämmmaterial aus nachwachsenden Rohstoffen verwendet, ist eine Wärmeleitfähigkeit von 0,045 W/m²K einzuhalten.

Ausnahme:

Die Anforderungen gelten nicht für Gebäude mit ein bis zwei Wohneinheiten, von denen der Eigentümer eine Wohnung am 1. Februar selbst bewohnt hat. In diesem Fall sind diese Maßnahmen erst nach einem Eigentümerwechsel nach dem 1. Februar 2002 vom neuen Eigentümer durchzuführen. Bei Eigentumswechsel müssen diese Maßnahmen innerhalb von zwei Jahren durchgeführt werden.

 Beachte:

Vorgenannte Maßnahmen sind nicht durchzuführen, *„soweit die dafür notwendigen Aufwendungen durch die eintretende Einsparung nicht innerhalb angemessener Frist erwirtschaftet werden können".*

3.11 Anlagentechnik

Bei der Bestimmung der nachzuweisenden Kenngröße Q_P (Primärenergiebedarf) sind die Verluste der Heizungsanlagen mit zu berücksichtigen.

$Q_P = Q_E \cdot f_P$ oder $Q_P = (Q_h + Q_W) \cdot e_P$

(nach DIN V 4108-6 und DIN V 4701-10)

Mit dem Primärenergiefaktor f_P wird die notwendige einzukaufende Energiemenge Q_E bezüglich deren Umweltverträglichkeit beurteilt (Anteil an fossiler Energie). In diesem Faktor ist auch der Energiebedarf für deren Gewinnung, Veredelung und dessen Transport beinhaltet.

Die Anlagenkennzahl e_P beschreibt das Verhältnis der von der Anlagentechnik aufgenommenen Primärenergie Q_P (siehe Tabelle 2) in Relation zu der von ihr abgegebenen Nutzwärme (Heizwärmebedarf Q_h + Trinkwasserbedarf Q_W). Sie dient zum Vergleich unterschiedlicher Heizanlagen hinsichtlich ihres Primärenergieaufwands (Umweltverträglichkeit).

In der anschließenden Grafik ist der Energiefluss von der Gewinnung des Energieträgers bis zur Nutzung als Heizwärme und Trinkwasser dargestellt.

Fossile Energiequelle:

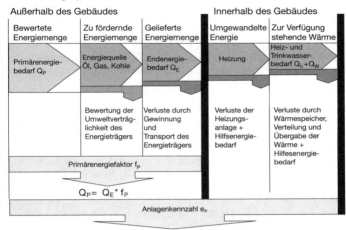

Regenerative Energiequelle:

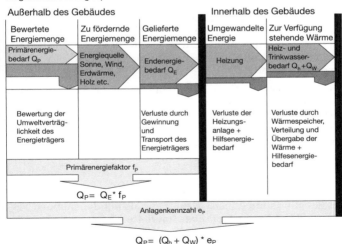

Bild 15: Darstellung des Energieflusses

Die Berechnung der Anlagenverluste sowie die Bestimmung des e_P-Werts und des Endenergiebedarfs Q_E ist für neue Heizungsanlagen in der DIN V 4701-10 und DIN V 18599 (wird hier nicht weiter erläutert) geregelt. Auf Grund der Komplexität der Berechnungsgänge zur Bestimmung der Anlagenkennzahl e_P wurden in die DIN V 4701-10 drei verschiedene Verfahren mit unterschiedlicher Genauigkeit und unterschiedlichem Schwierigkeitsgrad aufgenommen:

Diagrammverfahren (seit 2016 nicht mehr gültig):

Das Diagrammverfahren ist das einfachste und schnellste, aber auch das ungenaueste Verfahren, mit dem die nachzuweisenden Kenndaten der Heizungsanlage berechnet werden können. Im Beiblatt 1 zur DIN V 4701-10 sind eine Vielzahl von Anlagensystemen aufgelistet. Für jedes System gibt es in Abhängigkeit zur beheizten Nutzfläche A_N und zum flächenbezogenen Heizwärmebedarf q_h Tabellen und Grafiken, mit denen die Anlagenaufwandszahl e_P, der Endenergiebedarf q_E, die Hilfsenergie $q_{HE,E}$ und der Primärenergiebedarf q_p bestimmt werden können. Zu jedem Anlagentyp gibt es ein Schaubild, in dem die Anlagenkomponenten dargestellt sind.

Tabellenverfahren:

Im Anhang C.1 bis C.4 der DIN V 4701-10 steht ein Berechnungsverfahren zur Verfügung, mit dem die Möglichkeit besteht, die Komponenten einer Heizungsanlage selbst zu definieren. Aus einer Vielzahl von Tabellen können die Kennwerte für die einzelnen Anlagenverluste herausgelesen werden. Es handelt sich auch hier um Geräte, deren energetische Qualität dem unteren Durchschnitt des Marktniveaus entspricht.

Im Anhang A der DIN V 4701-10 sind Tabellen abgebildet, in denen die abgelesenen Werte einzutragen und mit deren Hilfe der Primärenergiebedarf Q_P, der Endenergiebedarf Q_E, die Hilfsenergie Q_{HE} und die Anlagenkennzahl e_P zu berechnen sind. Diese werden getrennt für die Heizwärmeerzeugung, die Trinkwassererwärmung und für eventuell vorhandene Lüftungsanlagen berechnet.

Detailliertes Verfahren:

Mit diesem Verfahren wird die Anlagenkennzahl am genauesten berechnet. Sie fällt dadurch meist kleiner aus als mit den anderen Verfahren. Für die Berechnung sind aber fundierte Kenntnisse der Heizanlagentechnik notwendig.

Folgende Anlagenkomponenten sind bei der Bestimmung der Anlagenkennzahl zu berücksichtigen.

Tabelle 12: Zusammenstellung der Anlagenkomponenten nach DIN 4701-10 Beiblatt 1

Abkürzung	Beschreibung
Wärmeerzeuger	
NT	Gas/Öl: Niedertemperaturkessel
BW	Gas/Öl: Brennwertkessel
WP/W	Strom: Wärmepumpe Wasser
WP/E	Strom: Wärmepumpe Erdreich
WP/L	Strom: Wärmepumpe Luft
EH	Strom: Elektroheizung
FW	Fern- und Nahwärme
Holz	Holzkessel
Trinkwasserbereitung	
zen H	zentral zusammen mit der Heizung
zen TW	separate zentrale Trinkwasserbereitung
dez	dezentral
Speicher	Warmwasserspeicher für Trinkwasser
o. Zirkulation	ohne Trinkwasserzirkulation
m. Zirkulation	mit Trinkwasserzirkulation
Solaranlage	
TW	solare Unterstützung Trinkwasser
TWH	solare Unterstützung Trinkwasser und Heizung
Lüftungsanlagen	
ABl	Abluftanlage ohne Wärmepumpe
ABl-WP	Abluftanlage mit Wärmpumpe
WRG	Zu-/Abluftanlage ... mit Wärmerückgewinnung
WP	Zu-/Abluftanlage ... mit Wärmepumpe

Abkürzung	Beschreibung
Wärmeerzeuger	
HR	Zu-/Abluftanlage ... mit Heizregister
Wärmeübergabe	
HK	freie Heizflächen (z. B. Heizkörper)
FBH	integrierte Heizflächen wie Fuß- bzw. Wandheizung
EH	Elektroheizung
LH	Lüftungsheizung
Anordnung	
a	überwiegend außerhalb der thermisch gedämmten Hülle
i	überwiegend innerhalb der thermisch gedämmten Hülle

Ältere Heizungsanlagen sind nach DIN 4701-12 zu berechnen. Für den Energieausweis nach EnEV dürfen für ältere Heizungsanlagen, deren energetischer Kennwert nicht vorliegt, nach § 50 im GEG gesicherte Erfahrungswerte für die Anlagenkomponenten vergleichbarer Altersklassen verwendet werden. Diese werden unter anderem im Bundesanzeiger vom Bundesministerium für Verkehr, Bau und Stadtentwicklung bekannt gemacht.

3.12 Der Energieausweis (§ 80)

Im Teil 5 GEG wird die Forderung der EU-Richtlinie 2002/91/EG „Gesamtenergieeffizienz von Gebäuden" umgesetzt, in der die Einführung eines Ausweises über den Energieverbrauch für Neu- und Bestandsgebäude festgelegt wurde. Hier wird geregelt, wann, wie und für welche Gebäude ein Energieausweis ausgestellt werden muss.

Im Energieausweis ist die energetische Qualität des Gebäudes darzustellen. Er sagt nichts über den tatsächlich zu erwartenden Energieverbrauch aus, sondern ist lediglich dazu gedacht, einen überschlägigen Vergleich von Gebäuden zu ermöglichen. Energieausweise sind nach Angaben im § 85 GEG auszustellen.

a) Ein Energieausweis muss erstellt werden, wenn ein beheiztes oder gekühltes Gebäude neu errichtet wird. Der Energieausweis oder eine Kopie davon muss unverzüglich nach Fertigstellung des

Gebäudes an den Eigentümer übergeben werden (§ 80 Absatz 1 GEG).

Das Gleiche gilt, wenn Gebäude saniert und für das geänderte Gebäude Berechnungen nach § 50 GEG durchgeführt werden.

b) Vorzulegen ist ein Energieausweis nach § 80 Abs. 3 dann, wenn
  - ein mit einem Gebäude bebautes Grundstück,
  - ein grundstücksgleiches Recht an einem bebauten Grundstück,
  - selbstständiges Eigentum an einem Gebäude, Wohnungs- oder Teileigentum

verkauft wird. Der potenzielle Käufer hat das Recht, diesen spätestens bei der Besichtigung vom Verkäufer vorgelegt zu bekommen. Der Energieausweis kann auch deutlich sichtbar ausgehängt werden.

Das Gleiche gilt für Mieter, Pächter und Leasingnehmer eines Gebäudes, einer Wohnung oder einer selbstständigen Nutzungseinheit. Auch hier muss der Eigentümer, Vermieter, Verpächter oder Leasinggeber einen Energiepass vorlegen können (§ 80 Absatz 3–5 GEG).

c) In Gebäuden mit starkem Publikumsverkehr, der auf behördlicher Nutzung beruht, mit mehr als 250 m² Nutzfläche, sind Energieausweise vorzulegen oder an gut sichtbarer Stelle öffentlich auszuhängen. Diese sind nach § 85 GEG auszustellen (§ 80 Absatz 6 GEG).

d) In Gebäuden mit starkem Publikumsverkehr, der **nicht** auf behördlicher Nutzung beruht, mit mehr als 500 m² Nutzfläche, sind Energieausweise vorzulegen oder an gut sichtbarer Stelle öffentlich auszuhängen, sobald für das Gebäude ein Energieausweis vorliegt (§ 80 Absatz 7 GEG).

e) Kleine Gebäude mit einer Nettogrundfläche von bis zu 50 m² Gebäudenutzfläche sind von dieser Vorschrift ausgeschlossen. Ausnahmen gibt es auch für Baudenkmäler (§ 79 Absatz 4 GEG).

Im GEG wurde zusätzlich aufgenommen, dass in *Immobilienanzeigen in kommerziellen Medien* vor dem Verkauf einer Immobilie Pflichtangaben über den energetischen Standard mit angegeben werden müssen. Die Pflichtangaben sind im § 80 Absatz 4 GEG genau erläutert.

Beim Verkauf eines Wohngebäudes mit nicht mehr als zwei Wohnungen hat der Käufer nach Übergabe des Energieausweises ein informatorisches Beratungsgespräch zum Energieausweis mit einer nach § 88 zur Ausstellung von Energieausweisen berechtigten Person zu führen. Das Beratungsgespräch muss unentgeltlich angeboten werden.

Das GEG bietet bei bestehenden Gebäuden die Möglichkeit an, im Energieausweis entweder den Energieverbrauch (gemessener Energieverbrauch) oder den Energiebedarf (berechneter Energiebedarf) darzustellen. Für Wohngebäude mit mehr als vier Wohnungen besteht Wahlfreiheit zwischen dem verbrauchs- oder bedarfsorientierten Energieausweis (§ 80 Absatz 3 GEG).

Diese Wahlfreiheit besteht auch für Wohngebäude mit bis zu vier Wohnungen, wenn sie entsprechend dem Standard der 1. Wärmeschutzverordnung von 1977 errichtet wurden oder später auf diesen Standard gebracht worden sind. Für alle anderen Gebäude darf der Energieausweis nur auf der Basies des berechneten Energiebedarfs ausgestellt werden.

Wird der Energieausweis für bestehende Gebäude auf Grundlage des gemessenen Energieverbrauchs ausgestellt, ist der witterungsbereinigte Energieverbrauch zu ermitteln. Dieser ist für Wohngebäude in kWh/(m² · a) anzugeben. Als Bezugsfläche ist die Gebäudenutzfläche zu verwenden.

Im Zuge der Erstellung des Energieausweises sind dem Eigentümer kostengünstige Verbesserungen der energetischen Eigenschaften des Gebäudes zu unterbreiten, falls solche möglich sind. Die Vorschläge sind fachlich kurz und verständlich zu fassen. Dabei kann ergänzend auf weiterführende Hinweise in Veröffentlichungen des Bundesministeriums für Verkehr, Bau und Stadtentwicklung Bezug genommen werden. Sind Modernisierungsempfehlungen nicht möglich, hat der Aussteller dies dem Eigentümer schriftlich mitzuteilen.

▶ **Übergangsvorschriften für Energieausweise und Aussteller**

Die Übergangsvorschriften sind im Teil 9 GEG geregelt.

▶ **Einteilung in Energieeffizienzklassen (GEG Anlage 10)**

Mit der EnEV 20104 wurden im Energieausweis Energieeffizienzklassen eingeführt. Die Energieeffizienzklassen ergeben sich gemäß nachfolgender Tabelle unmittelbar aus dem Endenergieverbrauch oder dem Endenergiebedarf. Diese haben sich im GEG nicht geändert.

Tabelle 13: Energieeffizienzklassen der EnEV Anlage 10

Energieeffizienz-klasse	Endenergie [kWh/m² · a)]
A+	< 30
A	< 50
B	< 75
C	< 100
D	< 130
E	< 160
F	< 200
G	< 250
H	> 250

4 Nutzung von erneuerbaren Energien zur Wärme- und Kälteerzeugung bei einem zu errichtenden Gebäude (Teil 2 Abschnitt 4 GEG) (früher EEWärmeG)

Am 1. Januar 2009 wurde das „Gesetz zur Förderung Erneuerbarer Energien im Wärmebereich" rechtsgültig. Durch das EEWärmeG wollte die Bundesregierung sicherstellen, dass spätestens im Jahr 2020 14 % der Wärme in Deutschland aus Erneuerbaren Energien gewonnen wird. Durch dieses Gesetz werden alle Bauherren von Neubauten, ob privat, der Staat oder die Wirtschaft verpflichtet, Erneuerbare Energien für die Wärme- und Kälteversorgung ihres Gebäudes zu nutzen. Die Bundesländer können dies freiwillig auch bei Altbauten fordern.

Mit der Einführung des GEG wurde das EEWärmeG in das GEG integriert. Die Anforderungen sind gleichgeblieben.

Wenn ein Eigentümer keine Erneuerbaren Energien einsetzen will, besteht die Möglichkeit Ersatzmaßnahmen zu ergreifen. Dies kann durch bessere Wärmedämmung der Gebäudehülle oder die Nutzung von Fernwärme oder Wärme aus Kraft-Wärme-Kopplung erfolgen.

Unterstützt wird die Nutzung von Erneuerbaren Energien durch das Marktanreizprogramm der Bundesregierung.

Außerdem soll das Gesetz Kommunen den Ausbau von Wärmenetzen erleichtern. Es sieht vor, dass Kommunen auch im Interesse des Klimaschutzes den Anschluss und die Nutzung eines solchen Netzes vorschreiben können.

Zweck und Ziel

Der Zweck dieser Vorschrift ist es in erster Linie, die fossilen Ressourcen zu schonen und die Abhängigkeit von Energieimporten zu reduzieren. Außerdem soll eine nachhaltige Energieversorgung dadurch aufgebaut werden und die Weiterentwicklung von Technologien zur Erzeugung von Wärme aus Erneuerbaren Energien soll gefördert werden.

Ziel ist es, wie schon erwähnt, den Anteil Erneuerbarer Energien am Endenergieverbrauch für Wärme (Raum-, Kühl- und Prozesswärme sowie Warmwasser) zu erhöhen.

Am 24. Februar 2011 wurde das Gesetz neu aufgelegt. In dem überarbeiteten Gesetz wurde die Vorbildfunktion öffentlicher Gebäude als eigener Paragraph mit aufgenommen.

„Öffentlichen Gebäuden kommt nach § 4 GEG eine Vorbildfunktion im Rahmen des Zwecks und Ziels zu. Diese Vorbildfunktion kommt auch öffentlichen Gebäuden im Ausland zu, die sich im Eigentum der öffentlichen Hand befinden".

Außerdem wird darauf hingewiesen, dass nicht nur die Energie zur Wärmeerzeugung, sondern auch die Energie zur Kälteerzeugung zu einem bestimmten Teil aus regenerativen Energien gedeckt werden muss.

Begriffsbestimmung (§ 2 EEWärmeG:

Erneuerbare Energien im Sinne dieses Gesetzes

– **Geothermie**

– **Umweltwärme**

  – *die technisch durch im unmittelbaren räumlichen Zusammenhang mit dem Gebäude stehenden Anlagen zur Erzeugung von Strom aus solarer Strahlungsenergie oder durch solarthermische Anlagen zur Wärme- oder Kälteerzeugung nutzbar gemachte Energie,*

  – *die technisch durch gebäudeintegrierte Windkraftanlagen zur Wärme- oder Kälteerzeugung nutzbar gemachte Energie,*

  – *die aus fester, flüssiger oder gasförmiger Biomasse erzeugte Wärme; die Abgrenzung erfolgt nach dem Aggregatzustand zum Zeitpunkt des Eintritts der Biomasse in den Wärmeerzeuger;*

    oder

  – *Kälte aus erneuerbaren Energien.*

- **Biomasse**
  - *„Biomasse im Sinne der Biomasseverordnung"*
  - *„biologisch abbaubare Anteile von Abfällen aus Haushalten und Industrie",*
  - *„Deponiegas",*
  - *„Klärgas",*
  - *„Klärschlamm im Sinne der Klärschlammverordnung"*
  - *„Pflanzenölmethylester" und*
- **Kälte aus Erneuerbaren Energien** – *„die dem Erdboden oder dem Wasser entnommene und technisch nutzbar gemachte oder aus Wärme nach den Nummern 1 bis 4 technisch nutzbar gemachte Kälte".*

5 Energieberatung bei Neubauten

Für die Planung einer energetisch optimierten Gebäudehülle und der dazugehörigen Anlagentechnik ist es notwendig, alle Rahmenbedingungen, die auf den Energiebedarf Einfluss haben, zu kennen und beurteilen zu können. Jedes Gebäude hat unterschiedliche Anforderungen, Nutzer und Klimarandbedingungen (Innen- und Außenklima). Deshalb muss jedes Gebäude für sich betrachtet werden. Nachfolgend werden einige Punkte aufgezählt, die bei der Planung und Beratung berücksichtigt werden sollten.

5.1 Anforderungsstruktur des Nutzers (Energiestandard)

Welchen Energiestandard soll das gewünschte Gebäude haben? Dies ist eine zentrale Frage, die vor Beginn jeder Planung gestellt werden muss. Denn umso weniger das Gebäude an Energie verbrauchen darf, umso mehr muss dies in der Planung berücksichtigt werden. Ein Passivhaus kann in der Regel nur mit einer sehr kompakten Gebäudehülle realisiert werden, dagegen sind bei einem Gebäude nach GEG-Standard die Anforderungen an die Architektur geringer.

Energiestandards von Gebäuden:

a) GEG-Standard

Das GEG gibt einen sehr hohen einzuhaltenden Energiestandard vor. Neue Gebäude, die nach Einführung der EnEV 2009 erbaut wurden, haben einen um ca. 30 % niedrigeren Jahres-Primärenergieverbrauch als Gebäude, die noch nach der EnEV 2002 bzw. 2007 errichtet wurden. Mit dem EnEV 2014 wurde der zulässige Energiebedarf ab 2016 um weitere ca. 25 % gesenkt. Im jetzigem GEG wurde der Energiestandard nach EnEV 2016 nicht weiter verschärft.

Angesichts weiter steigender Energiepreise und der notwendigen Reduzierung von umweltschädlichen Emissionen, ist es ratsam, neue Gebäude so energiesparend wie möglich zu bauen. Bei dem hohen energetischen Niveau ist es nachträglich nur mit einem erheblichen Kostenaufwand möglich, den Energieverbrauch weiter zu senken. Beim Neubau eines Gebäudes können energiesparende Maßnahmen oft schon mit geringen Mehrkosten umgesetzt werden.

Energiesparendes Bauen wird durch verschiedene Förderprogramme unterstützt. Die bekanntesten und vom Bund über die KfW-Bank geförderten Energiesparhäuser sind Häuser nach

b) KfW Effizienzhaus 55-Standard

c) KfW Effizienzhaus 40- und Passivhausstandard

d) KfW Effizienzhaus 40 +

(siehe 7. Kapitel)

Darüber hinaus gibt es in den einzelnen Städten und Kommunen eigene Förderprogramme für energiesparendes Bauen. Will der Bauherr eines dieser Förderprogramme in Anspruch nehmen, müssen die wärmedämmenden Schichten der Gebäudehülle in Abhängigkeit der Heizungsanlage diesbezüglich bemessen werden.

5.2 Nutzerverhalten

Der rechnerische Nachweis des Energiebedarfes sagt etwas über die energetische Qualität der Gebäudehülle aus. Der tatsächlich zu erwartende Energieverbrauch kann aber, je nach Nutzerverhalten, stark davon abweichen. Umso niedriger der rechnerische Energieverbrauch der Gebäudehülle ist, umso stärker ist der Einfluss des Nutzerverhaltens und der Anlagentechnik auf den tatsächlichen Energieverbrauch.

Damit energiesparende Maßnahmen auch zum gewünschten Erfolg führen, sollten vorab unter anderem folgende Punkte geklärt werden:

a) Anzahl der Bewohner des Gebäudes

Diese hat auf den Warmwasserverbrauch einen erheblichen Einfluss. Je mehr Menschen ein Gebäude bewohnen, umso höher wird auch der Trinkwasserbedarf sein. Maßnahmen zur Reduzierung des Energiebedarfs für die Trinkwassererwärmung sind nur dann sinnvoll, wenn viel warmes Wasser benötigt wird. Die Frage, ob es wirtschaftlich sinnvoll ist, Solarkollektoren zur Brauchwasserunterstützung zu installieren, ist also stark abhängig von dem zu erwartenden Trinkwasserbedarf.

b) Lüftungs- und Wohnverhalten der Benutzer

Einen weiteren Einfluss auf den Energieverbrauch hat das Lüftungs- und Wohnverhalten der Bewohner. Die vom GEG geforderte dichte Gebäudehülle hat zur Folge, dass die Wohnräume nicht mehr durch undichte Fugen selbstständig ausreichend belüftet werden, sondern dies durch regelmäßiges Fensteröffnen oder durch eine kontrollierte Wohnraumlüftung erfolgen muss. Insbesondere bei neu errichteten Gebäuden, die noch eine hohe Baufeuchte beinhalten, kann es bei zu geringem Luftaustausch zu Schimmelbildung und Feuchtigkeitsausfall an der Innenseite der Gebäudehülle kommen.

Wenn das Gebäude den ganzen Tag über bewohnt wird, kann das Lüften der Räume durch regelmäßiges Öffnen der Fenster durch den Bewohner selbst vorgenommen werden. Hierbei wird aber in der Regel entweder zu viel oder zu wenig gelüftet. Außerdem ist zu beachten, dass dem Bewohner nur ein gewisses Lüftungsverhalten zuzumuten ist.

Wird das Gebäude tagsüber nicht bewohnt, ist eine ausreichende Belüftung nur über eine kontrollierte Lüftungsanlage zu gewährleisten. Diese garantiert eine gleichmäßige, den Anforderungen entsprechende Luftzufuhr und verringert zusätzlich die Lüftungswärmeverluste durch Wärmerückgewinnung.

Zudem ist die Luftqualität stark abhängig von der Anzahl der Personen im Raum und der Art der Nutzung. Je mehr Personen einen Raum benutzen und je aktiver diese sind, umso schneller wird die darin befindliche Luft verbraucht. Hier kann eine kontrollierte Lüftungsanlage erheblich zu einem besseren Raumklima beitragen.

Wenn der Bauherr die Gefahr der Schimmelpilzbildung in Abhängigkeit des Lüftungsverhaltens der Bewohner ausschließen will, sollte er auf jeden Fall eine Lüftungsanlage einbauen.

c) Gewünschte Raumlufttemperatur

Je größer der Temperaturunterschied zwischen Innen- und Außenluft ist, umso größer sind auch die Wärmeverluste durch die Gebäudehülle. Wenn die Innentemperatur um 3 °C angehoben wird, erhöht sich der Primärenergiebedarf um ca. 18 %. Für die Beurteilung der Wirtschaftlichkeit von Wärmedämmmaßnahmen ist dies durchaus von Bedeutung. Denn je höher die Bewohner die Innentemperatur wünschen, umso notwendiger wird eine gut gedämmte Gebäudehülle (siehe auch Kapitel 2.3 „Klimatische Verhältnisse").

d) Art der Nutzung von Räumen

Die Art und Weise, wie Räume genutzt werden, sollte bei der Auswahl der Heizflächen berücksichtigt werden. Bei Räumen, die nur selten oder zu bestimmten Zeiten am Tag bewohnt werden, ist es sinnvoll, diese mit schnell reagierenden Heizkörpern auszustatten, damit diese möglichst schnell bei Benutzung aufgeheizt werden können. Dies gilt für Hobbyräume im Keller, aber auch für Wohnungen, die meist nur abends und in der Frühe bewohnt werden.

Flächenheizungen sind dann sinnvoll, wenn Räume dauerhaft und möglichst gleichmäßig temperiert werden sollen, da diese träger sind als Wandheizkörper. Ein großer Vorteil von Wand- oder Fußbodenheizungen ist deren hoher Anteil an Wärmestrahlung und geringer Konvektion. Durch die große Fläche und niedrige Temperatur wird die meiste Wärme durch Wärmestrahlung an die Räume abgegeben, was in der Regel als angenehmer empfunden wird. Zu beachten ist, dass durch die geringe Luftumwälzung im Raum mehr gelüftet werden muss, um eventuell anfallende Feuchtigkeit an den Außenbauteilen zu verhindern.

5.3 Örtliche Klimarandbedingungen

Wie in Kapitel 2.3 bereits erläutert, herrschen in Deutschland je nach Region unterschiedliche Klimabedingungen. Da die Wärmeverluste und Wärmegewinne von diesen abhängig sind, sollte die Witterung vor Ort berücksichtigt werden.

5.4 Architektur der Gebäudehülle

Die Architektur eines Gebäudes hat erheblichen Einfluss auf deren Energiebedarf. Folgende Faktoren sind hierbei von Bedeutung:

a) A/V-Verhältnis

Je größer die Hüllfläche (A) zum beheizten Volumen (V) ist, umso mehr Wärme geht über die Gebäudehülle pro m² Wohn- bzw. Nutzfläche verloren. Bezogen auf die beheizte Nutzfläche haben kompakte Gebäude einen geringeren Energieverbrauch als zerklüftete Gebäude.

b) Größe und Orientierung der Fensterflächen

Südfenster haben höhere solare Wärmegewinne als Nordfenster. Aus diesem Grund sind Aufenthaltsräume nach Möglichkeit immer durch Süd-, Ost- bzw. Westfenster zu belichten. Nebenräume, die nur eine geringe Belichtung benötigen, sind nach Norden zu orientieren. Zu beachten ist hier aber der sommerliche Wärmeschutz. Die Räume sollten so verschattet werden können, dass immer noch ausreichend natürliches Licht eindringen kann.

c) Zonierung des Gebäudes

Die Räume eines Gebäudes sind so zu zonieren, dass jeweils alle warmen Räume und alle niedrig beheizten Räume nach Möglichkeit zusammenliegen. Außerdem sind die Wohn- und Aufenthaltsräume nach Süd, Ost und West, die niedrig beheizten Nebenräume nach Norden zu orientieren.

d) Integration von Solaranlagen und Photovoltaik

Wenn das Gebäude durch eine Solaranlage mit Wärme versorgt wird, sollte die Installation auch architektonisch gelöst werden. Das Gleiche gilt auch für Photovoltaikelemente. Die Elemente sollten nicht als Fremdkörper auf das Dach oder an die Fassade montiert werden, sondern sich in die Architektur des Gebäudes einfügen.

5.5 Mehr Heizung oder mehr Dämmung?

Es gibt unterschiedliche Meinungen bezüglich der Frage, worin vorrangig mehr Geld investiert werden soll. In eine umweltfreundliche Heizungsanlage oder in eine gut gedämmte Gebäudehülle?

Folgendes spricht für eine gut gedämmte Gebäudehülle (siehe auch Kapitel 2.4):

- niedrigerer Energiebedarf
- geringe laufende Energiekosten
- sehr gutes Innenraumklima
- einfache Anlagentechnik
- oft wirtschaftlicher als eine aufwendige Anlagentechnik
- kann nachträglich nur unter hohem Kostenaufwand verbessert werden.

Je weniger Energie das Gebäude benötigt, umso weniger wichtig ist es, wie der verbleibende Energiebedarf gedeckt wird. Dieser sollte nach Möglichkeit umweltfreundlich erzeugt werden, was gerade bei geringer Heizlast einfacher und kostengünstiger erreicht werden kann.

Die Investition in eine gut gedämmte Gebäudehülle sollte deshalb immer als vorrangig betrachtet werden.

5.6 Auswahl der Heizungsanlage

Die Auswahl der Heizungsanlage hängt von verschiedenen Faktoren ab:

a) Nutzer

Das Wichtigste bei der Auswahl der Heizungsanlage ist der Nutzer des Gebäudes. Jeder Nutzer hat unterschiedliche Ansprüche. Folgende Kriterien spielen dabei mit unterschiedlicher Wertung eine Rolle:

- Anschaffungskosten
- laufende Kosten
- Umweltverträglichkeit
- Energieträger
- Wartung
- Aufwand der Anlagentechnik
- Statussymbol.

Für den einen sind wirtschaftliche Gesichtspunkte wie Anschaffungs- und Unterhaltskosten vorrangig, für den anderen steht die Umweltverträglichkeit an erster Stelle. Pellets-Heizungen sind umweltfreundlicher als Gasheizungen, benötigen aber einen Lagerraum und sind aufwändiger in der Wartung und im Unterhalt. Jedes Heizsystem hat seine Vor- und Nachteile und ist nicht für jedes Gebäude und jeden Nutzer geeignet.

b) Energiebedarf und Umweltverträglichkeit

Je niedriger der Energieverbrauch ist, umso einfacher und wirtschaftlicher kann dieser durch regenerative Energiequellen gedeckt werden. Für kleine Heizlasten (unter 6 KW) sind Systeme sinnvoll, die geringe Energiemengen erzeugen können, ohne ständig ein- und auszuschalten. Dies sind z. B. Solaranlagen, Wärmepumpen, auch in Kombination mit Lüftungsanlagen und kleine Gasbrenner. Auch kleine Pelletöfen, die im Wohnraum aufgestellt werden, sind dafür geeignet. Bei großen Heizlasten werden nach wie vor meist Öl- und Gaskessel eingesetzt. Hier sollten aber auf jeden Fall Brennwertgeräte eingesetzt werden. Aufgrund der eingeführten CO_2-Steuer werden Heizsysteme mit regenerativen Energien immer wirtschaftlicher. Bei hohen Heizlasten sind Pellet-Heizungen und Wärmepumpen mit Grundwasser oder Erdwärme interessant. Wenn gleichzeitig auch Strom mit erzeugt werden soll, werden BHKW eine interessante Alternative.

c) Art der Heizflächen

Heizflächen und Heizungsanlage müssen aufeinander abgestimmt sein. Bei Flächenheizungen sind Heizsysteme sinnvoll, die ihren höchsten Wirkungsgrad im Niedertemperaturbereich besitzen. Dazu gehören Wärmepumpensysteme, Solaranlagen und Brennwerttechnik. Diese erreichen ihren höchsten Wirkungsgrad bei einer Vorlauftemperatur von 35–55 °C und sind dadurch ideal mit Wand- und Fußbodenheizungen zu kombinieren.

d) Nutzerverhalten

Der Nutzer muss darauf hingewiesen werden, wie viel Wartung das ausgewählte Heizsystem benötigt. Wenn er nicht bereit ist, regelmäßig seine Heizungsanlage zu kontrollieren, sind wartungsintensivere Heizkessel ungeeignet.

e) Inanspruchnahme von Fördergeldern

Wenn ein bestimmter Primärenergiebedarf aus Fördergründen nicht überschritten werden darf, ist es notwendig, ein Heizsystem auszuwählen, mit dem die Anforderungen eingehalten werden können. Dies ist insbesondere bei einem KfW 40-Standard fast nur noch mit regenerativen Energiequellen möglich.

f) Räumliche Gegebenheiten

Ein großes Kriterium bei der Auswahl des Heizsystems sind auch die räumlichen Gegebenheiten. Bei Platzmangel oder fehlendem Keller scheiden Heizungsanlagen mit notwendiger Brennstofflagerung meist aus.

g) Zusammenstellung verschiedener Heizungsanlagen

Die Aufgabe des Planers ist es, den Kunden qualifiziert zu beraten und das für ihn richtige Heizsystem auszuwählen.

Folgend sind die wichtigsten Heizsysteme mit ihren Energiekennzahlen sowie deren Vor- und Nachteile aufgelistet. Die Anlagenaufwandzahl e_g (siehe Tabelle 2) wurde für ein Einfamilienhaus nach GEG-Standard berechnet. Sie dient nur als Größenordnung und kann nicht auf andere Gebäude übertragen werden.

Quelle: „Wärmeschutz und Energiebedarf nach EnEV", Volland/Volland

Niedertemperaturkessel Öl (NT):

Nutzungsgrad η:	ca. 92–95 %	
Aufwandszahl e_g:	ca. 1,11–1,13	(DIN 4701-10 Tabelle C.3-4b)

Primärenergiefaktor f_P

insgesamt:	1,1	(DIN 4701-10 Tabelle C.4-1)
nicht erneuerbarer Anteil:	1,1	(DIN 4701-10 Tabelle C.4-1)

Vorteile:	altbewährtes Heizsystem
	geringer Wartungsaufwand
Nachteile:	hoher Primärenergiebedarf
	fossiler Brennstoff
	kein endlicher Brennstoff
	stark steigende Energiekosten
	Umweltbelastung durch umweltschädigenden CO_2-Ausstoß
	Lagerraum und Kamin notwendig
Heizflächen:	Wandheizkörper
	Flächenheizung in Verbindung mit Warmwasserspeicher

Brennwertkessel Gas (BW):

Nutzungsgrad η:	ca. 109 %	
Aufwandszahl e_g:	ca. 0,95–1,01	(DIN 4701-10 Tabelle C.3-4b)

Primärenergiefaktor f_P:

insgesamt:	1,1	(DIN 18599-1 Tabelle A.1)
nicht erneuerbarer Anteil:	1,1	(DIN 18599-1 Tabelle A.1)

Vorteile:	geringe Investitionskosten, wenn Gasanschluss vorhanden
	geringer Wartungsaufwand
	geringer Platzbedarf
	kein Lagerraum notwendig
	Aufstellung auch im DG möglich
	geringere CO_2-Belastung als bei Ölheizung
	hoher Wirkungsgrad
Nachteile:	hoher Primärenergiebedarf
	fossiler Brennstoff (CO_2-Steuer)
	steigende Energiekosten
	Umweltbelastung durch umweltschädigenden CO_2-Ausstoß
Heizflächen:	Flächenheizung, aber auch Wandheizkörper

Wärmepumpe WP/W: Energieträger Grundwasser:

Nutzungsgrad η: –
Aufwandszahl e_g: 0,19–0,23 (DIN 4701-10 Tabelle C.3-4b)
Primärenergiefaktor f_p:
   insgesamt: 2,8 (DIN 18599-1 Tabelle A.1)
   nicht erneuerbarer
   Anteil: 2,6 Gültig bis Ende 2015
    1,8 ab 2016 (DIN 18599-1 Tabelle A.1)
Vorteile: niedriger Primärenergiebedarf
   geringere CO_2- Belastung
   geringer Wartungsaufwand
   geringer Platzbedarf
   kein Lagerraum notwendig
   niedrige Energiekosten
Nachteile: meist höhere Investitionskosten
   Energieträger Strom, wenn fossil
Heizflächen: Flächenheizung

Wärmepumpe: Energieträger Erdreich (WP/E)

Nutzungsgrad η: –
Aufwandszahl e_g: 0,23–0,27 (DIN 4701-10 Tabelle C.3-4b)
Primärenergiefaktor f_p:
   insgesamt: 2,8 (DIN 18599-1 Tabelle A.1)
   nicht erneuerbarer
   Anteil: 2,6 gültig bis Ende 2015
    1,8 ab 2016 (DIN 18599-1 Tabelle A.1)
Vorteile: wie Wärmepumpe WP/W
Nachteile: wie Wärmepumpe WP/W
   höhere Aufwandszahl e_g als WP/W
   Freifläche für die Verlegung des Erdkollektors notwendig
Heizflächen: Flächenheizung

Wärmepumpe: Energieträger Luft (WP/L)

Nutzungsgrad η: –
Aufwandszahl e_g: 0,30–0,37 (DIN 4701-10 Tabelle C.3-4b)
Primärenergiefaktor f_p:
   insgesamt: 2,8 (Strom) (DIN 18599-1 Tabelle A.1)

nicht erneuerbarer
Anteil: 2,6   gültig bis Ende 2015
                     1,8 ab 2016   (DIN 18599-1 Tabelle A.1)
Vorteile: wie Wärmepumpe WP/W
                 geringere Investitionskosten
Nachteile: wie Wärmepumpe WP/W
                 die Energiekosten und der Primärenergiebedarf sind
                 wesentlich höher als bei WP/W und WP/E
Heizflächen: Flächenheizung

Elektroheizung (EH):
Nutzungsgrad η: –
Aufwandszahl e_g: 1   (DIN 4701-10 Tabelle C.3-4b)
Primärenergiefaktor f_p:
    insgesamt: 2,8   (DIN 18599-1 Tabelle A.1)
    nicht erneuerbarer
    Anteil: 2,6   gültig bis Ende 2015
                             1,8 ab 2016   (DIN 18599-1 Tabelle A.1)
Vorteile: geringe Investitionskosten
                 kein Wartungsaufwand
                 kein Heizkessel notwendig
                 kein Lagerraum und Kamin notwendig
Nachteile: sehr hoher Primärenergiebedarf
                 hohe Anforderung an die Wärmedämmung
                 hohe CO_2-Belastung
                 Energieträger Strom
Heizflächen: Wandheizkörper und Flächenheizung

Fern- und Nahwärme (FW):
Nutzungsgrad η: –
Aufwandszahl e_g: –
Primärenergiefaktor f_p: davon abhängig, wie Wärme erzeugt wird
Vorteile: geringe Investitionskosten
                 kein Wartungsaufwand
                 geringer Platzbedarf
                 kein Lagerraum notwendig
Der Primärenergiebedarf ist davon abhängig, wie umweltfreundlich
die Wärme im Nah- bzw. Fernwärmekraftwerk erzeugt wird.
Nachteile: Abhängigkeit vom Wärmelieferanten
Heizflächen: Wandheizkörper und Flächenheizung

Pellet-Heizung:

Nutzungsgrad η:	90–94 %	
Aufwandszahl	e_g: 1,38–1,49	(DIN 4701-10 Tabelle C.3-4b)
Primärenergiefaktor f_P:		
insgesamt:	1,2	(DIN 18599-1 Tabelle A.1)
nicht erneuerbarer Anteil:	0,2	(DIN 18599-1 Tabelle A.1)

Vorteile: niedriger Primärenergiebedarf
geringe CO_2-Belastung (siehe Tabelle 2 „Regenerative Energieträger")
Brennstoff kann regional bezogen werden
Brennstoff meist günstiger als fossiler Brennstoff
zukunftssicherer Brennstoff

Nachteile: hohe Investitionskosten
höherer Wartungsaufwand
Lagerraum und Kamin notwendig

Heizflächen: Wandheizkörper
Flächenheizung in Verbindung mit Warmwasserspeicher

Stückholzfeuerung:

Aufwandszahl e_g:	1,75	(DIN 4701-10 Tabelle C.3-4b)
Primärenergiefaktor f_P:		
insgesamt:	1,2	(DIN 18599-1 Tabelle A.1)
nicht erneuerbarer Anteil:	0,2	(DIN 18599-1 Tabelle A.1)

Vorteile: niedriger Primärenergiebedarf
geringe CO_2-Belastung (siehe Tabelle 2 „Regenerative Energieträger")
Brennstoff kann regional bezogen werden
Brennstoff günstiger als fossile Energieträger
zukunftssicherer Brennstoff

Nachteile: hohe Investitionskosten
höherer Wartungsaufwand
Lagerraum und Kamin notwendig

Heizflächen: Wandheizkörper
Flächenheizung in Verbindung mit Warmwasserspeicher

Solaranlagen:

Aufwandszahl e_g: –

Primärenergiefaktor f_p: 0

Vorteile:	kein Primärenergiebedarf
	keine CO_2-Belastung
	Solarenergie unbegrenzt vorhanden
	keine Energiekosten (nur Hilfsenergie)
Nachteile:	hohe Investitionskosten
	wirtschaftlich nur mit zusätzlichem Heizsystem
Heizflächen:	Flächenheizung

In der nachfolgenden Grafik werden die einzelnen Heizsysteme bezüglich ihres Primärenergiebedarfs untersucht. Die Daten wurden für ein Einfamilienhaus mit 205 m² Nutzfläche nach EnEV-Standard ermittelt. Als Primärenergiefaktor für Strom wurde 2,6 angesetzt.

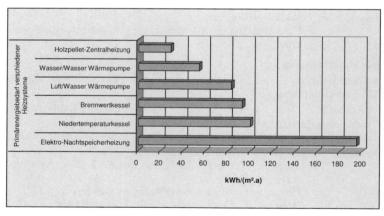

Bild 16: Primärenergiebedarf verschiedener Heizsysteme (nicht erneuerbarer Anteil)

6   Energieberatung bei bestehenden Gebäuden

Die Energieberatung für bestehende Gebäude unterscheidet sich nicht wesentlich von der bei Neubauten. Der einzige Unterschied ist, dass es sich um ein schon bestehendes Gebäude handelt und dessen Funktion und energetische Qualität erst erfasst werden müssen. Dies ist die erste und schwierigste Aufgabe.

6.1 Energieberatung als Erstinformation

Nicht immer sind aufwendige Untersuchungen und Berechnungen notwendig, um Mängel am Gebäude festzustellen. Offensichtliche Mängel wie marode und veraltete Anlagentechnik, Bauschäden und falsches Nutzerverhalten können oft schon bei einer Begehung des Gebäudes erkannt und beurteilt werden. Insbesondere der Energieverbrauch des Gebäudes gibt einen ersten Anhaltswert über den Energiestandard des Objekts. Zu beachten ist, dass der Energieverbrauch stark vom Nutzerverhalten beeinflusst wird und dies bei der Beurteilung zu berücksichtigen ist. Aufgrund dieser Erstinformationen können schon kleinere Maßnahmen ergriffen werden, die zur Senkung des Energiebedarfs beitragen.

Aber nicht alle Schwachstellen sind mit dem Auge erkennbar. Undichtigkeiten und Wärmebrücken können oft nur erahnt und in ihrer Dimension geschätzt werden. Für die bildliche Darstellung und Messung von Schwachstellen in der Gebäudehülle ist es möglich, diese mit Hilfe einer Dichtheits-Messung und einer Wärmebildkamera (Thermografie) zu untersuchen.

Dichtheits-Messung (Blower-Door-Messung)

Die **Dichtheits-Messung,** bekannt als Blower-Door-Messung, dient zur Messung der Dichtheit eines Gebäudes. Sie wird in erster Linie bei Neubauten angewandt, um festzustellen, ob das Gebäude die Anforderungen der EnEV bezüglich Luftdichtheit erfüllt. Sowohl bei Alt- als auch bei Neubauten können mit Hilfe dieser Messung Undichtigkeiten aufgedeckt und dadurch gezielt beseitigt werden.

Für die Untersuchung wird ein Gebläse luftdicht in den Rahmen einer Außentür oder in ein Fenster eingebaut. Anschließend wird im Gebäude sowohl ein Überdruck als auch ein Unterdruck erzeugt. Anhand des Volumenstroms, der notwendig ist um eine bestimmte Druckdifferenz zu erzeugen, wird die Dichtheit des Gebäudes festgestellt. Ist das Gebäude undicht, können mit Hilfe von Rauchspender, Luftgeschwindigkeitsmesser und Thermograf die Schwachstellen geortet werden. Der Bauherr bekommt mit dieser Messung einen sichtbaren Eindruck, wie viel an Wärme unnötig durch undichte Fugen verloren geht.

Thermografie

Mit Hilfe der Thermografie ist es möglich, die Oberflächentemperaturen der Außenbauteile zu messen und bildlich darzustellen. Hierzu werden die Außenbauteile mit Hilfe einer Wärmebildkamera sowohl innen als auch außen fotografiert. Anhand der Farben des Bildes, Rot für Warm und Blau für Kalt, können die Oberflächentemperaturen bestimmt werden. Wärmebrücken und Undichtigkeiten sind auf diesen Bildern auch für den Laien gut erkennbar. Auch hier bekommt der Bauherr einen schnellen Eindruck über die energetische Qualität der Gebäudehülle.

Wichtig ist, dass diese Messungen von geschulten und zertifizierten Fachleuten durchgeführt werden. Denn wenn die Rahmenbedingungen und Witterungsverhältnisse nicht richtig beurteilt werden, können die Messergebnisse oft zu falschen Interpretationen führen. Hierfür ist viel Erfahrung und bauphysikalisches Verständnis notwendig.

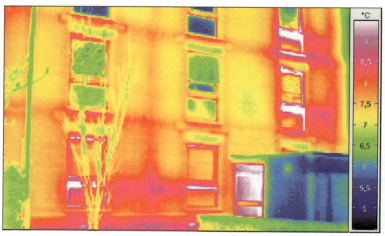

Bild 17: Thermografie einer Außenwand (Quelle: Friedemann Zeitler, Penzberg)

Auf diesem Bild sind Wärmebrücken wie Heizkörpernischen, Rolladenkästen, Betonpfeiler und Betonstürze gut erkennbar. Die Oberflächentemperaturen sind an diesen Stellen teilweise um 2 °C höher als an der homogenen Wand.

Wichtig ist an diesen Untersuchungen, dass der Bauherr die Schwachstellen seines Gebäudes erkennt und versteht, wo und wofür Energie benötigt bzw. unnötig verbraucht wird. Wenn er die Ursachen erkannt hat und der Wunsch vorhanden ist, den Energieverbrauch zu senken, wird er Maßnahmen zur Energieeinsparung durchführen lassen.

Falls sich der Bauherr dazu entschlossen hat, ist eine detaillierte Energieberatung sinvoll. Denn nur wenn das Gebäude in seiner Gesamtheit betrachtet wird, können der Energieverbrauch wirtschaftlich gesenkt und Bauschäden vermieden werden.

6.2 Detaillierte Energieberatung

a) Aufnahme des Gebäudebestandes

Für die detaillierte Energieberatung muss zuerst der Gebäudebestand erfasst werden. Hierfür ist es sinnvoll, eine Checkliste zu verwenden, damit bei der Gebäudeaufnahme nichts vergessen wird. Diese kann entweder selbst erstellt oder u. a. von der DENA aus dem Internet heruntergeladen werden (www.dena.de).

Vom Bauherrn müssen folgende Unterlagen und Informationen (wenn vorhanden) zur Verfügung gestellt werden:

– Pläne

– Baubeschreibung

– Angaben zu bereits durchgeführten Wärmeschutzmaßnahmen

– Energieverbrauch der letzen 3 Jahre

– die letzten zwei Schornsteinfeger-Protokolle

– geplante Sanierungsmaßnahmen

– Nutzerverhalten bezüglich Innentemperatur, Lüftungsverhalten und Warmwasserverbrauch.

Folgende Werkzeuge und Unterlagen sind für die Gebäudeaufnahme sinnvoll:

– Fotoapparat (Handy)

– Meterstab (Zollstock)

– Bandmaß

– Notizblock mit Stift oder E-Tablet

– Diktiergerät (Handy)

– Taschenlampe (Handy)

– Feuerzeug

– Checkliste

– Energieberatervertrag.

Spezialwerkzeug, wenn vorhanden

– Laser-Entfernungsmessgerät

– Messgerät für Oberflächentemperaturen und Feuchtegehalt der Luft.

Wenn keine aktuellen Pläne vom Gebäude vorhanden sind, muss dieses entweder von Hand aufgemessen (sehr zeitaufwendig) oder deren Flächen über ein Fotoaufmaß bestimmt werden. Hierfür gibt es kostengünstige Programme auf dem Markt. Mit deren Hilfe können anhand von digitalen Fotos und einem dazugehörigen Referenzwinkel die Flächen des Gebäudes schnell und ausreichend genau bestimmt werden.

Folgende Daten vom Gebäude werden benötigt:

Gebäudedaten:

– Baujahr des Gebäudes und eventueller Anbauten
– Anzahl der Wohnungen
– beheizte Wohnfläche
– Anzahl der Vollgeschosse
– Nutzung der einzelnen Räume und Gebäudeteile
– zukünftige Nutzung des Gebäudes
– Bauschäden und Feuchteprobleme
– allgemeiner Gebäudezustand (guter Zustand oder sanierungsbedürftig).

Bauteildaten:

Alle Aufbauten und Materialien der verschiedenen Außenbauteile der beheizten Gebäudehülle wie

– Kellerdecke, Kellerwände, Wand gegen unbeheizten Keller etc. (nur wenn Keller beheizt wird)
– Außenwände und Decken zur Außenluft
– Wände und Decken zu unbeheizten und niedrig beheizten Räumen
– Dachfläche, Abseitenwände
– Wärmebrücken wie Balkonplatte, Rollladenkästen, Heizkörpernischen
– Fenster mit Material des Rahmens, Glasart und Dichtheit
– Haustüre mit Material des Rahmens, des Türblatts sowie deren Dichtheit.

Heizungsanlage:

– Art und Baujahr des Kessels
– Art und Baujahr des Brenners

- Betriebsweise zentral oder dezentral, nur für Heizung oder auch Brauchwasser
- sonstige Wärmeerzeuger wie z. B. Kachelofen oder Solaranlage
- Energieträger
- Nennwärmeleistung
- Abgasverluste
- Nachtabsenkung
- Außentemperaturfühler vorhanden
- Vor-/Rücklauftemperatur des Heizungswassers
- Warmwasserspeicher vorhanden, Art und Größe
- Dämmung der Warmwasserleitungen
- Art der Verteilung des Trinkwassers (Zirkulation)
- Zustand der Anlagentechnik
- Art und Zustand des Kamins
- Art der Pumpen.

Verteilung der Wärme in den Räumen:

- Art der Heizkörper
- Art der Heizkörperventile.

Sinnvoll ist es auch, die Adresse des Heizungsbauers und des Kamin-kehrermeisters für eventuelle Nachfragen zu notieren. Bei größeren und aufwendigen Heizungsanlagen sollte ein Heizungsbauer oder Anlagentechniker hinzugezogen werden, da zu deren energetischer Beurteilung spezielles Fachwissen notwendig ist.

Hinweis:

Die Liste hat keinen Anspruch auf Vollständigkeit und dient nur zur Orientierung.

b) Berechnung des Energiebedarfs

Wenn alle Gebäudedaten aufgenommen sind, kann mit der Berechnung des Energiebedarfs begonnen werden. Diese sollte mit einer geeigneten Energieberatersoftware durchgeführt werden (siehe Kapitel 9).

Als erstes ist der Ist-Zustand des Gebäudes zu berechnen. Hierbei ist unter anderem auf folgende Punkte zu achten:

- möglichst wirklichkeitsgetreue Bauteileingabe

- Einstellen der vorhandenen Klimadaten bezüglich Strahlungsintensität und durchschnittlicher Außentemperatur
- tatsächlicher Trinkwasserbedarf
- geschätzte Luftwechselrate
- durchschnittliche Innentemperatur
- Teilbeheizungsfaktor
- Wirkungsgrad der Heizungsanlage.

Die größte Herausforderung ist die wirklichkeitsgetreue Eingabe der Gebäudedaten und des Nutzerverhaltens. Nur wenn das Gebäude richtig erfasst wurde, können der Nutzen und die Wirtschaftlichkeit von Sanierungsmaßnahmen einigermaßen genau berechnet werden. Es handelt sich hier immer um theoretische Näherungswerte. Als Anhalt dient der tatsächliche Energieverbrauch des Gebäudes. Wenn die Rahmenbedingungen richtig erfasst wurden, muss der rechnerisch ermittelte Energieverbrauch mit dem tatsächlichen Energieverbrauch nahezu übereinstimmen.

Eines der größten Probleme ist hierbei die richtige Beurteilung der Wärmeverluste über die Gebäudehülle. Nachdem die einzelnen Bauteile nicht alle auf deren Materialien und die dazugehörigen Wärmeleitfähigkeit untersucht werden können (nur mit großem Aufwand möglich), ist man hier auf die Angaben des Besitzers und auf Erfahrungswerte angewiesen. Es gibt verschiedene Quellen, in denen Bauteilschichtungen aus den verschiedenen Erstellungsjahren des letzten Jahrhunderts aufgelistet sind (siehe auch Tabelle 13). Mit deren Hilfe kann die Wärmeleitfähigkeit der einzelnen Bauteile abgeschätzt werden. Man muss sich aber bewusst sein, dass hier eine große Fehlerquelle in der Berechnung liegen kann (siehe auch Kapitel 3.8).

Eine weitere Herausforderung ist die Bestimmung des Wirkungsgrades der Heizungsanlage. Hierfür sind viel Erfahrung und Kenntnisse in der Anlagentechnik notwendig. Für einfache Anlagen gibt es Anlagenkennzahlen für verschiedene Heizsysteme unterschiedlichen Alters. Diese sind aber wiederum nur Durchschnittswerte (siehe auch Kapitel 3.11). Bei komplexeren Anlagen ist es ratsam, einen Fachmann zur Beurteilung der Anlage heranzuziehen.

Wenn der berechnete Wert mit dem tatsächlich vorhandenen Energieverbrauch übereinstimmt, kann mit der Eingabe von Energieeinsparmaßnahmen begonnen werden.

c) Beurteilung von Maßnahmen zur Energieeinsparung

Anhand der Auswertung des Ist-Zustandes kann abgelesen werden, wo die meiste Energie verloren geht. Dort kann in der Regel auch am meisten Energie eingespart werden. Außerdem sollten die Sanierungsmaßnahmen untersucht werden, die in naher Zukunft sowieso durchgeführt werden müssen. Diese können am wirtschaftlichsten saniert werden, da hier nur Kosten für die zusätzliche Wärmedämmung anfallen.

Beispiele:

– Wenn die Außenwand neu gestrichen werden muss, ist es sinnvoll diese gleichzeitig zu dämmen.
– Wenn das Dach neu eingedeckt werden muss, sollte auch dort der Wärmeschutz optimiert werden.
– Wenn die Heizung erneuert werden muss, sollte überlegt werden, ob regenerative Energiequellen mit eingebunden werden können.
– etc.

Für die einzelnen Maßnahmen sollte jeweils berechnet werden:

– Einsparung an Endenergie Q_E
– Einsparung an Primärenergie Q_P
– Verringerung der Emissionen
– Energiekosteneinsparung
– neue Heizlast.

Die einzelnen Maßnahmen können nun anhand des theoretisch möglichen Einsparpotenzials beurteilt werden.

Zur Beurteilung der Wirtschaftlichkeit der einzelnen Maßnahmen müssen die Kosten für die Durchführung kalkuliert werden. Anhand der Energiekosteneinsparung und der dafür notwendigen Investition, kann die Wirtschaftlichkeit der einzelnen Maßnahmen abgeschätzt werden. Für eine genaue Beurteilung der Wirtschaftlichkeit ist aber noch eine Vielzahl von Komponenten notwendig wie Nutzungsdauer, geschätzte Energiepreissteigerung, jährlich realer Zinssatz, Abschreibungsmöglichkeiten etc. Der ausschlaggebende Punkt bei der Beurteilung der Wirtschaftlichkeit einzelner Maßnahmen ist heute aber die mögliche Förderung über KfW und BAFA. Je energieeffizienter das Gebäude wird, umso höher wird der Fördersatz. Dieser kann bis zu 45 % der Sanierungskosten für energetische Maßnahmen ausmachen.

6.3 Was soll bei der energetischen Sanierung beachtet werden?

Da oft nicht genug Geld für eine komplette Gebäudesanierung vorhanden ist, wird in vielen Fällen eine Teilsanierung durchgeführt. Hierin liegt die größte Gefahr für das Gebäude. Es muss immer beurteilt werden, welche Auswirkung die Sanierung eines Bauteiles auf den Wärme- und Feuchtigkeitshaushalt des Gebäudes haben wird. Denn das Gebäude ist immer in seiner Gesamtheit zu betrachten. Wenn an einer Stelle etwas verändert wird, kann es an einer anderen Stelle zu Schäden kommen.

Beispiele:

a) Erneuern alter undichter Fenster durch dichte Fenster mit Wärmeschutzglas

Wenn in einem schlecht gedämmten Gebäude keine Schimmelpilzprobleme vorhanden sind, liegt dies an den undichten Fenstern, die für eine dauerhafte und ausreichende Belüftung des Gebäudes sorgen. Der Nachteil sind jedoch unnötig hohe Lüftungswärmeverluste.

Werden nun neue dichte Fenster eingebaut, ohne dass die Dämmeigenschaft der Gebäudehülle verbessert wird, besteht eine große Gefahr, dass an den Außenwänden Feuchtigkeit ausfällt und Schimmelpilzbildung entsteht. Durch die dichten Fenster ist ein ausreichender Luftwechsel im Gebäude ohne Fensterlüftung nicht mehr gewährleistet. Es entsteht dadurch eine höhere relative Luftfeuchtigkeit in den Räumen, wenn nicht ausreichend gelüftet wird. Die Fenster sind nun nicht mehr die kälteste Stelle der Gebäudehülle, sondern die Außenwände, wodurch die Feuchtigkeit nun an den Innenflächen der Außenwände ausfällt. Dort kann es dann zu Schimmelpilzproblemen kommen.

Dies ist einer der häufigsten Fehler bei Sanierungsmaßnahmen. Wenn die Fenster gegen neue ausgetauscht werden, muss entweder die Gebäudehülle mit gedämmt werden, damit die Oberflächentemperatur der Außenbauteile angehoben wird (siehe 2.4) oder es muss durch eine kontrollierte Lüftungsanlage ein ausreichender Luftwechsel gewährleistet sein.

b) Dämmen der Außenwände

Wenn auf die Außenwände ein Wärmedämmverbundsystem aufgebracht wird, ist darauf zu achten, dass auch die Fensterlaibungen ausreichend gedämmt werden. Oft wird dies vernachlässigt, weil dort auf Grund von Rollladenschienen eine Wärmedämmung nur mit größerem Aufwand angebracht werden kann. Diese müssen aber unbedingt mit gedämmt werden, weil sonst an diesen kalten Stellen innen Schimmelpilze entstehen. Unter Umständen müssen die Fensterlaibungen abgestemmt werden, damit zwischen Rollladenschien und Fensterlaibung eine mindesten 4 cm dicke Wärmedämmung eingebracht werden kann.

c) Einbau einer neuen Heizungsanlage

Wenn bei einem alten Gebäude eine neue Heizungsanlage eingebaut wird, soll bedacht werden, ob in den nächsten Jahren auch die Gebäudehülle gedämmt wird. Durch das Dämmen der Gebäudehülle verringert sich die Heizlast des Gebäudes. Wenn die Heizung auf die momentane Heizlast des unsanierten Gebäudes ausgelegt wird, stimmt die Heizlast bei einer weiteren Sanierung der Gebäudehülle nicht mehr mit der dann notwendigen Heizlast überein. In diesem Fall sollte auf jeden Fall eine modulierende Heizung eingebaut werden, die mit unterschiedlicher Heizlast gefahren werden kann.

d) Feuchte Außenwände

Vor Aufbringung einer Wärmedämmung an die Außenwände müssen diese auf deren Feuchtegehalt untersucht werden. Wenn sie sehr feucht sind, muss gewährleistet sein, dass die Wände auch nach deren Dämmung weiter austrocknen können. Hierfür sind Dämmmaterialien geeignet, die Feuchtigkeit nach außen transportieren können.

7 Förderungen bei energiesparendem Bauen und Sanieren (Wohngebäude)

Die wichtigsten Förderungen für energieeffizientes Bauen und Sanieren sind die Förderprogramme der Kreditanstalt für Wiederaufbau (KfW) und des Bundesamtes für Wirtschaft und Ausfuhrkontrolle (BAFA). Darüber hinaus gibt es von den Ländern und Kommunen noch eigene aufgelegte Förderprogramme, die regional sehr unterschiedlich sind.

Eine der umfangreichsten Datenbanken für Förderangebote in Deutschland für Bauen, Sanieren und Erwerb von Immobilien wird von „fe.bis" (www.fe-bis.de), einem gewerblichen Dienstleister, angeboten. Aber auch die DENA hat eine gut geführte Liste mit aktuellen Förderprogrammen.

Anfang 2021 wurde eine neue „Bundesförderung für effiziente Gebäude (BEG)" für die energetische Gebäudeförderung des Bundes ins „Leben" gerufen.

Die BEG ersetzt die bestehenden Programme zur Förderung von Energieeffizienz und Erneuerbaren Energien im Gebäudebereich – darunter das CO_2-Gebäudesanierungsprogramm (Programme Energieeffizient Bauen und Sanieren), das Programm zur Heizungsoptimierung (HZO), das Anreizprogramm Energieeffizienz (APEE) und das Marktanreizprogramm zur Nutzung Erneuerbarer Energien im Wärmemarkt (MAP).

Die BEG ist in eine Grundstruktur mit drei Teilprogrammen aufgeteilt:

- Bundesförderung für effiziente Gebäude – Wohngebäude (BEG WG)
- Bundesförderung für effiziente Gebäude – Nichtwohngebäude (BEG NWG)
- Bundesförderung für effiziente Gebäude – Einzelmaßnahmen (BEG EM)

Die BEG EM ist im Januar 2021 in der Zuschussvariante beim BAFA gestartet.

Die BEG NWG und BEG WG (Zuschuss- und Kreditvariante) sowie die BEG EM in der Kreditvariante sind zur Durchführung durch die KfW ab 1. Juli 2021 geplant. Ab 2023 erfolgt die Förderung in jedem Fördertatbestand wahlweise als direkter Investitionszuschuss des BAFA oder als zinsverbilligter Förderkredit mit Tilgungszuschuss der KfW.

(www.bafa.de Förderprogramm im Überblick).

Nachfolgend werden die zum Zeitpunkt der Bucherscheinung aktuellen Förderprogramme der KfW-Bank und der BAFA für Wohngebäude erläutert (Frühjahr 2021). Es besteht kein Anspruch auf Vollständigkeit. Zur Zeit der Bucherscheinung werden die Förderprogramme der KfW und BAFA gerade zum BEG umstrukturiert.

7.1 Förderungen durch die KfW-Bank

 Beachte:

Die Anträge für die Förderung müssen vor Beginn der Maßnahme über die Hausbank beantragt werden.

Voraussetzung für die Fördermittelgewährung:

Die Maßnahmen müssen von einem Fachunternehmer durchgeführt werden.

a)   Neubauten (Programm 153)

Programm „Energieeffizientes Bauen":

Hier wird der Neubau von energieeffizienten Gebäuden gefördert. Die Förderhöhe ist abhängig vom Energiestandard des neu gebauten Gebäudes. Die Förderung erfolgt über einen zinsgünstigen Kredit, der bei der Hausbank beantragt werden kann, und zusätzlich über einen Schuldenerlass je nach Effizienzhausstandard. Für den Antrag wird eine berechtigte Person benötigt, welche die nötigen Berechnungen nach GEG durchführt und das Antragsformular ausfüllen darf. Berechtigte Personen (http://www.energie-effizienz-experten.de) und weitere Informationen finden Sie auf der Seite der KfW (www.kfw.de).

Als Kriterium für die Förderung sind immer zwei Grenzwerte zu beachten (siehe auch Tabelle 2),

- einmal der maximal zulässige **Transmissionswärmeverlust** H'_T, der die Wärmeverluste der Gebäudehülle begrenzt,

- und der maximal zulässige **Jahres-Primärenergiebedarf** Q_P, der den Primärenergiebedarf des Gebäudes begrenzt.

KfW-Effizienzhaus 55:

Über dieses Förderprogramm werden neue Gebäude gefördert, deren

- Jahres-Primärenergiebedarf Q_p 55 % und deren Tränsmissionswärmeverlust H'_T maximal 70 % der nach $EnEV_{2014}$ zulässigen Werte des Referenzgebäudes betragen.

Förderung: Für diesen Effizienzhausstandard gibt es einen zinsgünstigen Kredit von 120.000 € (150.000 € ab Juli 2021) pro Wohneinheit und einen Schuldenerlass von 15 %.

KfW-Effizienzhaus 40:

Über dieses Förderprogramm werden neue Gebäude gefördert, deren

- Jahres-Primärenergiebedarf Q_p 40 % und deren Tränsmissionswärmeverlust H'_T maximal 55 % der nach $EnEV_{2014}$ zulässigen Werte des Referenzgebäudes betragen.

Förderung: Für diesen Effizienzhausstandard gibt es einen zinsgünstigen Kredit von 120.000 € (150.000 € ab Juli 2021) pro Wohneinheit und einen Schuldenerlass von 20 %.

KFW-Effizienzhaus 40 +:

Wie KfW 40, jedoch mit PV- oder KWK Anlage mit Stromspeicher. Genauere Anforderungen siehe www.kfw.de.

Förderung: Für diesen Effizienzhausstandard gibt es einen zinsgünstigen Kredit von 120.000 € (150.000 € ab Juli 2021) pro Wohneinheit und einen Schuldenerlass von 25 %.

Was wird gefördert:

Gefördert wird die Errichtung, Herstellung oder der Ersterwerb von Wohngebäuden einschließlich Wohn-, Alten- und Pflegeheimen. Außerdem wird die Erweiterung bestehender Gebäude durch abgeschlossene Wohneinheiten sowie die Umwidmung bisher nicht wohnwirtschaftlich genutzter Gebäude bei anschließender Nutzung als Wohngebäude gefördert. Was nicht gefördert wird, sind Ferien- und Wochenendhäuser.

Die Berechnungen müssen von einem Sachverständigen durchgeführt und bestätigt werden. Die Sachverständigenkosten werden über das Programm 431 zu 50 % mit max. 4.000 € gefördert.

b) Altbauten (Programme 151, 152, 430)

Programm „Energieeffizientes Sanieren":

Gefördert werden alle energetischen Maßnahmen, die zu einen KfW-Effizienzhaus führen (Programm 151). Einzelmaßnahmen mit Zuschuss werden über die BAFA gefördert.

Förderfähig sind Wohngebäude, für die vor dem 1.2.2002 ein Bauantrag oder eine Bauanzeige gestellt wurde.

Grundsätzlich können zwei Arten von Förderungen in Anspruch genommen werden, einmal die Inanspruchnahme von zinsgünstigen Krediten (über die KfW-Bank) oder eine Zuschussvariante (über die KfW oder BAFA). Die aktuellen Förderhöhen können bei der KfW-Bank und bei der BAFA angefragt werden.

Die **Zuschussvariante** kann gestellt werden von

– *Privatpersonen und Wohnungseigentümergemeinschaften*
– *freiberuflich Tätige*
– *Kommunale Gebietskörperschaften, kommunale Gemeinde- und Zweckverbände, etc.*
– *Körperschaften und Anstalten des öffentlichen Rechts*
– *gemeinnützige Organisationen einschließlich Kirchen*
– *Unternehmen, einschließlich Einzelunternehmer und kommunale Unternehmen*
– *sonstige juristische Personen des Privatrechts, einschließlich Wohnungsbaugenossenschaften*

Die **Kreditvariante** kann gestellt werden von

– *jedem, der eine Wohnimmobilie saniert*
– *Erstwerbern von neu sanierten Wohngebäuden oder Eigentumswohnungen*
– *Contracting-Geber*

- **Sanierung zum KfW-Effizienzhaus Denkmal**

Es werden Baudenkmale oder sonstige besonders erhaltenswerte Bausubstanzen gefördert.

Anforderung:

Transmissionswärmeverluste $H_{,T}$: keine Anforderungen

Primärenergiebedarf Q_P: zulässiger Wert nach $EnEV_{2014}$ ≤ 160 % des Referenzgebäudes

Förderung:

Kreditvariante: Zinsgünstiger Kredit von 120.000 € je Wohneinheit. Tilgungszuschuss von 25 %.

Zuschussvariante: Zuschuss von 25 % der förderfähigen Investitionen, maximal 30.000 € pro Wohneinheit

- **Sanierung zum KfW-Effizienzhaus 115 (bis Juni 2021)**

Anforderung:

Transmissionswärmeverluste $H_{,T}$: ≤ 130 % des Referenzgebäudes $EnEV_{2014}$

Primärenergiebedarf Q_P: zulässiger Wert nach $EnEV_{2014}$ ≤ 115 % des Referenzgebäudes

Förderung:

Kreditvariante: Zinsgünstiger Kredit von 120.000 € je Wohneinheit. Tilgungszuschuss von 25 %.

Zuschussvariante: Zuschuss von 25 % der förderfähigen Investitionen, maximal 30.000 € pro Wohneinheit

- **Sanierung zum KfW-Effizienzhaus 100**

Anforderung:

Transmissionswärmeverluste $H_{,T}$: ≤ 115 % des Referenzgebäudes $EnEV_{2014}$

Primärenergiebedarf Q_P: zulässiger Wert nach $EnEV_{2014}$ ≤ 100 % des Referenzgebäudes

Förderung:

Kreditvariante: Zinsgünstiger Kredit von 120.000 € je Wohneinheit. Tilgungszuschuss von 27,5 %.

Zuschussvariante: Zuschuss von 27,5 % der förderfähigen Investitionen, maximal 33.000 € pro Wohneinheit

- **Sanierung zum KfW-Effizienzhaus 85**

Anforderung:

Transmissionswärmeverluste $H_{/T}$: ≤ 100 % des Referenzgebäudes $EnEV_{2014}$

Primärenergiebedarf Q_P: zulässiger Wert nach $EnEV_{2014}$ ≤ 85 % des Referenzgebäudes

Förderung:

Kreditvariante: Zinsgünstiger Kredit von 120.000 € je Wohneinheit. Tilgungszuschuss von 30 %.

Zuschussvariante: Zuschuss von 30 % der förderfähigen Investitionen, maximal 36.000 € pro Wohneinheit

- **Sanierung zum KfW-Effizienzhaus 70**

Anforderung:

Transmissionswärmeverluste $H_{/T}$: ≤ 85 % des Referenzgebäudes $EnEV_{2014}$

Primärenergiebedarf Q_P: zulässiger Wert nach $EnEV_{2014}$ ≤ 70 % des Referenzgebäudes

Förderung:

Kreditvariante: Zinsgünstiger Kredit von 120.000 € je Wohneinheit. Tilgungszuschuss von 35 %.

Zuschussvariante: Zuschuss von 35 % der förderfähigen Investitionen, maximal 42.000 € pro Wohneinheit

- **Sanierung zum KfW-Effizienzhaus 55**

Anforderung:

Transmissionswärmeverluste $H_{/T}$: ≤ 70 % des Referenzgebäudes $EnEV_{2014}$

Primärenergiebedarf Q_P: zulässiger Wert nach $EnEV_{2014}$ ≤ 55 % des Referenzgebäudes

Förderung:

Kreditvariante: Zinsgünstiger Kredit von 120.000 € je Wohneinheit. Tilgungszuschuss von 40 %.

Zuschussvariante: Zuschuss von 40 % der förderfähigen Investitionen, maximal 48.000 € pro Wohneinheit

- **Sanierung zum KfW-Effizienzhaus 40 (vorrausichtlich ab Juli 2021)**
  - Anforderung:
  - Transmissionswärmeverluste $H_{,T}$: ≤ 55 % des Referenzgebäudes $EnEV_{2014}$
  - Primärenergiebedarf Q_P: zulässiger Wert nach $EnEV_{2014}$ ≤ 40 % des Referenzgebäudes
  - Förderung:
  - Kreditvariante: Zinsgünstiger Kredit von 120.000 € je Wohneinheit. Tilgungszuschuss von 45 %.
  - Zuschussvariante: Zuschuss von 45 % der förderfähigen Investitionen, maximal 54.000 € pro Wohneinheit
- **Förderung von Einzelmaßnahmen**

Wenn kein Effizienzhausstandard erreicht wird, kann die Förderung von Einzelmaßnahmen beantragt werden. Aktuell kann ein Zuschuss für Einzelmaßnahmen über die BAFA und ein Kredit über die KfW beantragt werden.

- Gefördert werden folgende Maßnahmen:
- *Wärmedämmung von Wänden*
- *Wärmedämmung Dachflächen*
- *Wärmedämmung Geschossdecken*
- *Erneuerung der Fenster und Außentüren*
- *Sommerlicher Wärmeschutz mit Sonnenschutzeinrichtungen.*

Tabelle 14: Anforderung an die Wärmedurchgangskoeffizienten (U-Wert) der jeweiligen Bauteile (nur bei Einzelmaßnahmen); Quelle: kfw – Anlage zu den Merkblättern Energieeffizient Sanieren: Kredit (151/152), Investitionszuschuss (430); Stand 03/2013)

Lfd. Nr.	Sanierungsmaßnahme	Bauteile	Maximaler U-Wert in $W/(m^2 \cdot K)$
1.1	Wärmedämmung von Wänden	Außenwand	0,20
1.2		Kerndämmung bei zweischaligem Mauerwerk	Wärmeleitfähigkeit $\lambda \leq 0,035$ $W/(m \cdot K)$
1.3		Außendämmung an Baudenkmalen und erhaltenswerter Bausubstanz	0,45
1.4		Innendämmung bei Fachwerkaußenwänden sowie Erneuerung der Ausfachungen	0,65
1.5		Wandflächen gegen unbeheizte Räume	0,25
1.6		Wandflächen gegen Erdreich	0,25
2.1	Wärmedämmung von Dachflächen	Schrägdächer und dazugehörige Kehlbalkenlagen	0,14
2.2		Dachflächen von Gauben	0,20
2.3		Gebäudewände	0,20
2.4		Flachdächer	0,14
2.5		Alternativ bei Baudenkmalen und erhaltenswerter Bausubstanz höchstmögliche Dämmschichtdicke	Wärmeleitfähigkeit $\lambda \leq 0,04$ $W/(m \cdot K)$

Lfd. Nr.	Sanierungs-maßnahme	Bauteile	Maximaler U-Wert in W/(m² · K)
3.1	Wärmedäm-mung von Geschoss-decken	Oberste Geschossdecke zu nicht ausgebauten Dachräumen	0,14
3.2		Kellerdecken, Decken zu unbe-heizten Räumen	0,25
3.3		Geschossdecken gegen Außen-luft nach unten	0,20
3.4		Bodenflächen gegen Erdreich	0,25
4.1	Erneuerung von Fenstern und Fenster-türen	Fenster, Balkon- und Terrassen-türen mit Mehrscheibenisolier-verglasung	0,95
4.2		Barrierearme Fenster, Balkon- und Terrassentüren	1,1
4.3		Ertüchtigung von Fenstern sowie Fenster mit Sonderver-glasung	1,3
4.4		Dachflächenfenster	1,0
4.5		Austausch von Fenstern an Baudenkmalen oder erhaltens-werter Bausubstanz	1,4
4.6		Ertüchtigung von Fenstern an Baudenkmalen oder erhaltens-werter Bausubstanz	1,6
5.0	Hausein-gangstüren	Außentüren beheizter Räume	1,3
Weitere Regelungen siehe Merkblätter KfW.			

Für Baudenkmale und sonstige besonders erhaltenswerte Bausub-stanz sind die Bedingungen in den KfW-Merkblättern zu beachten.

Förderung:

Kreditvariante: Zinsgünstiger Kredit von 50.000 € je Wohneinheit. 20 % Tilgungszuschuss.

Zuschussvariante: Zuschuss von 20 % der förderfähigen Investitionen, maximal 60.000 € pro Wohneinheit

Die KfW empfiehlt für den Neubau oder die Sanierung zum KfW-Effizienzhaus eine energetische Fachplanung und Baubegleitung durch einen Sachverständigen aus der Expertenliste für Förderprogramme des Bundes (www.energie-effizienz-experte.de).

c) Sonderförderung (Programme 431, 167)

• Energieeffizientes Sanieren – Baubegleitung (Programm 431)

Im Rahmen des Programms „Energieeffizient Sanieren" wird eine Baubegleitung gefördert. Diese Förderung umfasst folgende Leistungen:

– Leistungen zur Detailplanung
– Unterstützung bei der Ausschreibung und Angebotsauswertung
– Kontrolle der Bauausführung
– Abnahme und Bewertung der Sanierungsmaßnahmen
– Eine detaillierte Liste der förderfähigen Leistungen befindet sich auf der Seite der KfW.

Förderung:

Die Baubegleitung wird mit 50 % der förderfähigen Beratungs-, Planungs- und Baubegleitungskosten, max. jedoch mit 4.000 € pro Wohneinheit gefördert. Zugelassen sind für diese Baubegleitung Sachverständige, die in der Expertenliste für Förderprogramme des Bundes geführt werden (www.energie-effizienz-experte.de).

Der Antrag auf Förderung ist nach Abschluss der energetischen Fachplanung und Baubegleitung zu stellen. Der Antrag muss spätestens 3 Monate nach Schluss-Rechnungsstellung bei der KfW vorliegen.

• Energieeffizientes Sanieren – Ergänzungskredit

Für die Umstellung von Heizungsanlagen auf erneuerbare Energien (Programm 167)

Wird nur die Heizungsanlage in einem bestehenden Wohngebäude auf erneuerbare Energien umgestellt, wird diese Umstellung über den Ergänzungskredit der KfW-Bank gefördert.

Folgende Heizungsanlagen werden gefördert:

Es wird den Ersatz bzw. die Unterstützung einer seit mindestens zwei Jahren vorhandenen Heizungs- oder Kühlanlage im Wohngebäude gefördert.

Förderung: Zinsgünstiger Kredit mit 50.000 € je Wohneinheit

Diese Förderung kann auch mit Zuschüssen der BAFA-Förderung aus dem Marktanreizprogramm für erneuerbare Energien und mit den KfW-Programmen „Energieeffizient Sanieren – Kredit (Programm 151/152) oder Investitionszuschuss (Programm 420) kombiniert werden.

- **Weitere Förderprogramme**

Weiter hin gibt es Förderungen für Brennstoffzellen (Programm 433), Altersgerecht Umbauen (Programm 159), Barrierereduzierung (Programm 455-B), Einbruchschutz (Programm 455-E), Erneuerbare Energien (Programm 270) und Ladestationen für Elektroautos (Programm 440).

Nachdem die Förderprogramme stetig weiterentwickelt und umstrukturiert werden, sind die aktuellen Förderungen auf der Seite der KfW (www.kfw.de) und BAFA (www.BAFA.de) abzurufen.

7.2 Förderungen durch die BAFA (Stand: 1.1.2021)

Im Rahmen der Bundesförderung für effiziente Gebäude – Einzelmaßnahmen (BEG EM) – sind folgende Einzelmaßnahmen in Bestandsgebäuden für Wohngebäude förderfähig:

- Einzelmaßnahmen an der Gebäudehülle
- Anlagentechnik (außer Heizung)
- Anlagen zur Wärmeerzeugung (Heizungstechnik)
- Heizungsoptimierung
- Fachplanung und Baubegleitung

Zu beachten:

Die Anträge sind vor Beauftragung der Leistungen zu stellen.

Indizes werden anschließend erläutert:

Folgende Anlagentechnik wird gefördert:

- Gas-Brennwertheizung *(Renewable Ready)*
- Gas-Hybridheizungen
- Solarkollektoranlagen
- Biomasseheizungen
- Wärmepumpen
- Innovative Heiztechnik auf Basis erneuerbarer Energien
- Erneuerbare Energien-Hybridheizungen (EE-Hybride)
- Gebäudenetze und Anschluss an ein Gebäude- oder Wärmenetz
- Maßnahmen zur Visualisierung des Ertrags Erneuerbarer Energien

Das förderfähige Mindestinvestitionsvolumen liegt bei 2.000 Euro (brutto).

Die aufgeführten Wärmeerzeuger werden mit folgendem Fördersatz gefördert (www.bafa.de):

- Gasbrennwert-Heizungen *(Renewable Ready)* mit 20 %
- Gas-Hybridheizungen mit 30 %
- Solarthermieanlagen mit 30 %
- Wärmeübergabestation eines Netzes mit einem Anteil erneuerbarer Energien von mindestens 25 % mit 30 %
- Wärmeübergabestation eines Netzes mit einem Anteil erneuerbarer Energien von mindestens 55 % mit 35 %
- Wärmepumpen mit 35 %
- Biomasseanlagen mit 35 % (bei besonders emmisionsarmen Biomasseanlagen erhöht sich der Zuschuss um 5 Prozentpunkte)
- Erneuerbare Energien-Hybridheizungen (EE-Hybride) mit 35 %

Bei Umsetzung einer Sanierungsmaßnahme als Teil eines im Förderprogramm „Bundesförderung für Energieberatung für Wohngebäude" geförderten individuellen Sanierungsfahrplans (iSFP) ist ein zusätzlicher Förderbonus **von 5 Prozent** möglich.

Zusätzlich zu den genannten Fördersätzen kann beim Austausch einer mit dem Brennstoff Öl betriebenen Heizungsanlage ein Bonus in Höhe von **10 Prozentpunkten** gewährt werden, sofern eine der nachfolgend genannten Heizungsanlagen errichtet wird:

- Gas-Hybridheizung
- Biomasseheizung
- Wärmepumpe
- EE-Hybridheizung
- Wärmeübergabestation eines Netzes mit einem Anteil erneuerbarer Energien von mindestens 25 Prozent oder 55 Prozent.

Die förderfähigen Kosten für energetische Sanierungsmaßnahmen sind gedeckelt auf 60.000 Euro pro Wohneinheit.

Weitere und aktuelle Informationen zur Förderungen siehe www.bafa.de

8 Fortbildungsmöglichkeiten

Es gibt eine Vielzahl von Möglichkeiten, sich auf dem Gebiet Wärmeschutz und Energieberatung fortzubilden. Handwerks-, Architekten- und Ingenieurkammern sowie diverse andere Verbände bieten diesbezüglich ein umfangreiches Fortbildungsangebot an. Es sollte aber darauf geachtet werden, dass die Fortbildung den gewünschten Anforderungen entspricht.

Wenn die Ausbildung zur Berechtigung der Ausstellung von Energieausweisen für bestehende Wohngebäude führen soll, muss diese nach EnEV Anhang 11 folgende Inhalte aufweisen:

a) Bestandsaufnahme und Dokumentation des Gebäudes, der Baukonstruktion und der technischen Anlagen

b) Beurteilung der Gebäudehülle

c) Beurteilung von Heizungs- und Warmwasserbereitungsanlagen

d) Beurteilung von Lüftungs- und Klimaanlagen

e) Erbringen der Nachweise

f) Grundlagen der Beurteilung von Modernisierungsempfehlungen einschließlich ihrer technischen Machbarkeit und Wirtschaftlichkeit.

Für die Ausstellung von Energieausweisen für **Nichtwohngebäude** müssen **zusätzlich** noch folgende Inhalte vermittelt werden:

a)–c) wie Wohngebäude, nur mit den notwendigen Kenntnissen für Nichtwohngebäude

d) Beurteilung von raumlufttechnischen Anlagen und sonstigen Anlagen zur Kühlung

e) Beurteilung von Beleuchtungs- und Belichtungssystemen

f) Erbringung der Nachweise

g) Grundlagen der Beurteilung von Modernisierungsempfehlungen einschließlich ihrer technischen Machbarkeit und Wirtschaftlichkeit.

Wenn eine Ausbildung zum staatlich geprüften Energieberater angestrebt wird, muss die Fortbildung von der BAFA anerkannt sein.

9 Rechenprogramme

Es gibt eine Vielzahl von Programmen auf dem Markt, die sich bezüglich ihres Leistungsumfangs, ihrer Anschaffungskosten und Bedienerfreundlichkeit erheblich unterscheiden. Im Internet gibt es diverse Seiten (z. B. DENA, BAFA), in denen verschiedene Softwareanbieter gelistet und getestet wurden. Man sollte sich vor dem Kauf auf jeden Fall ausführlich erkundigen und verschiedene Programme testen. Hierfür stellen die Softwarehersteller Testversionen zur Verfügung.

Grundsätzlich ist zwischen GEG-Software und Energieberater-Software zu unterscheiden. GEG-Software rechnet strikt nach den Vorgaben des GEG. Hier dürfen keine anderen Parameter eingestellt werden können, als nach GEG zulässig.

Energieberater-Software unterscheidet sich von reiner GEG-Software bezüglich der Einstellung der Klimadaten und des spezifischen Nutzerverhaltens. Hier müssen alle Parameter, die dieses Nutzerverhalten betreffen, frei einstellbar sein. Es muss ein rechnerisch vorhandener Ist-Zustand ermittelt werden können, der an den tatsächlichen Verbrauch angepasst werden kann. Nach Eingabe von Modernisierungsmaßnahmen müssen die Ergebnisse mit dem Energieverbrauch des Ist-Zustandes verglichen werden können. Dieser Vergleich dient als Maßstab für Verbesserungsvarianten. Mit einer Energieberater-Software müssen aber auch ein Nachweis nach GEG und der dazugehörige Energieausweis erstellt werden können.

Hauptmerkmale einer Energieberatersoftware:

- realitätsnahe Abbildung von Gebäuden
- detaillierte Eingabe des Nutzerprofils
- detaillierte Eingabe von Sanierungsmaßnahmen und deren Auswertung
- individuelle Eingabe der Heizungsanlagendaten und die Möglichkeit der Erfassung von mehreren verschiedenen Heizungsanlagen
- Wirtschaftlichkeitsbetrachtungen
- Heizlastberechnung
- mögliche Auswertung der Daten zu einem ausführlichen Energieberaterbericht
- leichte Nachvollziehbarkeit der eingegebenen Daten und übersichtliche Darstellung der Ergebnisse
- GEG-Nachweis mit Erstellung des Energieausweises
- Nachweis des sommerlichen Wärmeschutzes.

Nützliche Zusatzmodule:

- Feuchteschutznachweis nach DIN 4108-3
- Wärmebrückenberechnung

– Datenerfassungsbogen

– Optimierungsmöglichkeiten für Wärmeschutzmaßnahmen

– Baustoff- und Bauteilbibliothek mit typischen Bauteilschichten verschiedener Baujahre des letzten Jahrhunderts.

10 DIN-Normen

DIN 277-1:2016-01	Grundflächen und Rauminhalte von Bauwerken im Hochbau – Teil 1: Begriffe, Ermittlungsgrundlagen – nicht für Nachweise nach EnEV gültig.
DIN 4108-2:2013-02	Wärmeschutz und Energie-Einsparung in Gebäuden – Teil 2: Mindestanforderungen an den Wärmeschutz
DIN 4108-3:2018-10	Wärmeschutz und Energie-Einsparung in Gebäuden – Teil 3: Klimabedingter Feuchteschutz, Anforderungen, Berechnungsverfahren und Hinweise für Planung und Ausführung
DIN V 4108-4:2017-03	Wärmeschutz und Energie-Einsparung in Gebäuden – Teil 4: Wärme- und feuchteschutztechnische Bemessungswerte
DIN V 4108-6:2003-06	Wärmeschutz und Energie-Einsparung in Gebäuden – Teil 6: Berechnung des Jahres-Heizwärme- und des Jahres-Heizenergiebedarfs
DIN V 4108-6:2004-03	Berichtigungen zur Ausgabe von 2003-6
DIN 4108:2019-06 Beiblatt 2	Wärmeschutz und Energie-Einsparung in Gebäuden – Wärmebrücken – Planungs- und Ausführungsbeispiele
DIN 4108-7:2011-01	Wärmeschutz und Energie-Einsparung in Gebäuden – Teil 7: Luftdichtheit von Gebäuden, Anforderungen, Planungs- und Ausführungsempfehlungen sowie Beispiele
DIN V 4701-10/ A1:2012-07	Energetische Bewertung heiz- und raumlufttechnischer Anlagen – Teil 10: Heizung, Trinkwassererwärmung, Lüftung
DIN 4701-12:2004-02	Energetische Bewertung heiz- und raumlufttechnischer Anlagen im Bestand

DIN V 4701-12:2008-06	Berichtigung zur Ausgabe 2004-02
DIN V 18 599-1 bis 10:2018-09	Energetische Bewertung von Gebäuden – Berechnung des Nutz-, End- und Primärenergiebedarfs für Heizung, Kühlung, Lüftung, Trinkwasser und Beleuchtung
DIN EN 12 207:2017-03	Fenster und Türen – Luftdurchlässigkeit – Klassifizierung; Deutsche Fassung EN 12 207:1999
DIN EN 13 162 bis 13 171	Wärmedämmstoffe für Gebäude
DIN EN ISO 6946:2018-03	Bauteile – Wärmedurchlasswiderstand und Wärmedurchgangskoeffizient – Berechnungsverfahren
DIN EN ISO 10 077-1:2020-10	Wärmetechnisches Verhalten von Fenstern, Türen und Abschlüssen – Berechnung des Wärmedurchgangskoeffizienten – Teil 1: Vereinfachtes Verfahren
DIN EN ISO 10 211:2018-03	Wärmebrücken im Hochbau – Wärmeströme und Oberflächentemperaturen – Detaillierte Berechnungen
DIN EN ISO 13 370:2018-03	Wärmetechnisches Verhalten von Gebäuden – Wärmeübertragung über das Erdreich – Berechnungsverfahren
DIN EN ISO 13 789:2018-04	Wärmetechnisches Verhalten von Gebäuden; Spezifischer Transmissions- und Lüftungswärmedurchgangskoeffizient – Berechnungsverfahren

B
Texte

Gesetz zur Einsparung von Energie und zur Nutzung erneuerbarer Energien zur Wärme- und Kälteerzeugung in Gebäuden (Gebäudeenergiegesetz – GEG)*)[1])

vom 8.8.2020 (BGBl. I S. 1728)

Inhaltsübersicht

TEIL 1
Allgemeiner Teil

---

*) Artikel 1 dieses Gesetzes dient der Umsetzung der Richtlinie 2010/31/EU des Europäischen Parlaments und des Rates vom 19. Mai 2010 über die Gesamtenergieeffizienz von Gebäuden (Neufassung) (ABl. L 153 vom 18.6.2010. S. 13: L 155 vom 22.6.2010. S. 61) und der Richtlinie (EU) 2018/844 des Europäischen Parlaments und des Rates vom 30. Mai 2018 zur Änderung der Richtlinie 2010/31/EU über die Gesamtenergieeffizienz von Gebäuden und der Richtlinie 2012/27/EU über Energieeffizienz (ABl. L 156 vom 19.6.2018, S. 75) und der Richtlinie (EU) 2018/2002 des Europäischen Parlaments und des Rates vom 11. Dezember 2018 zur Änderung der Richtlinie 2012/27/EU zur Energieeffizienz (ABl. L 328 vom 21.12.2018, S. 210) und der Richtlinie (EU) 2018/2001 des Europäischen Parlaments und des Rates vom 11. Dezember 2018 zur Förderung der Nutzung von Energie aus erneuerbaren Quellen (Neufassung) (ABl. L 328 vom 21.12.2018, S. 82).

1) **Anm. d. Verlages:**
Dieses Gesetz wurde verkündet als Artikel 1 des „Gesetzes zur Vereinheitlichung des Energieeinsparrechts für Gebäude und zur Änderung weiterer Gesetze" und ist am 1.11.2020 in Kraft getreten.

TEIL 2
Anforderungen an zu errichtende Gebäude

ABSCHNITT 1
Allgemeiner Teil

ABSCHNITT 2
Jahres-Primärenergiebedarf und baulicher Wärmeschutz bei zu errichtenden Gebäuden

Unterabschnitt 1
Wohngebäude

Unterabschnitt 2
Nichtwohngebäude

ABSCHNITT 3
Berechnungsgrundlagen und -verfahren

ABSCHNITT 4
Nutzung von erneuerbaren Energien zur Wärme- und Kälteerzeugung bei einem zu errichtenden Gebäude

TEIL 3
Bestehende Gebäude

ABSCHNITT 1
Anforderungen an bestehende Gebäude

rehm

rehm

TEIL 9
Übergangsvorschriften

TEIL 1
Allgemeiner Teil

§ 1
Zweck und Ziel

(1) Zweck dieses Gesetzes ist ein möglichst sparsamer Einsatz von Energie in Gebäuden einschließlich einer zunehmenden Nutzung erneuerbarer Energien zur Erzeugung von Wärme, Kälte und Strom für den Gebäudebetrieb.

(2) Unter Beachtung des Grundsatzes der Wirtschaftlichkeit soll das Gesetz im Interesse des Klimaschutzes, der Schonung fossiler Ressourcen und der Minderung der Abhängigkeit von Energieimporten dazu beitragen, die energie- und klimapolitischen Ziele der Bundesregierung sowie eine weitere Erhöhung des Anteils erneuerbarer Energien am Endenergieverbrauch für Wärme und Kälte zu erreichen und eine nachhaltige Entwicklung der Energieversorgung zu ermöglichen.

§ 2
Anwendungsbereich

(1) Dieses Gesetz ist anzuwenden auf

1. Gebäude, soweit sie nach ihrer Zweckbestimmung unter Einsatz von Energie beheizt oder gekühlt werden, und

2. deren Anlagen und Einrichtungen der Heizungs-, Kühl-, Raumluft- und Beleuchtungstechnik sowie der Warmwasserversorgung.

Der Energieeinsatz für Produktionsprozesse in Gebäuden ist nicht Gegenstand dieses Gesetzes.

(2) Mit Ausnahme der §§ 74 bis 78 ist dieses Gesetz nicht anzuwenden auf

1. Betriebsgebäude, die überwiegend zur Aufzucht oder zur Haltung von Tieren genutzt werden,

2. Betriebsgebäude, soweit sie nach ihrem Verwendungszweck großflächig und lang anhaltend offen gehalten werden müssen,

3. unterirdische Bauten,

4. Unterglasanlagen und Kulturräume für Aufzucht, Vermehrung und Verkauf von Pflanzen,

5. Traglufthallen und Zelte,

6. Gebäude, die dazu bestimmt sind, wiederholt aufgestellt und zerlegt zu werden, und provisorische Gebäude mit einer geplanten Nutzungsdauer von bis zu zwei Jahren,

7. Gebäude, die dem Gottesdienst oder anderen religiösen Zwecken gewidmet sind,

8. Wohngebäude, die

   a) für eine Nutzungsdauer von weniger als vier Monaten jährlich bestimmt sind oder

   b) für eine begrenzte jährliche Nutzungsdauer bestimmt sind und deren zu erwartender Energieverbrauch für die begrenzte jährliche Nutzungsdauer weniger als 25 Prozent des zu erwartenden Energieverbrauchs bei ganzjähriger Nutzung beträgt, und

9. sonstige handwerkliche, landwirtschaftliche, gewerbliche, industrielle oder für öffentliche Zwecke genutzte Betriebsgebäude, die nach ihrer Zweckbestimmung

    a) auf eine Raum-Solltemperatur von weniger als 12 Grad Celsius beheizt werden oder

    b) jährlich weniger als vier Monate beheizt sowie jährlich weniger als zwei Monate gekühlt werden.

(3) Auf Bestandteile von Anlagen der Heizungs-, Kühl- und Raumlufttechnik sowie der Warmwasserversorgung, die sich nicht im räumlichen Zusammenhang mit Gebäuden nach Absatz 1 Satz 1 Nummer 1 befinden, ist dieses Gesetz nicht anzuwenden.

§ 3
Begriffsbestimmungen

(1) Im Sinne dieses Gesetzes ist

1. „Abwärme" die Wärme oder Kälte, die aus technischen Prozessen und aus baulichen Anlagen stammenden Abluft- und Abwasserströmen entnommen wird,

2. „Aperturfläche" die Lichteintrittsfläche einer solarthermischen Anlage,

3. „Baudenkmal" ein nach Landesrecht geschütztes Gebäude oder eine nach Landesrecht geschützte Gebäudemehrheit,

4. „beheizter Raum" ein Raum, der nach seiner Zweckbestimmung direkt oder durch Raumverbund beheizt wird,

5. „Brennwertkessel" ein Heizkessel, der die energetische Nutzung des in den Abgasen enthaltenen Wasserdampfes durch Kondensation des Wasserdampfes im Betrieb vorsieht,

6. „einseitig angebautes Wohngebäude" ein Wohngebäude, von dessen nach einer Himmelsrichtung weisenden vertikalen Flächen ein Anteil von 80 Prozent oder mehr an ein anderes Wohngebäude oder ein Nichtwohngebäude mit einer Raum-Solltemperatur von mindestens 19 Grad Celsius angrenzt,

7. „Elektroenergiebedarf für Nutzeranwendungen" die weiteren Elektroenergieverbräuche nach DIN V 18599-9: 2018-09*),

8. „Energiebedarfsausweis" ein Energieausweis, der auf der Grundlage des berechneten Energiebedarfs ausgestellt wird,

---

*) Amtlicher Hinweis: Alle zitierten DIN-Vornormen und -Normen sind im Beuth-Verlag GmbH, Berlin, veröffentlicht und beim Deutschen Patent- und Markenamt in München archivmäßig gesichert niedergelegt.

9. „Energieverbrauchsausweis" ein Energieausweis, der auf der Grundlage des erfassten Energieverbrauchs ausgestellt wird,

10. „Gebäudenutzfläche" die Nutzfläche eines Wohngebäudes nach DIN V 18599: 2018-09, die beheizt oder gekühlt wird,

11. „gekühlter Raum" ein Raum, der nach seiner Zweckbestimmung direkt oder durch Raumverbund gekühlt wird,

12. „Gesamtenergiebedarf" der nach Maßgabe dieses Gesetzes bestimmte Jahres-Primärenergiebedarf

   a) eines Wohngebäudes für Heizung, Warmwasserbereitung, Lüftung sowie Kühlung oder

   b) eines Nichtwohngebäudes für Heizung, Warmwasserbereitung, Lüftung, Kühlung sowie eingebaute Beleuchtung,

13. „Geothermie" die dem Erdboden entnommene Wärme,

14. „Heizkessel" ein aus Kessel und Brenner bestehender Wärmeerzeuger, der dazu dient, die durch die Verbrennung freigesetzte Wärme an einen Wärmeträger zu übertragen,

15. „Jahres-Primärenergiebedarf" der jährliche Gesamtenergiebedarf eines Gebäudes, der zusätzlich zum Energiegehalt der eingesetzten Energieträger und von elektrischem Strom auch die vorgelagerten Prozessketten bei der Gewinnung, Umwandlung, Speicherung und Verteilung mittels Primärenergiefaktoren einbezieht,

16. „Kälte aus erneuerbaren Energien" die dem Erdboden oder dem Wasser entnommene und technisch nutzbar gemachte oder aus Wärme nach Absatz 2 Nummer 1 bis 5 technisch nutzbar gemachte Kälte,

17. „kleines Gebäude" ein Gebäude mit nicht mehr als 50 Quadratmetern Nutzfläche,

18. „Klimaanlage" die Gesamtheit aller zu einer gebäudetechnischen Anlage gehörenden Anlagenbestandteile, die für eine Raumluftbehandlung erforderlich sind, durch die die Temperatur geregelt wird,

19. „Nah-/Fernwärme" die Wärme, die mittels eines Wärmeträgers durch ein Wärmenetz verteilt wird,

20. „Nah-/Fernkälte" die Kälte, die mittels eines Kälteträgers durch ein Kältenetz verteilt wird,

21. „Nennleistung" die vom Hersteller festgelegte und im Dauerbetrieb unter Beachtung des vom Hersteller angegebenen Wirkungsgrades als einhaltbar garantierte größte Wärme- oder Kälteleistung in Kilowatt,

22. „Nettogrundfläche" die Nutzfläche eines Nichtwohngebäudes nach DIN V 18599: 2018-09, die beheizt oder gekühlt wird,

23. „Nichtwohngebäude" ein Gebäude, das nicht unter Nummer 33 fällt,

24. „Niedertemperatur-Heizkessel" ein Heizkessel, der kontinuierlich mit einer Eintrittstemperatur von 35 Grad Celsius bis 40 Grad Celsius betrieben werden kann und in dem es unter bestimmten Umständen zur Kondensation des in den Abgasen enthaltenen Wasserdampfes kommen kann,

25. „Niedrigstenergiegebäude" ein Gebäude, das eine sehr gute Gesamtenergieeffizienz aufweist und dessen Energiebedarf sehr gering ist und, soweit möglich, zu einem ganz wesentlichen Teil durch Energie aus erneuerbaren Quellen gedeckt werden soll,

26. „Nutzfläche"

    a) bei einem Wohngebäude die Gebäudenutzfläche oder

    b) bei einem Nichtwohngebäude die Nettogrundfläche,

27. „Nutzfläche mit starkem Publikumsverkehr" die öffentlich zugängliche Nutzfläche, die während ihrer Öffnungszeiten von einer großen Zahl von Menschen aufgesucht wird; eine solche Fläche kann sich insbesondere in einer öffentlichen oder einer privaten Einrichtung befinden, die für gewerbliche, freiberufliche, kulturelle, soziale oder behördliche Zwecke genutzt wird,

28. „oberste Geschossdecke" die zugängliche Decke beheizter Räume zum unbeheizten Dachraum,

29. „Stromdirektheizung" ein Gerät zur direkten Erzeugung von Raumwärme durch Ausnutzung des elektrischen Widerstands auch in Verbindung mit Festkörper-Wärmespeichern,

30. „Umweltwärme" die der Luft, dem Wasser oder der aus technischen Prozessen und baulichen Anlagen stammenden Abwasserströmen entnommene und technisch nutzbar gemachte Wärme oder Kälte mit Ausnahme der aus technischen Prozessen und baulichen Anlagen stammenden Abluftströmen entnommenen Wärme,

31. „Wärme- und Kälteenergiebedarf" die Summe aus

    a) der zur Deckung des Wärmebedarfs für Heizung und Warmwasserbereitung jährlich benötigten Wärmemenge, einschließlich des thermischen Aufwands für Übergabe, Verteilung und Speicherung der Energiemenge und

b) der zur Deckung des Kältebedarfs für Raumkühlung jährlich benötigten Kältemenge, einschließlich des thermischen Aufwands für Übergabe, Verteilung und Speicherung der Energiemenge,

32. „Wohnfläche" die Fläche, die nach der Wohnflächenverordnung vom 25. November 2003 (BGBl. I S. 2346) oder auf der Grundlage anderer Rechtsvorschriften oder anerkannter Regeln der Technik zur Berechnung von Wohnflächen ermittelt worden ist,

33. „Wohngebäude" ein Gebäude, das nach seiner Zweckbestimmung überwiegend dem Wohnen dient, einschließlich von Wohn-, Alten- oder Pflegeheimen sowie ähnlicher Einrichtungen,

34. „zweiseitig angebautes Wohngebäude" ein Wohngebäude, von dessen nach zwei unterschiedlichen Himmelsrichtungen weisenden vertikalen Flächen im Mittel ein Anteil von 80 Prozent oder mehr an ein anderes Wohngebäude oder ein Nichtwohngebäude mit einer Raum-Solltemperatur von mindestens 19 Grad Celsius angrenzt.

(2) Erneuerbare Energien im Sinne dieses Gesetzes ist oder sind

1. Geothermie,

2. Umweltwärme,

3. die technisch durch im unmittelbaren räumlichen Zusammenhang mit dem Gebäude stehenden Anlagen zur Erzeugung von Strom aus solarer Strahlungsenergie oder durch solarthermische Anlagen zur Wärme- oder Kälteerzeugung nutzbar gemachte Energie,

4. die technisch durch gebäudeintegrierte Windkraftanlagen zur Wärme- oder Kälteerzeugung nutzbar gemachte Energie,

5. die aus fester, flüssiger oder gasförmiger Biomasse erzeugte Wärme; die Abgrenzung erfolgt nach dem Aggregatzustand zum Zeitpunkt des Eintritts der Biomasse in den Wärmeerzeuger; oder

6. Kälte aus erneuerbaren Energien.

(3) Biomasse im Sinne von Absatz 2 Nummer 5 ist oder sind

1. Biomasse im Sinne der Biomasseverordnung vom 21. Juni 2001 (BGBl. I S. 1234) in der bis zum 31. Dezember 2011 geltenden Fassung,

2. Altholz der Kategorien A I und A II nach § 2 Nummer 4 Buchstabe a und b der Altholzverordnung vom 15. August 2002 (BGBl. I S. 3302), die zuletzt durch Artikel 120 der Verordnung vom 19. Juni 2020 (BGBl. I S. 1328) geändert worden ist,

3. biologisch abbaubare Anteile von Abfällen aus Haushalten und Industrie,

4. Deponiegas,

5. Klärgas,

6. Klärschlamm im Sinne der Klärschlammverordnung vom 27. September 2017 (BGBl. I S. 3465), die zuletzt durch Artikel 137 der Verordnung vom 19. Juni 2020 (BGBl. I S. 1328) geändert worden ist, in der jeweils geltenden Fassung oder

7. Pflanzenölmethylester.

§ 4
Vorbildfunktion der öffentlichen Hand

(1) Einem Nichtwohngebäude, das sich im Eigentum der öffentlichen Hand befindet und von einer Behörde genutzt wird, kommt eine Vorbildfunktion zu. § 13 Absatz 2 des Bundes-Klimaschutzgesetzes vom 12. Dezember 2019 (BGBl. I S. 2513) bleibt unberührt.

(2) Wenn die öffentliche Hand ein Nichtwohngebäude im Sinne des Absatzes 1 Satz 1 errichtet oder einer grundlegenden Renovierung gemäß § 52 Absatz 2 unterzieht, muss sie prüfen, ob und in welchem Umfang Erträge durch die Errichtung einer im unmittelbaren räumlichen Zusammenhang mit dem Gebäude stehenden Anlage zur Erzeugung von Strom aus solarer Strahlungsenergie oder durch solarthermische Anlagen zur Wärme- und Kälteerzeugung erzielt und genutzt werden können.

(3) Die öffentliche Hand informiert über die Erfüllung der Vorbildfunktion im Internet oder auf sonstige geeignete Weise; dies kann im Rahmen der Information der Öffentlichkeit nach den Bestimmungen des Bundes und der Länder über den Zugang zu Umweltinformationen geschehen. Der Bund berichtet über die Erfüllung der Vorbildfunktion im Klimaschutzbericht der Bundesregierung.

§ 5
Grundsatz der Wirtschaftlichkeit

Die Anforderungen und Pflichten, die in diesem Gesetz oder in den aufgrund dieses Gesetzes erlassenen Rechtsverordnungen aufgestellt werden, müssen nach dem Stand der Technik erfüllbar sowie für Gebäude gleicher Art und Nutzung und für Anlagen oder Einrichtungen wirtschaftlich vertretbar sein. Anforderungen und Pflichten gelten als wirtschaftlich vertretbar, wenn generell die erforderlichen Aufwen-

dungen innerhalb der üblichen Nutzungsdauer durch die eintreten-
den Einsparungen erwirtschaftet werden können. Bei bestehenden
Gebäuden, Anlagen und Einrichtungen ist die noch zu erwartende
Nutzungsdauer zu berücksichtigen.

§ 6
Verordnungsermächtigung zur Verteilung der Betriebskosten und zu Abrechnungs- und Verbrauchsinformationen

(1) Die Bundesregierung wird ermächtigt, durch Rechtsverordnung
mit Zustimmung des Bundesrates vorzuschreiben, dass

1. der Energieverbrauch der Benutzer von heizungs-, kühl- oder
   raumlufttechnischen oder der Versorgung mit Warmwasser dienenden gemeinschaftlichen Anlagen oder Einrichtungen erfasst
   wird,

2. die Betriebskosten dieser Anlagen oder Einrichtungen so auf die
   Benutzer zu verteilen sind, dass dem Energieverbrauch der Benutzer Rechnung getragen wird,

3. die Benutzer in regelmäßigen, im Einzelnen zu bestimmenden
   Abständen auf klare und verständliche Weise Informationen erhalten über Daten, die für die Einschätzung, den Vergleich und die
   Steuerung des Energieverbrauchs und der Betriebskosten von hei-
   zungs-, kühl- oder raumlufttechnischen oder der Versorgung mit
   Warmwasser dienenden gemeinschaftlichen Anlagen oder Einrichtungen relevant sind, und über Stellen, bei denen weitergehende
   Informationen und Dienstleistungen zum Thema Energieeffizienz
   verfügbar sind,

4. die zum Zwecke der Datenverarbeitung eingesetzte Technik einem
   Stand der Technik entsprechen muss, der Datenschutz, Datensicherheit und Interoperabilität gewährleistet, und

5. bei einem Wechsel des Abrechnungsdienstleisters oder einer Über-
   nahme der Abrechnung durch den Gebäudeeigentümer die für die
   Abrechnung notwendigen Daten dem neuen Abrechnungsdienst-
   leister oder dem Gebäudeeigentümer zugänglich gemacht werden
   müssen.

(2) In der Rechtsverordnung nach Absatz 1 können die Erfassung
und Kostenverteilung abweichend von Vereinbarungen der Benutzer
und von Vorschriften des Wohnungseigentumsgesetzes geregelt und
es kann näher bestimmt werden, wie diese Regelungen sich auf die
Rechtsverhältnisse zwischen den Beteiligten auswirken.

(3) In der Rechtsverordnung nach Absatz 1 ist vorzusehen, dass auf Antrag des Verpflichteten von den Anforderungen befreit werden kann, soweit diese im Einzelfall wegen besonderer Umstände durch einen unangemessenen Aufwand oder in sonstiger Weise zu einer unbilligen Härte führen.

(4) In der Rechtsverordnung nach Absatz 1 sind die erforderlichen technischen und organisatorischen Maßnahmen nach den Artikeln 24, 25 und 32 der Verordnung (EU) 2016/679 des Europäischen Parlaments und des Rates vom 27. April 2016 zum Schutz natürlicher Personen bei der Verarbeitung personenbezogener Daten, zum freien Datenverkehr und zur Aufhebung der Richtlinie 95/46/EG (Datenschutz-Grundverordnung) (ABl. L 119 vom 4.5.2016, S. 1; L 314 vom 22.11.2016, S. 72; L 127 vom 23.5.2018, S. 2) in der jeweils geltenden Fassung zur Sicherstellung von Datenschutz und Datensicherheit bei der Verarbeitung der für die in Absatz 1 Nummer 1 bis 4 genannten Zwecke erforderlichen personenbezogenen Daten festzulegen.

(5) Die Rechtsverordnung nach Absatz 1 hat vorzusehen, dass der Stand der Technik nach Absatz 1 Nummer 4 jeweils in Technischen Richtlinien und Schutzprofilen des Bundesamts für Sicherheit in der Informationstechnik festgelegt wird.

§ 6a
Verordnungsermächtigung zur Versorgung mit Fernkälte

Das Bundesministerium für Wirtschaft und Energie kann im Einvernehmen mit dem Bundesministerium der Justiz und für Verbraucherschutz durch Rechtsverordnung mit Zustimmung des Bundesrates die Allgemeinen Bedingungen für die Versorgung mit Fernkälte einschließlich von Rahmenregelungen über die Entgelte ausgewogen gestalten und hierbei unter angemessener Berücksichtigung der beiderseitigen Interessen

1. die Bestimmungen der Verträge einheitlich festsetzen,

2. Regelungen über den Vertragsschluss, den Gegenstand und die Beendigung der Verträge treffen sowie

3. die Rechte und Pflichten der Vertragsparteien festlegen.

Satz 1 gilt entsprechend für Bedingungen öffentlich-rechtlich gestalteter Versorgungsverhältnisse mit Ausnahme der Regelung des Verwaltungsverfahrens.

§ 7
Regeln der Technik

(1) Das Bundesministerium für Wirtschaft und Energie kann gemeinsam mit dem Bundesministerium des Innern, für Bau und Heimat durch Bekanntmachung im Bundesanzeiger auf Veröffentlichungen sachverständiger Stellen über anerkannte Regeln der Technik hinweisen, soweit in diesem Gesetz auf solche Regeln Bezug genommen wird.

(2) Zu den anerkannten Regeln der Technik gehören auch Normen, technische Vorschriften oder sonstige Bestimmungen anderer Mitgliedstaaten der Europäischen Union und anderer Vertragsstaaten des Abkommens über den Europäischen Wirtschaftsraum sowie der Republik Türkei, wenn ihre Einhaltung das geforderte Schutzniveau in Bezug auf Energieeinsparung und Wärmeschutz dauerhaft gewährleistet.

(3) Wenn eine Bewertung von Baustoffen, Bauteilen und Anlagen im Hinblick auf die Anforderungen dieses Gesetzes aufgrund anerkannter Regeln der Technik nicht möglich ist, weil solche Regeln nicht vorliegen oder wesentlich von ihnen abgewichen wird, sind der nach Landesrecht zuständigen Behörde die erforderlichen Nachweise für eine anderweitige Bewertung vorzulegen. Satz 1 ist nicht anzuwenden auf Baustoffe, Bauteile und Anlagen,

1. wenn für sie die Bewertung auch im Hinblick auf die Anforderungen zur Energieeinsparung im Sinne dieses Gesetzes durch die Verordnung (EU) Nr. 305/2011 des Europäischen Parlaments und des Rates vom 9. März 2011 zur Festlegung harmonisierter Bedingungen für die Vermarktung von Bauprodukten und zur Aufhebung der Richtlinie 89/106/EWG des Rates (ABl. L 88 vom 4.4.2011, S. 5; L 103 vom 12.4.2013, S. 10; L 92 vom 8.4.2015, S. 118), die zuletzt durch die Delegierte Verordnung (EU) Nr. 574/2014 (ABl. L 159 vom 28.5.2014, S. 41) geändert worden ist, oder durch nationale Rechtsvorschriften zur Umsetzung oder Durchführung von Rechtsvorschriften der Europäischen Union gewährleistet wird, erforderliche CE-Kennzeichnungen angebracht wurden und nach den genannten Vorschriften zulässige Klassen und Leistungsstufen nach Maßgabe landesrechtlicher Vorschriften eingehalten werden oder

2. bei denen nach bauordnungsrechtlichen Vorschriften über die Verwendung von Bauprodukten auch die Einhaltung dieses Gesetzes sichergestellt wird.

(4) Verweisen die nach diesem Gesetz anzuwendenden datierten technischen Regeln auf undatierte technische Regeln, sind diese in der Fassung anzuwenden, die dem Stand zum Zeitpunkt der Herausgabe der datierten technischen Regel entspricht.

(5) Das Bundesministerium für Wirtschaft und Energie und das Bundesministerium des Innern, für Bau und Heimat werden dem Deutschen Bundestag bis zum 31. Dezember 2022 gemeinsam einen Bericht über die Ergebnisse von Forschungsprojekten zu Methodiken zur ökobilanziellen Bewertung von Wohn- und Nichtwohngebäuden vorlegen.

§ 8
Verantwortliche

(1) Für die Einhaltung der Vorschriften dieses Gesetzes ist der Bauherr oder Eigentümer verantwortlich, soweit in diesem Gesetz nicht ausdrücklich ein anderer Verantwortlicher bezeichnet ist.

(2) Für die Einhaltung der Vorschriften dieses Gesetzes sind im Rahmen ihres jeweiligen Wirkungskreises auch die Personen verantwortlich, die im Auftrag des Eigentümers oder des Bauherren bei der Errichtung oder Änderung von Gebäuden oder der Anlagentechnik in Gebäuden tätig werden.

§ 9
Überprüfung der Anforderungen an zu errichtende und bestehende Gebäude

(1) Das Bundesministerium für Wirtschaft und Energie und das Bundesministerium des Innern, für Bau und Heimat werden die Anforderungen an zu errichtende Gebäude nach Teil 2 und die Anforderungen an bestehende Gebäude nach Teil 3 Abschnitt 1 nach Maßgabe von § 5 und unter Wahrung des Grundsatzes der Technologieoffenheit im Jahr 2023 überprüfen und nach Maßgabe der Ergebnisse der Überprüfung innerhalb von sechs Monaten nach Abschluss der Überprüfung einen Gesetzgebungsvorschlag für eine Weiterentwicklung der Anforderungen an zu errichtende und bestehende Gebäude vorlegen. Die Bezahlbarkeit des Bauens und Wohnens ist ein zu beachtender wesentlicher Eckpunkt.

(2) Das Bundesministerium für Wirtschaft und Energie und das Bundesministerium des Innern, für Bau und Heimat werden unter Wahrung der Maßgaben des Absatzes 1 bis zum Jahr 2023 prüfen, auf welche Weise und in welchem Umfang synthetisch erzeugte Energie-

träger in flüssiger oder gasförmiger Form bei der Erfüllung der Anforderungen an zu errichtende Gebäude nach Teil 2 und bei der Erfüllung der Anforderungen an bestehende Gebäude nach Teil 3 Abschnitt 1 Berücksichtigung finden können.

TEIL 2
Anforderungen an zu errichtende Gebäude

ABSCHNITT 1
Allgemeiner Teil

§ 10
Grundsatz und Niedrigstenergiegebäude

(1) Wer ein Gebäude errichtet, hat dieses als Niedrigstenergiegebäude nach Maßgabe von Absatz 2 zu errichten.

(2) Das Gebäude ist so zu errichten, dass

1. der Gesamtenergiebedarf für Heizung, Warmwasserbereitung, Lüftung und Kühlung, bei Nichtwohngebäuden auch für eingebaute Beleuchtung, den jeweiligen Höchstwert nicht überschreitet, der sich nach § 15 oder § 18 ergibt,

2. Energieverluste beim Heizen und Kühlen durch baulichen Wärmeschutz nach Maßgabe von § 16 oder § 19 vermieden werden und

3. der Wärme- und Kälteenergiebedarf zumindest anteilig durch die Nutzung erneuerbarer Energien nach Maßgabe der §§ 34 bis 45 gedeckt wird.

(3) Die Anforderungen an die Errichtung von einem Gebäude nach diesem Gesetz finden keine Anwendung, soweit ihre Erfüllung anderen öffentlich-rechtlichen Vorschriften zur Standsicherheit, zum Brandschutz, zum Schallschutz, zum Arbeitsschutz oder zum Schutz der Gesundheit entgegensteht.

(4) Bei einem zu errichtenden Nichtwohngebäude ist die Anforderung nach Absatz 2 Nummer 3 nicht für Gebäudezonen mit mehr als 4 Metern Raumhöhe anzuwenden, die durch dezentrale Gebläse oder Strahlungsheizungen beheizt werden.

(5) Die Anforderung nach Absatz 2 Nummer 3 ist nicht auf ein Gebäude, das der Landesverteidigung dient, anzuwenden, soweit ihre Erfüllung der Art und dem Hauptzweck der Landesverteidigung entgegensteht.

§ 11
Mindestwärmeschutz

(1) Bei einem zu errichtenden Gebäude sind Bauteile, die gegen die Außenluft, das Erdreich oder gegen Gebäudeteile mit wesentlich niedrigeren Innentemperaturen abgrenzen, so auszuführen, dass die Anforderungen des Mindestwärmeschutzes nach DIN 4108-2: 2013-02 und DIN 4108-3: 2018-10 erfüllt werden.

(2) Ist bei einem zu errichtenden Gebäude bei aneinandergereihter Bebauung die Nachbarbebauung nicht gesichert, müssen die Gebäudetrennwände den Anforderungen an den Mindestwärmeschutz nach Absatz 1 genügen.

§ 12
Wärmebrücken

Ein Gebäude ist so zu errichten, dass der Einfluss konstruktiver Wärmebrücken auf den Jahres-Heizwärmebedarf nach den anerkannten Regeln der Technik und nach den im jeweiligen Einzelfall wirtschaftlich vertretbaren Maßnahmen so gering wie möglich gehalten wird.

§ 13
Dichtheit

Ein Gebäude ist so zu errichten, dass die wärmeübertragende Umfassungsfläche einschließlich der Fugen dauerhaft luftundurchlässig nach den anerkannten Regeln der Technik abgedichtet ist. Öffentlich-rechtliche Vorschriften über den zum Zweck der Gesundheit und Beheizung erforderlichen Mindestluftwechsel bleiben unberührt.

§ 14
Sommerlicher Wärmeschutz

(1) Ein Gebäude ist so zu errichten, dass der Sonneneintrag durch einen ausreichenden baulichen sommerlichen Wärmeschutz nach den anerkannten Regeln der Technik begrenzt wird. Bei der Ermittlung eines ausreichenden sommerlichen Wärmeschutzes nach den Absätzen 2 und 3 bleiben die öffentlich-rechtlichen Vorschriften über die erforderliche Tageslichtversorgung unberührt.

(2) Ein ausreichender sommerlicher Wärmeschutz nach Absatz 1 liegt vor, wenn die Anforderungen nach DIN 4108-2: 2013-02 Abschnitt 8 eingehalten werden und die rechnerisch ermittelten Werte

des Sonnenenergieeintrags über transparente Bauteile in Gebäude (Sonneneintragskennwert) die in DIN 4108-2: 2013-02 Abschnitt 8.3.3 festgelegten Anforderungswerte nicht überschreiten. Der Sonneneintragskennwert des zu errichtenden Gebäudes ist nach dem in DIN 4108-2: 2013-02 Abschnitt 8.3.2 genannten Verfahren zu bestimmen.

(3) Ein ausreichender sommerlicher Wärmeschutz nach Absatz 1 liegt auch vor, wenn mit einem Berechnungsverfahren nach DIN 4108-2: 2013-02 Abschnitt 8.4 (Simulationsrechnung) gezeigt werden kann, dass unter den dort genannten Randbedingungen die für den Standort des Gebäudes in DIN 4108-2: 2013-02 Abschnitt 8.4 Tabelle 9 angegebenen Übertemperatur-Gradstunden nicht überschritten werden.

(4) Wird bei Gebäuden mit Anlagen zur Kühlung die Berechnung nach Absatz 3 durchgeführt, sind bauliche Maßnahmen zum sommerlichen Wärmeschutz gemäß DIN 4108-2: 2013-02 Abschnitt 4.3 insoweit vorzusehen, wie sich die Investitionen für diese baulichen Maßnahmen innerhalb deren üblicher Nutzungsdauer durch die Einsparung von Energie zur Kühlung unter Zugrundelegung der im Gebäude installierten Anlagen zur Kühlung erwirtschaften lassen.

(5) Auf Berechnungen nach den Absätzen 2 bis 4 kann unter den Voraussetzungen des Abschnitts 8.2.2 der DIN 4108-2: 2013-02 verzichtet werden.

ABSCHNITT 2

Jahres-Primärenergiebedarf und baulicher Wärmeschutz bei zu errichtenden Gebäuden

Unterabschnitt 1

Wohngebäude

§ 15

Gesamtenergiebedarf

(1) Ein zu errichtendes Wohngebäude ist so zu errichten, dass der Jahres-Primärenergiebedarf für Heizung, Warmwasserbereitung, Lüftung und Kühlung das 0,75fache des auf die Gebäudenutzfläche bezogenen Wertes des Jahres-Primärenergiebedarfs eines Referenzgebäudes, das die gleiche Geometrie, Gebäudenutzfläche und Ausrichtung wie das zu errichtende Gebäude aufweist und der technischen Referenzausführung der Anlage 1 entspricht, nicht überschreitet.

(2) Der Höchstwert des Jahres-Primärenergiebedarfs eines zu errichtenden Wohngebäudes nach Absatz 1 ist nach Maßgabe des § 20, der §§ 22 bis 24, des § 25 Absatz 1 bis 3 und 10, der §§ 26 bis 29, des § 31 und des § 33 zu berechnen.

§ 16
Baulicher Wärmeschutz

Ein zu errichtendes Wohngebäude ist so zu errichten, dass der Höchstwert des spezifischen, auf die wärmeübertragende Umfassungsfläche bezogenen Transmissionswärmeverlusts das 1,0fache des entsprechenden Wertes des jeweiligen Referenzgebäudes nach § 15 Absatz 1 nicht überschreitet.

§ 17
Aneinandergereihte Bebauung

Werden aneinandergereihte Wohngebäude gleichzeitig errichtet, dürfen sie hinsichtlich der Anforderungen der §§ 12, 14, 15 und 16 wie ein Gebäude behandelt werden. Die Vorschriften des Teiles 5 bleiben unberührt.

Unterabschnitt 2
Nichtwohngebäude

§ 18
Gesamtenergiebedarf

(1) Ein zu errichtendes Nichtwohngebäude ist so zu errichten, dass der Jahres-Primärenergiebedarf für Heizung, Warmwasserbereitung, Lüftung, Kühlung und eingebaute Beleuchtung das 0,75fache des auf die Nettogrundfläche bezogenen Wertes des Jahres-Primärenergiebedarfs eines Referenzgebäudes, das die gleiche Geometrie, Nettogrundfläche, Ausrichtung und Nutzung, einschließlich der Anordnung der Nutzungseinheiten, wie das zu errichtende Gebäude aufweist und der technischen Referenzausführung der Anlage 2 entspricht, nicht überschreitet. Die technische Referenzausführung in der Anlage 2 Nummer 1.13 bis 9 ist nur insoweit zu berücksichtigen, wie eines der dort genannten Systeme in dem zu errichtenden Gebäude ausgeführt wird.

(2) Der Höchstwert des Jahres-Primärenergiebedarfs nach Absatz 1 eines zu errichtenden Nichtwohngebäudes ist nach Maßgabe der §§ 21 bis 24, des § 25 Absatz 1, 2 und 4 bis 8, der §§ 26 und 27, des § 30 und der §§ 32 und 33 zu berechnen.

(3) Wird ein zu errichtendes Nichtwohngebäude für die Berechnung des Jahres-Primärenergiebedarfs nach unterschiedlichen Nutzungen unterteilt und kommt für die unterschiedlichen Nutzungen jeweils das Berechnungsverfahren nach § 21 Absatz 1 und 2 mit deren jeweiligen Randbedingungen zur Anwendung, muss die Unterteilung hinsichtlich der Nutzung sowie der verwendeten Berechnungsverfahren und Randbedingungen beim Referenzgebäude mit der des zu errichtenden Gebäudes übereinstimmen. Bei der Unterteilung hinsichtlich der anlagentechnischen Ausstattung und der Tageslichtversorgung sind Unterschiede zulässig, die durch die technische Ausführung des zu errichtenden Gebäudes bedingt sind.

§ 19
Baulicher Wärmeschutz

Ein zu errichtendes Nichtwohngebäude ist so zu errichten, dass die Höchstwerte der mittleren Wärmedurchgangskoeffizienten der wärmeübertragenden Umfassungsfläche der Anlage 3 nicht überschritten werden.

ABSCHNITT 3
Berechnungsgrundlagen und -verfahren

§ 20
Berechnung des Jahres-Primärenergiebedarfs eines Wohngebäudes

(1) Für das zu errichtende Wohngebäude und das Referenzgebäude ist der Jahres-Primärenergiebedarf nach DIN V 18599: 2018-09 zu ermitteln.

(2) Bis zum 31. Dezember 2023 kann für das zu errichtende Wohngebäude und das Referenzgebäude der Jahres-Primärenergiebedarf auch nach DIN V 4108-6: 2003-06, geändert durch DIN V 4108-6 Berichtigung 1: 2004-03, in Verbindung mit DIN V 4701-10: 2003-08 ermittelt werden, wenn das Gebäude nicht gekühlt wird. Der in diesem Rechengang zu bestimmende Jahres-Heizwärmebedarf ist nach dem Monatsbilanzverfahren nach DIN V 4108-6: 2003-06, geändert durch DIN V 4108-6 Berichtigung 1: 2004-03, mit den dort in Anhang D.3 genannten Randbedingungen zu ermitteln. Als Referenzklima ist abweichend von DIN V 4108-6: 2003-06, geändert durch DIN V 4108-6 Berichtigung 1: 2004-03, das Klima nach DIN V 18599-10: 2018-09 Anhang E zu verwenden. Der Nutzwärmebedarf für die Warmwasserbereitung nach DIN V 4701-10: 2003-08 ist mit 12,5 Kilowattstunden je Quadratmeter Gebäudenutzfläche und Jahr

anzusetzen. Zur Berücksichtigung von Lüftungsanlagen mit Wärmerückgewinnung sind die methodischen Hinweise in DIN V 4701-10: 2003-08 Abschnitt 4.1 zu beachten.

(3) Die Berechnungen sind für das zu errichtende Gebäude und das Referenzgebäude mit demselben Verfahren durchzuführen.

(4) Abweichend von DIN V 18599-1: 2018-09 sind bei der Berechnung des Endenergiebedarfs diejenigen Anteile nicht zu berücksichtigen, die durch in unmittelbarem räumlichen Zusammenhang zum Gebäude gewonnene solare Strahlungsenergie sowie Umweltwärme gedeckt werden.

(5) Abweichend von DIN V 18599-1: 2018-09 ist bei der Berechnung des Primärenergiebedarfs der Endenergiebedarf für elektrische Nutzeranwendungen in der Bilanzierung nicht zu berücksichtigen.

(6) Werden in den Berechnungen nach den Absätzen 1 und 2 Wärmedurchgangskoeffizienten berechnet, sind folgende Berechnungsverfahren anzuwenden:

1. DIN V 18599-2: 2018-09 Abschnitt 6.1.4.3 für die Berechnung der an Erdreich grenzenden Bauteile,
2. DIN 4108-4: 2017-03 in Verbindung mit DIN EN ISO 6946: 2008-04 für die Berechnung opaker Bauteile und
3. DIN 4108-4: 2017-03 für die Berechnung transparenter Bauteile sowie von Vorhangfassaden.

§ 21
Berechnung des Jahres-Primärenergiebedarfs eines Nichtwohngebäudes

(1) Für das zu errichtende Nichtwohngebäude und das Referenzgebäude ist der Jahres-Primärenergiebedarf nach DIN V 18599: 2018-09 zu ermitteln.

(2) Soweit sich bei einem Nichtwohngebäude Flächen hinsichtlich ihrer Nutzung, ihrer technischen Ausstattung, ihrer inneren Lasten oder ihrer Versorgung mit Tageslicht wesentlich unterscheiden, ist das Gebäude nach Maßgabe der DIN V 18599: 2018-09 in Verbindung mit § 18 Absatz 3 für die Berechnung nach Absatz 1 in Zonen zu unterteilen. Die Vereinfachungen zur Zonierung, zur pauschalierten Zuweisung der Eigenschaften der Hüllfläche und zur Ermittlung von tageslichtversorgten Bereichen gemäß DIN V 18599-1: 2018-09 Anhang D dürfen nach Maßgabe der dort angegebenen Bedingungen auch für zu errichtende Nichtwohngebäude verwendet werden.

(3) Für Nutzungen, die nicht in DIN V 18599-10: 2018-09 aufgeführt sind, kann

1. die Nutzung 17 der Tabelle 5 in DIN V 18599-10: 2018-09 verwendet werden oder

2. eine Nutzung auf der Grundlage der DIN V 18599-10: 2018-09 unter Anwendung gesicherten allgemeinen Wissensstandes individuell bestimmt und verwendet werden.

Steht bei der Errichtung eines Nichtwohngebäudes die Nutzung einer Zone noch nicht fest, ist nach Satz 1 Nummer 1 zu verfahren. In den Fällen des Satzes 1 Nummer 2 ist die individuell bestimmte Nutzung zu begründen und den Berechnungen beizufügen. Wird bei der Errichtung eines Nichtwohngebäudes in einer Zone keine Beleuchtungsanlage eingebaut, ist eine direkt-indirekte Beleuchtung mit stabförmigen Leuchtstofflampen mit einem Durchmesser von 16 Millimetern und mit einem elektronischen Vorschaltgerät anzunehmen.

(4) § 20 Absatz 3 bis 6 ist entsprechend anzuwenden.

§ 22
Primärenergiefaktoren

(1) Zur Ermittlung des Jahres-Primärenergiebedarfs nach § 20 Absatz 1 oder Absatz 2 und nach § 21 Absatz 1 und 2 sind als Primärenergiefaktoren die Werte für den nicht erneuerbaren Anteil der Anlage 4 mit folgenden Maßgaben zu verwenden:

1. für flüssige oder gasförmige Biomasse kann abweichend von Anlage 4 Nummer 6 und 7 für den nicht erneuerbaren Anteil der Wert 0,3 verwendet werden,

   a) wenn die flüssige oder gasförmige Biomasse im unmittelbaren räumlichen Zusammenhang mit dem Gebäude oder mit mehreren Gebäuden, die im räumlichen Zusammenhang stehen, erzeugt wird und

   b) diese Gebäude unmittelbar mit der flüssigen oder gasförmigen Biomasse versorgt werden; mehrere Gebäude müssen gemeinsam versorgt werden,

2. für gasförmige Biomasse, die aufbereitet und in das Erdgasnetz eingespeist worden ist (Biomethan) und in zu errichtenden Gebäuden eingesetzt wird, kann abweichend von Anlage 4 Nummer 6 für den nicht erneuerbaren Anteil

   a) der Wert 0,7 verwendet werden, wenn die Nutzung des Biomethans in einem Brennwertkessel erfolgt, oder

b) der Wert 0,5 verwendet werden, wenn die Nutzung des Biomethans in einer hocheffizienten KWK-Anlage im Sinne des §2 Nummer 8a des Kraft-Wärme-Kopplungsgesetzes vom 21. Dezember 2015 (BGBl. I S. 2498), das zuletzt durch Artikel 266 der Verordnung vom 19. Juni 2020 (BGBl. I S. 1328) geändert worden ist, erfolgt, und wenn

c) bei der Aufbereitung und Einspeisung des Biomethans die Voraussetzungen nach Anlage 1 Nummer 1 Buchstabe a bis c des Erneuerbare-Energien-Gesetzes vom 25. Oktober 2008 (BGBl. I S. 2074) in der am 31. Juli 2014 geltenden Fassung erfüllt worden sind, und

d) die Menge des entnommenen Biomethans im Wärmeäquivalent am Ende eines Kalenderjahres der Menge von Gas aus Biomasse entspricht, das an anderer Stelle in das Gasnetz eingespeist worden ist, und Massenbilanzsysteme für den gesamten Transport und Vertrieb des Biomethans von seiner Herstellung über seine Einspeisung in das Erdgasnetz und seinen Transport im Erdgasnetz bis zu seiner Entnahme aus dem Erdgasnetz verwendet worden sind,

3. für gasförmige Biomasse, die unter Druck verflüssigt worden ist (biogenes Flüssiggas) und in zu errichtenden Gebäuden eingesetzt wird, kann abweichend von Anlage 4 Nummer 6 für den nicht erneuerbaren Anteil

a) der Wert 0,7 verwendet werden, wenn die Nutzung des biogenen Flüssiggases in einem Brennwertkessel erfolgt, oder

b) der Wert 0,5 verwendet werden, wenn die Nutzung des biogenen Flüssiggases in einer hocheffizienten KWK-Anlage im Sinne des §2 Nummer 8a des Kraft-Wärme-Kopplungsgesetzes erfolgt, und wenn

c) die Menge des entnommenen Gases am Ende eines Kalenderjahres der Menge von Gas aus Biomasse entspricht, das an anderer Stelle hergestellt worden ist, und Massenbilanzsysteme für den gesamten Transport und Vertrieb des biogenen Flüssiggases von seiner Herstellung über seine Zwischenlagerung und seinen Transport bis zu seiner Einlagerung in den Verbrauchstank verwendet worden sind,

4. für die Versorgung eines neu zu errichtenden Gebäudes mit aus Erdgas oder Flüssiggas erzeugter Wärme darf abweichend von Anlage 4 Nummer 15 für die in einer hocheffizienten KWK-Anlage im Sinne des §2 Nummer 8a des Kraft-Wärme-Kopplungsgesetzes

erzeugte Wärme für den nicht erneuerbaren Anteil der Wert 0,6 verwendet werden, wenn

a) die Wärmerzeugungsanlage das zu errichtende Gebäude und ein oder mehrere bestehende Gebäude, die mit dem zu errichtenden Gebäude in einem räumlichen Zusammenhang stehen, dauerhaft mit Wärme versorgt und

b) vorhandene mit fossilen Brennstoffen beschickte Heizkessel des oder der mitversorgten bestehenden Gebäude außer Betrieb genommen werden.

Durch eine Maßnahme nach Satz 1 Nummer 4 darf die Wärmeversorgung des oder der mitversorgten bestehenden Gebäude nicht in der Weise verändert werden, dass die energetische Qualität dieses oder dieser Gebäude verschlechtert wird.

(2) Wird ein zu errichtendes Gebäude mit Fernwärme versorgt, kann zur Ermittlung des Jahres-Primärenergiebedarfs nach § 20 Absatz 1 oder Absatz 2 und nach § 21 Absatz 1 und 2 als Primärenergiefaktor der Wert für den nicht erneuerbaren Anteil nach Maßgabe der Sätze 2 und 3 sowie von Absatz 3 verwendet werden, den das Fernwärmeversorgungsunternehmen für den Wärmeträger in dem Wärmenetz, an das das Gebäude angeschlossen wird, ermittelt und veröffentlicht hat. Der ermittelte und veröffentlichte Wert nach Satz 1 kann verwendet werden, wenn das Fernwärmeversorgungsunternehmen zur Ermittlung des Primärenergiefaktors die zur Erzeugung und Verteilung der Wärme in einem Wärmenetz eingesetzten Brennstoffe und Strom, einschließlich Hilfsenergien, ermittelt, mit den Primärenergiefaktoren der Anlage 4 gewichtet und auf die abgegebene Wärmemenge bezogen sowie die Anwendung dieses Berechnungsverfahrens in der Veröffentlichung angegeben hat. Wird in einem Wärmenetz Wärme genutzt, die in einer KWK-Anlage erzeugt wird, kann der ermittelte und veröffentlichte Wert nach Satz 1 verwendet werden, wenn das Fernwärmeversorgungsunternehmen zur Ermittlung des Primärenergiefaktors der Wärme aus der KWK-Anlage das Berechnungsverfahren nach DIN V 18599-1: 2018-09 Anhang A Abschnitt A.4 mit den Primärenergiefaktoren der Anlage 4 angewendet und die Anwendung dieser Methode in der Veröffentlichung angegeben hat.

(3) Liegt der ermittelte und veröffentlichte Wert des Primärenergiefaktors eines Wärmenetzes unter einem Wert von 0,3, ist als Primärenergiefaktor der Wert von 0,3 zu verwenden. Abweichend von Satz 1 darf ein ermittelter und veröffentlichter Wert, der unter 0,3 liegt, verwendet werden, wenn der Wert von 0,3 um den Wert von 0,001 für jeden Prozentpunkt des aus erneuerbaren Energien oder aus

Abwärme erzeugten Anteils der in einem Wärmenetz genutzten Wärme verringert wird und das Fernwärmeversorgungsunternehmen dies in der Veröffentlichung angegeben hat.

(4) Hat das Fernwärmeversorgungsunternehmen den Primärenergiefaktor für den Wärmeträger in dem Wärmenetz, an das das zu errichtende Gebäude angeschlossen wird, nicht ermittelt und veröffentlicht, kann als Primärenergiefaktor der Wert für den nicht erneuerbaren Anteil verwendet werden, der in den nach § 20 Absatz 1 oder Absatz 2 und nach § 21 Absatz 1 und 2 zur Ermittlung des Jahres-Primärenergiebedarfs zu verwendenden Berechnungsverfahren für die genutzte Fernwärme aufgeführt ist.

(5) Das Bundesministerium für Wirtschaft und Energie wird gemeinsam mit dem Bundesministerium des Innern, für Bau und Heimat das Berechnungsverfahren zur Ermittlung der Primärenergiefaktoren von Wärmenetzen, in denen Wärme genutzt wird, die in KWK-Anlagen erzeugt wird, überprüfen. Dabei wird unter Beachtung des Grundsatzes der Wirtschaftlichkeit die Umstellung des Berechnungsverfahrens auf ein Verfahren zur Ermittlung des Brennstoffanteils für die Wärmeerzeugung untersucht, das der in DIN EN 15316-4-5: 2017-09 Abschnitt 6.2.2.1.6.3 beschriebenen Methode entspricht. In die Untersuchung wird die Ermittlung eines Faktors einbezogen, mit dem der Anteil bestehender Gebäude an den an ein Fernwärmenetz angeschlossenen Gebäuden berücksichtigt wird. Das Bundesministerium für Wirtschaft und Energie hat gemeinsam mit dem Bundesministerium des Innern, für Bau und Heimat dem Deutschen Bundestag bis zum 31. Dezember 2025 einen Bericht über das Ergebnis der Überprüfung vorzulegen. Der Bericht enthält einen Vorschlag für eine gesetzliche Regelung zur Umstellung des Berechnungsverfahrens ab dem Jahr 2030.

§ 23
Anrechnung von Strom aus erneuerbaren Energien

(1) Strom aus erneuerbaren Energien, der in einem zu errichtenden Gebäude eingesetzt wird, darf bei der Ermittlung des Jahres-Primärenergiebedarfs des zu errichtenden Gebäudes nach § 20 Absatz 1 oder Absatz 2 und nach § 21 Absatz 1 und 2 nach Maßgabe der Absätze 2 bis 4 in Abzug gebracht werden, soweit er

1. im unmittelbaren räumlichen Zusammenhang zu dem Gebäude erzeugt wird und

2. vorrangig in dem Gebäude unmittelbar nach Erzeugung oder nach vorübergehender Speicherung selbst genutzt und nur die überschüssige Strommenge in das öffentliche Netz eingespeist wird.

(2) Bei der Ermittlung des Jahres-Primärenergiebedarfs des zu errichtenden Wohngebäudes dürfen vom Ausgangswert in Abzug gebracht werden:

1. für eine Anlage zur Erzeugung von Strom aus erneuerbaren Energien ohne Nutzung eines elektrochemischen Speichers 150 Kilowattstunden je Kilowatt installierter Nennleistung und ab einer Anlagengröße mit einer Nennleistung in Kilowatt in Höhe des 0,03fachen der Gebäudenutzfläche geteilt durch die Anzahl der beheizten oder gekühlten Geschosse nach DIN V 18599-1: 2018-09 zuzüglich das 0,7fache des jährlichen absoluten elektrischen Endenergiebedarfs der Anlagentechnik, jedoch insgesamt höchstens 30 Prozent des Jahres-Primärenergiebedarfs des Referenzgebäudes nach § 15 Absatz 1, und

2. für eine Anlage zur Erzeugung von Strom aus erneuerbaren Energien mit Nutzung eines elektrochemischen Speichers von mindestens 1 Kilowattstunde Nennkapazität je Kilowatt installierter Nennleistung der Erzeugungsanlage 200 Kilowattstunden je Kilowatt installierter Nennleistung und ab einer Anlagengröße mit einer Nennleistung in Kilowatt in Höhe des 0,03fachen der Gebäudenutzfläche geteilt durch die Anzahl der beheizten oder gekühlten Geschosse nach DIN V 18599-1: 2018-09 zuzüglich das 1,0fache des jährlichen absoluten elektrischen Endenergiebedarfs der Anlagentechnik, jedoch insgesamt höchstens 45 Prozent des Jahres-Primärenergiebedarfs des Referenzgebäudes nach § 15 Absatz 1.

Als Ausgangswert ist der Jahres-Primärenergiebedarf nach § 20 Absatz 1 oder Absatz 2 zu verwenden, der sich ohne Anrechnung des Stroms aus erneuerbaren Energien nach Absatz 1 ergibt.

(3) Bei der Ermittlung des Jahres-Primärenergiebedarfs des zu errichtenden Nichtwohngebäudes dürfen vom Ausgangswert in Abzug gebracht werden:

1. für eine Anlage zur Erzeugung von Strom aus erneuerbaren Energien ohne Nutzung eines elektrochemischen Speichers 150 Kilowattstunden je Kilowatt installierter Nennleistung und ab einer Anlagengröße von 0,01 Kilowatt Nennleistung je Quadratmeter Nettogrundfläche zuzüglich das 0,7fache des jährlichen absoluten elektrischen Endenergiebedarfs der Anlagentechnik, jedoch insgesamt höchstens 30 Prozent des Jahres-Primärenergiebedarfs des Referenzgebäudes nach § 18 Absatz 1 und gleichzeitig insgesamt höchstens das 1,8fache des bilanzierten endenergetischen Jahresertrags der Anlage, und

2. für eine Anlage zur Erzeugung von Strom aus erneuerbaren Energien mit Nutzung eines elektrochemischen Speichers von mindestens 1 Kilowattstunde Nennkapazität je Kilowatt installierter Nennleistung der Erzeugungsanlage 200 Kilowattstunden je Kilowatt installierter Nennleistung und ab einer Anlagengröße von 0,01 Kilowatt Nennleistung je Quadratmeter Nettogrundfläche zuzüglich das 1,0fache des jährlichen absoluten elektrischen Endenergiebedarfs der Anlagentechnik, jedoch insgesamt höchstens 45 Prozent des Jahres-Primärenergiebedarfs des Referenzgebäudes nach § 18 Absatz 1 und gleichzeitig insgesamt höchstens das 1,8fache des bilanzierten endenergetischen Jahresertrags der Anlage.

Als Ausgangswert ist der Jahres-Primärenergiebedarf nach § 21 Absatz 1 und 2 zu verwenden, der sich ohne Anrechnung des Stroms aus erneuerbaren Energien nach Absatz 1 ergibt.

(4) Wenn in einem zu errichtenden Gebäude Strom aus erneuerbaren Energien für Stromdirektheizungen genutzt wird oder in einem zu errichtenden Nichtwohngebäude die Nutzung von Strom für Lüftung, Kühlung, Beleuchtung und Warmwasserversorgung die Energienutzung für die Beheizung überwiegt, ist abweichend von den Absätzen 2 und 3 der monatliche Ertrag der Anlage zur Erzeugung von Strom aus erneuerbaren Energien dem tatsächlichen Strombedarf gegenüberzustellen. Für die Berechnung ist der monatliche Ertrag nach DIN V 18599-9: 2018-09 zu bestimmen. Bei Anlagen zur Erzeugung von Strom aus solarer Strahlungsenergie sind die monatlichen Stromerträge unter Verwendung der mittleren monatlichen Strahlungsintensitäten der Referenzklimazone Potsdam nach DIN V 18599-10: 2018-09 Anhang E sowie der Standardwerte zur Ermittlung der Nennleistung des Photovoltaikmoduls nach DIN V 18599-9: 2018-09 Anhang B zu ermitteln.

§ 24
Einfluss von Wärmebrücken

Unbeschadet der Regelung in § 12 ist der verbleibende Einfluss von Wärmebrücken bei der Ermittlung des Jahres-Primärenergiebedarfs nach § 20 Absatz 1 oder Absatz 2 und nach § 21 Absatz 1 und 2 nach einer der in DIN V 18599-2: 2018-09 oder bis zum 31. Dezember 2023 auch in DIN V 4108-6: 2003-06, geändert durch DIN V 4108-6 Berichtigung 1: 2004-03 genannten Vorgehensweisen zu berücksichtigen. Soweit dabei Gleichwertigkeitsnachweise zu führen sind, ist dies für solche Wärmebrücken nicht erforderlich, bei denen die angrenzenden

Bauteile kleinere Wärmedurchgangskoeffizienten aufweisen als in den Musterlösungen der DIN 4108 Beiblatt 2: 2019-06 zugrunde gelegt sind. Wärmebrückenzuschläge mit Überprüfung und Einhaltung der Gleichwertigkeit nach DIN V 18599-2: 2018-09 oder DIN V 4108-6: 2003-06, geändert durch DIN V 4108-6 Berichtigung 1: 2004-03 sind nach DIN 4108 Beiblatt 2: 2019-06 zu ermitteln. Abweichend von DIN V 4108-6: 2003-06, geändert durch DIN V 4108-6 Berichtigung 1: 2004-03 kann bei Nachweis der Gleichwertigkeit nach DIN 4108 Beiblatt 2: 2019-06 der pauschale Wärmebrückenzuschlag nach Kategorie A oder Kategorie B verwendet werden.

§ 25
Berechnungsrandbedingungen

(1) Bei den Berechnungen für die Ermittlung des Jahres-Primärenergiebedarfs nach § 20 Absatz 1 oder Absatz 2 und nach § 21 Absatz 1 und 2 ist für das zu errichtende Gebäude eine Ausstattung mit einem System für die Gebäudeautomation der Klasse C nach DIN V 18599-11: 2018-09 zugrunde zu legen. Eine Gebäudeautomation der Klassen A oder B nach DIN V 18599-11: 2018-09 kann zugrunde gelegt werden, wenn das zu errichtende Gebäude mit einem System einer dieser Klassen ausgestattet ist.

(2) Bei den Berechnungen für die Ermittlung des Jahres-Primärenergiebedarfs nach § 20 Absatz 1 oder Absatz 2 und nach § 21 Absatz 1 und 2 ist für das zu errichtende Gebäude und das Referenzgebäude ein Verschattungsfaktor von 0,9 zugrunde zu legen, soweit die baulichen Bedingungen nicht detailliert berücksichtigt werden.

(3) Bei den Berechnungen für die Ermittlung des Jahres-Primärenergiebedarfs nach § 20 Absatz 1 sind für den Anteil mitbeheizter Flächen für das zu errichtende Wohngebäude und das Referenzgebäude die Standardwerte nach DIN V 18599: 2018-09 Tabelle 4 zu verwenden.

(4) Bei den Berechnungen für die Ermittlung des Jahres-Primärenergiebedarfs nach § 21 Absatz 1 und 2 sind für das zu errichtende Nichtwohngebäude die in DIN V 18599-10: 2018-09 Tabelle 5 bis 9 aufgeführten Nutzungsrandbedingungen und Klimadaten zu verwenden; bei der Berechnung des Referenzgebäudes müssen die in DIN V 18599-10: 2018-09 Tabelle 5 enthaltenen Werte angesetzt werden.

(5) Bei den Berechnungen für die Ermittlung des Jahres-Primärenergiebedarfs nach § 21 Absatz 1 und 2 sind für das zu errichtende Nichtwohngebäude und das Referenzgebäude bei Heizsystemen in Raumhöhen von 4 Metern oder weniger ein Absenkbetrieb gemäß DIN V

18599-2: 2018-09 Gleichung 29 und bei Heizsystemen in Raumhöhen von mehr als 4 Metern ein Abschaltbetrieb gemäß DIN V 18599-2: 2018-09 Gleichung 30 zugrunde zu legen, jeweils mit einer Dauer gemäß den Nutzungsrandbedingungen in DIN V 18599-10: 2018-09 Tabelle 5.

(6) Bei den Berechnungen für die Ermittlung des Jahres-Primärenergiebedarfs nach § 21 Absatz 1 und 2 ist für das zu errichtende Nichtwohngebäude und das Referenzgebäude ein Verbauungsindex von 0,9 zugrunde zu legen, soweit die Verbauung nicht genau nach DIN V 18599-4: 2018-09 Abschnitt 5.5.2 ermittelt wird.

(7) Bei den Berechnungen für die Ermittlung des Jahres-Primärenergiebedarfs nach § 21 Absatz 1 und 2 ist für das zu errichtende Nichtwohngebäude und das Referenzgebäude der Wartungsfaktor in den Zonen der Nutzungen 14, 15 und 22 nach DIN V 18599-10: 2018-09 Tabelle 5 mit 0,6 und im Übrigen mit 0,8 anzusetzen.

(8) Bei den Berechnungen für die Ermittlung des Jahres-Primärenergiebedarfs nach § 21 Absatz 1 und 2 darf abweichend von DIN V 18599-10: 2018-09 für das zu errichtende Nichtwohngebäude und das Referenzgebäude bei Zonen der DIN V 18599-10: 2018-09 Tabelle 5 Nutzung 6 und 7 die tatsächliche Beleuchtungsstärke angesetzt werden, jedoch bei Zonen der Nutzung 6 nicht mehr als 1 500 Lux und bei Zonen der Nutzung 7 nicht mehr als 1 000 Lux. Beim Referenzgebäude ist der Primärenergiebedarf für die Beleuchtung mit dem Tabellenverfahren nach DIN V 18599-4: 2018-09 zu berechnen.

(9) Für die Ermittlung des Höchstwerts des Transmissionswärmeverlusts nach § 16 ist die wärmeübertragende Umfassungsfläche eines Wohngebäudes in Quadratmetern nach den in DIN V 18599-1: 2018-09 Abschnitt 8 angegebenen Bemaßungsregeln so festzulegen, dass sie mindestens alle beheizten und gekühlten Räume einschließt. Für alle umschlossenen Räume sind dabei die gleichen Bedingungen anzunehmen, die bei der Berechnung nach § 20 Absatz 1 oder Absatz 2 in Verbindung mit § 20 Absatz 3 und 4, § 22 und den Absätzen 1 bis 3 zugrunde zu legen sind.

(10) Das beheizte Gebäudevolumen eines Wohngebäudes in Kubikmetern ist das Volumen, das von der nach Absatz 9 ermittelten wärmeübertragenden Umfassungsfläche umschlossen wird. Die Gebäudenutzfläche eines Wohngebäudes ist nach DIN V 18599-1: 2018-09 Gleichung 30 zu ermitteln. Abweichend von Satz 1 ist die Gebäudenutzfläche nach DIN V 18599-1: 2018-09 Gleichung 31 zu ermitteln, wenn die durchschnittliche Geschosshöhe eines Wohnge-

bäudes, gemessen von der Oberfläche des Fußbodens zur Oberfläche des Fußbodens des darüber liegenden Geschosses, mehr als 3 Meter oder weniger als 2,5 Meter beträgt.

(11) Abweichend von DIN V 18599-10: 2018-09 sind die Zonen nach DIN V 18599-10: 2018-09 Tabelle 5 Nutzung 32 und 33 als unbeheizt und ungekühlt anzunehmen und damit nicht Gegenstand von Berechnungen und Anforderungen nach diesem Gesetz.

§ 26
Prüfung der Dichtheit eines Gebäudes

(1) Wird die Luftdichtheit eines zu errichtenden Gebäudes vor seiner Fertigstellung nach DIN EN ISO 9972: 2018-12 Anhang NA überprüft, darf die gemessene Netto-Luftwechselrate bei der Ermittlung des Jahres-Primärenergiebedarfs nach § 20 Absatz 1 oder Absatz 2 und nach § 21 Absatz 1 und 2 nach Maßgabe der Absätze 2 bis 5 als Luftwechselrate in Ansatz gebracht werden. Bei der Überprüfung der Luftdichtheit sind die Messungen nach den Absätzen 2 bis 5 sowohl mit Über- als auch mit Unterdruck durchzuführen. Die genannten Höchstwerte sind für beide Fälle einzuhalten.

(2) Der bei einer Bezugsdruckdifferenz von 50 Pascal gemessene Volumenstrom in Kubikmeter pro Stunde darf

1. ohne raumlufttechnische Anlagen höchstens das 3fache des beheizten oder gekühlten Luftvolumens des Gebäudes in Kubikmetern betragen und

2. mit raumlufttechnischen Anlagen höchstens das 1,5fache des beheizten oder gekühlten Luftvolumens des Gebäudes in Kubikmetern betragen.

(3) Abweichend von Absatz 2 darf bei Gebäuden mit einem beheizten oder gekühlten Luftvolumen von über 1 500 Kubikmetern der bei einer Bezugsdruckdifferenz von 50 Pascal gemessene Volumenstrom in Kubikmeter pro Stunde

1. ohne raumlufttechnische Anlagen höchstens das 4,5fache der Hüllfläche des Gebäudes in Quadratmetern betragen und

2. mit raumlufttechnischen Anlagen höchstens das 2,5fache der Hüllfläche des Gebäudes in Quadratmetern betragen.

(4) Wird bei Nichtwohngebäuden die Dichtheit lediglich für bestimmte Zonen berücksichtigt oder ergeben sich für einzelne Zonen aus den Absätzen 2 und 3 unterschiedliche Anforderungen, so kann der Nachweis der Dichtheit für diese Zonen getrennt durchgeführt werden.

(5) Besteht ein Gebäude aus gleichartigen, nur von außen erschlossenen Nutzeinheiten, so darf die Messung nach Absatz 1 nach Maßgabe von DIN EN ISO 9972: 2018-12 Anhang NB auf eine Stichprobe dieser Nutzeinheiten begrenzt werden.

§ 27
Gemeinsame Heizungsanlage für mehrere Gebäude

Wird ein zu errichtendes Gebäude mit Wärme aus einer Heizungsanlage versorgt, aus der auch andere Gebäude oder Teile davon Wärme beziehen, ist es abweichend von DIN V 18599: 2018-09 und bis zum 31. Dezember 2023 auch von DIN V 4701-10: 2003-08 zulässig, bei der Ermittlung des Jahres-Primärenergiebedarfs des zu errichtenden Gebäudes eigene zentrale Einrichtungen der Wärmeerzeugung, Wärmespeicherung oder Warmwasserbereitung anzunehmen, die hinsichtlich ihrer Bauart, ihres Baualters und ihrer Betriebsweise den gemeinsam genutzten Einrichtungen entsprechen, hinsichtlich ihrer Größe und Leistung jedoch nur auf das zu berechnende Gebäude ausgelegt sind. Soweit dabei zusätzliche Wärmeverteil- und Warmwasserleitungen zur Verbindung der versorgten Gebäude verlegt werden, sind deren Wärmeverluste anteilig zu berücksichtigen.

§ 28
Anrechnung mechanisch betriebener Lüftungsanlagen

(1) Im Rahmen der Berechnung nach § 20 Absatz 1 oder Absatz 2 ist bei mechanischen Lüftungsanlagen die Anrechnung der Wärmerückgewinnung oder einer regelungstechnisch verminderten Luftwechselrate nur zulässig, wenn

1. die Dichtheit des Gebäudes nach § 13 in Verbindung mit § 26 nachgewiesen wird,

2. die Lüftungsanlage mit Einrichtungen ausgestattet ist, die eine Beeinflussung der Luftvolumenströme jeder Nutzeinheit durch den Nutzer erlauben und

3. sichergestellt ist, dass die aus der Abluft gewonnene Wärme vorrangig vor der vom Heizsystem bereitgestellten Wärme genutzt wird.

(2) Die bei der Anrechnung der Wärmerückgewinnung anzusetzenden Kennwerte der Lüftungsanlage sind nach den anerkannten Regeln der Technik zu bestimmen oder den allgemeinen bauaufsichtlichen Zulassungen der verwendeten Produkte zu entnehmen.

(3) Auf ein Wohngebäude mit nicht mehr als zwei Wohnungen, von denen eine nicht mehr als 50 Quadratmeter Gebäudenutzfläche hat, ist Absatz 1 Nummer 2 nicht anzuwenden.

§ 29
Berechnung des Jahres-Primärenergiebedarfs und des Transmissionswärmeverlustes bei aneinandergereihter Bebauung von Wohngebäuden

(1) Bei der Berechnung des Jahres-Primärenergiebedarfs nach § 20 und des Transmissionswärmeverlustes von aneinandergereihten Wohngebäuden werden Gebäudetrennwände zwischen

1. Gebäuden, die nach ihrem Verwendungszweck auf Innentemperaturen von mindestens 19 Grad Celsius beheizt werden, als nicht wärmedurchlässig angenommen und bei der Ermittlung der wärmeübertragenden Umfassungsfläche nicht berücksichtigt,

2. Wohngebäuden und Gebäuden, die nach ihrem Verwendungszweck auf Innentemperaturen von mindestens 12 Grad Celsius und weniger als 19 Grad Celsius beheizt werden, bei der Berechnung des Wärmedurchgangskoeffizienten mit einem Temperatur-Korrekturfaktor nach DIN V 18599-2: 2018-09 oder bis zum 31. Dezember 2023 auch nach DIN V 4108-6: 2003-06, geändert durch DIN V 4108-6 Berichtigung 1: 2004-03, gewichtet und

3. Wohngebäuden und Gebäuden oder Gebäudeteilen, in denen keine beheizten Räume im Sinne des § 3 Absatz 1 Nummer 4 vorhanden sind, bei der Berechnung des Wärmedurchgangskoeffizienten mit einem Temperaturfaktor in Höhe von 0,5 gewichtet.

(2) Werden beheizte Teile eines Gebäudes getrennt berechnet, ist Absatz 1 Nummer 1 sinngemäß für die Trennflächen zwischen den Gebäudeteilen anzuwenden.

§ 30
Zonenweise Berücksichtigung von Energiebedarfsanteilen bei einem zu errichtenden Nichtwohngebäude

(1) Ist ein zu errichtendes Nichtwohngebäude nach § 21 Absatz 2 für die Berechnung des Jahres-Primärenergiebedarfs nach § 21 Absatz 1 in Zonen zu unterteilen, sind Energiebedarfsanteile nach Maßgabe der Absätze 2 bis 7 in die Ermittlung des Jahres-Primärenergiebedarfs einer Zone einzubeziehen.

(2) Der Primärenergiebedarf für das Heizungssystem und die Heizfunktion der raumlufttechnischen Anlage ist zu bilanzieren, wenn die

Raum-Solltemperatur des Gebäudes oder einer Gebäudezone für den Heizfall mindestens 12 Grad Celsius beträgt und eine durchschnittliche Nutzungsdauer für die Gebäudebeheizung auf Raum-Solltemperatur von mindestens vier Monaten pro Jahr vorgesehen ist.

(3) Der Primärenergiebedarf für das Kühlsystem und die Kühlfunktion der raumlufttechnischen Anlage ist zu bilanzieren, wenn für das Gebäude oder eine Gebäudezone für den Kühlfall der Einsatz von Kühltechnik und eine durchschnittliche Nutzungsdauer für Gebäudekühlung auf Raum-Solltemperatur von mehr als zwei Monaten pro Jahr und mehr als zwei Stunden pro Tag vorgesehen sind.

(4) Der Primärenergiebedarf für die Dampfversorgung ist zu bilanzieren, wenn für das Gebäude oder eine Gebäudezone eine solche Versorgung wegen des Einsatzes einer raumlufttechnischen Anlage nach Absatz 3 für durchschnittlich mehr als zwei Monate pro Jahr und mehr als zwei Stunden pro Tag vorgesehen ist.

(5) Der Primärenergiebedarf für Warmwasser ist zu bilanzieren, wenn ein Nutzenergiebedarf für Warmwasser in Ansatz zu bringen ist und der durchschnittliche tägliche Nutzenergiebedarf für Warmwasser wenigstens 0,2 Kilowattstunden pro Person und Tag oder 0,2 Kilowattstunden pro Beschäftigtem und Tag beträgt.

(6) Der Primärenergiebedarf für Beleuchtung ist zu bilanzieren, wenn in einem Gebäude oder einer Gebäudezone eine Beleuchtungsstärke von mindestens 75 Lux erforderlich ist und eine durchschnittliche Nutzungsdauer von mehr als zwei Monaten pro Jahr und mehr als zwei Stunden pro Tag vorgesehen ist.

(7) Der Primärenergiebedarf für Hilfsenergien ist zu bilanzieren, wenn er beim Heizungssystem und bei der Heizfunktion der raumlufttechnischen Anlage, beim Kühlsystem und bei der Kühlfunktion der raumlufttechnischen Anlage, bei der Dampfversorgung, bei der Warmwasseranlage und der Beleuchtung auftritt. Der Anteil des Primärenergiebedarfs für Hilfsenergien für Lüftung ist zu bilanzieren, wenn eine durchschnittliche Nutzungsdauer der Lüftungsanlage von mehr als zwei Monaten pro Jahr und mehr als zwei Stunden pro Tag vorgesehen ist.

§ 31
Vereinfachtes Nachweisverfahren für ein zu errichtendes Wohngebäude

(1) Ein zu errichtendes Wohngebäude erfüllt die Anforderungen nach § 10 Absatz 2 in Verbindung mit den §§ 15 bis 17 und den §§ 34 bis 45, wenn

1. es die Voraussetzungen nach Anlage 5 Nummer 1 erfüllt und

2. seine Ausführung einer der in Anlage 5 Nummer 2 beschriebenen Ausführungsvarianten unter Berücksichtigung der Beschreibung der Wärmeschutz- und Anlagenvarianten nach Anlage 5 Nummer 3 entspricht.

(2) Das Bundesministerium für Wirtschaft und Energie macht gemeinsam mit dem Bundesministerium des Innern, für Bau und Heimat im Bundesanzeiger bekannt, welche Angaben für die auf Grundlage von Absatz 1 zu errichtenden Wohngebäude ohne besondere Berechnungen in Energiebedarfsausweisen zu verwenden sind.

§ 32
Vereinfachtes Berechnungsverfahren für ein zu errichtendes Nichtwohngebäude

(1) Abweichend von § 21 Absatz 1 und 2 darf der Jahres-Primärenergiebedarf des zu errichtenden Nichtwohngebäudes und des Referenzgebäudes unter Verwendung eines Ein-Zonen-Modells ermittelt werden, wenn

1. die Summe der Nettogrundflächen aus der typischen Hauptnutzung und den Verkehrsflächen des Gebäudes mehr als zwei Drittel der gesamten Nettogrundfläche des Gebäudes beträgt,

2. in dem Gebäude die Beheizung und die Warmwasserbereitung für alle Räume auf dieselbe Art erfolgen,

3. das Gebäude nicht gekühlt wird,

4. höchstens 10 Prozent der Nettogrundfläche des Gebäudes durch Glühlampen, Halogenlampen oder durch die Beleuchtungsart „indirekt" nach DIN V 18599: 2018-09 beleuchtet werden und

5. außerhalb der Hauptnutzung keine raumlufttechnische Anlage eingesetzt wird, deren Werte für die spezifische Leistungsaufnahme der Ventilatoren die entsprechenden Werte der Anlage 2 Nummer 6.1 und 6.2 überschreiten.

(2) Das vereinfachte Berechnungsverfahren kann angewandt werden für

1. ein Bürogebäude, auch mit Verkaufseinrichtung, einen Gewerbebetrieb oder eine Gaststätte,

2. ein Gebäude des Groß- und Einzelhandels mit höchstens 1 000 Quadratmetern Nettogrundfläche, wenn neben der Hauptnutzung nur Büro-, Lager-, Sanitär- oder Verkehrsflächen vorhanden sind,

3. einen Gewerbebetrieb mit höchstens 1 000 Quadratmetern Nettogrundfläche, wenn neben der Hauptnutzung nur Büro-, Lager-, Sanitär- oder Verkehrsflächen vorhanden sind,

4. eine Schule, eine Turnhalle, einen Kindergarten und eine Kindertagesstätte oder eine ähnliche Einrichtung,

5. eine Beherbergungsstätte ohne Schwimmhalle, Sauna oder Wellnessbereich oder

6. eine Bibliothek.

(3) Bei Anwendung des vereinfachten Verfahrens sind abweichend von den Maßgaben des §21 Absatz 2 bei der Berechnung des Jahres-Primärenergiebedarfs die Bestimmungen für die Nutzung und die Werte für den Nutzenergiebedarf für Warmwasser der Anlage 6 zu verwenden. §30 Absatz 5 ist entsprechend anzuwenden.

(4) Abweichend von Absatz 1 Nummer 3 kann das vereinfachte Verfahren auch angewendet werden, wenn in einem Bürogebäude eine Verkaufseinrichtung, ein Gewerbebetrieb oder eine Gaststätte gekühlt wird und die Nettogrundfläche der gekühlten Räume jeweils 450 Quadratmeter nicht übersteigt. Der Energiebedarf für die Kühlung von Anlagen der Datenverarbeitung bleibt als Energieeinsatz für Produktionsprozesse im Sinne von §2 Absatz 1 Satz 2 außer Betracht.

(5) Bei Anwendung des vereinfachten Verfahrens sind in den Fällen des Absatzes 4 Satz 1 der Höchstwert und der Referenzwert des Jahres-Primärenergiebedarfs pauschal um 50 Kilowattstunden pro Quadratmeter und Jahr je Quadratmeter gekühlter Nettogrundfläche der Verkaufseinrichtung, des Gewerbebetriebes oder der Gaststätte zu erhöhen. Dieser Betrag ist im Energiebedarfsausweis als elektrische Energie für Kühlung auszuweisen.

(6) Der Jahres-Primärenergiebedarf für Beleuchtung darf vereinfacht für den Bereich der Hauptnutzung berechnet werden, der die geringste Tageslichtversorgung aufweist.

(7) Der im vereinfachten Verfahren ermittelte Jahres-Primärenergiebedarf des Referenzgebäudes nach §18 Absatz 1 in Verbindung mit

der Anlage 2 ist um 10 Prozent zu reduzieren. Der reduzierte Wert ist der Höchstwert des Jahres-Primärenergiebedarfs des zu errichtenden Gebäudes.

(8) § 20 Absatz 3 ist entsprechend anzuwenden.

§ 33
Andere Berechnungsverfahren

Werden in einem Gebäude bauliche oder anlagentechnische Komponenten eingesetzt, für deren energetische Bewertung weder anerkannte Regeln der Technik noch nach § 50 Absatz 4 Satz 2 bekannt gemachte gesicherte Erfahrungswerte vorliegen, so dürfen die energetischen Eigenschaften dieser Komponenten unter Verwendung derselben Randbedingungen wie in den Berechnungsverfahren und Maßgaben nach den §§ 20 bis 30 durch dynamisch-thermische Simulationsrechnungen ermittelt werden oder es sind hierfür andere Komponenten anzusetzen, die ähnliche energetische Eigenschaften besitzen und für deren energetische Bewertung anerkannte Regeln der Technik oder bekannt gemachte gesicherte Erfahrungswerte vorliegen.

ABSCHNITT 4
Nutzung von erneuerbaren Energien zur Wärme- und Kälteerzeugung bei einem zu errichtenden Gebäude

§ 34
Nutzung erneuerbarer Energien zur Deckung des Wärme- und Kälteenergiebedarfs

(1) Der Wärme- und Kälteenergiebedarf im Sinne des § 10 Absatz 2 Nummer 3 ist nach den Vorschriften des § 20, des § 21 und der §§ 24 bis 29 zu ermitteln.

(2) Die Maßnahmen nach den §§ 35 bis 45 können miteinander kombiniert werden. Die prozentualen Anteile der tatsächlichen Nutzung der einzelnen Maßnahmen im Verhältnis der jeweils nach den §§ 35 bis 45 vorgesehenen Nutzung müssen in der Summe 100 Prozent Erfüllungsgrad ergeben.

(3) Wenn mehrere zu errichtende Nichtwohngebäude, die sich im Eigentum der öffentlichen Hand befinden und von mindestens einer Behörde genutzt werden, in einer Liegenschaft stehen, kann die Anforderung nach § 10 Absatz 2 Nummer 3 auch dadurch erfüllt werden, dass der Wärme- und Kälteenergiebedarf dieser Gebäude insge-

samt in einem Umfang gedeckt wird, der der Summe der einzelnen Maßgaben der §§ 35 bis 45 entspricht.

(4) § 31 bleibt unberührt.

§ 35
Nutzung solarthermischer Anlagen

(1) Die Anforderung nach § 10 Absatz 2 Nummer 3 ist erfüllt, wenn durch die Nutzung von solarer Strahlungsenergie mittels solarthermischer Anlagen der Wärme- und Kälteenergiebedarf zu mindestens 15 Prozent gedeckt wird.

(2) Die Anforderung bezüglich des Mindestanteils nach Absatz 1 gilt als erfüllt, wenn

1. bei Wohngebäuden mit höchstens zwei Wohnungen solarthermische Anlagen mit einer Fläche von mindestens 0,04 Quadratmetern Aperturfläche je Quadratmeter Nutzfläche installiert und betrieben werden und

2. bei Wohngebäuden mit mehr als zwei Wohnungen solarthermische Anlagen mit einer Fläche von mindestens 0,03 Quadratmetern Aperturfläche je Quadratmeter Nutzfläche installiert und betrieben werden.

(3) Wird eine solarthermische Anlage mit Flüssigkeiten als Wärmeträger genutzt, müssen die darin enthaltenen Kollektoren oder das System mit dem europäischen Prüfzeichen „Solar Keymark" zertifiziert sein, solange und soweit die Verwendung einer CE-Kennzeichnung nach Maßgabe eines Durchführungsrechtsaktes auf der Grundlage der Richtlinie 2009/125/EG des Europäischen Parlaments und des Rates vom 21. Oktober 2009 zur Schaffung eines Rahmens für die Festlegung von Anforderungen an die umweltgerechte Gestaltung energieverbrauchsrelevanter Produkte (ABl. L 285 vom 31.10.2009, S. 10), die zuletzt durch die Richtlinie 2012/27/EU (ABl. L 315 vom 14.11.2012, S. 1) geändert worden ist, nicht zwingend vorgeschrieben ist. Die Zertifizierung muss nach den anerkannten Regeln der Technik erfolgen.

§ 36
Nutzung von Strom aus erneuerbaren Energien

Die Anforderung nach § 10 Absatz 2 Nummer 3 ist erfüllt, wenn durch die Nutzung von Strom aus erneuerbaren Energien nach Maßgabe des § 23 Absatz 1 der Wärme- und Kälteenergiebedarf zu min-

destens 15 Prozent gedeckt wird. Wird bei Wohngebäuden Strom aus
solarer Strahlungsenergie genutzt, gilt die Anforderung bezüglich des
Mindestanteils nach Satz 1 als erfüllt, wenn eine Anlage zur Erzeugung von Strom aus solarer Strahlungsenergie installiert und betrieben wird, deren Nennleistung in Kilowatt mindestens das 0,03fache
der Gebäudenutzfläche geteilt durch die Anzahl der beheizten oder
gekühlten Geschosse nach DIN V 18599-1: 2018-09 beträgt.

§ 37
Nutzung von Geothermie oder Umweltwärme

Die Anforderung nach § 10 Absatz 2 Nummer 3 ist erfüllt, wenn
durch die Nutzung von Geothermie, Umweltwärme oder Abwärme
aus Abwasser, die mittels elektrisch oder mit fossilen Brennstoffen
angetriebener Wärmepumpen technisch nutzbar gemacht wird, der
Wärme- und Kälteenergiebedarf zu mindestens 50 Prozent aus den
Anlagen zur Nutzung dieser Energien gedeckt wird.

§ 38
Nutzung von fester Biomasse

(1) Die Anforderung nach § 10 Absatz 2 Nummer 3 ist erfüllt, wenn
durch die Nutzung von fester Biomasse nach Maßgabe des Absatzes 2
der Wärme- und Kälteenergiebedarf zu mindestens 50 Prozent
gedeckt wird.

(2) Wenn eine Feuerungsanlage im Sinne der Verordnung über
kleine und mittlere Feuerungsanlagen vom 26. Januar 2010 (BGBl. I
S. 38), die zuletzt durch Artikel 105 der Verordnung vom 19. Juni 2020
(BGBl. I S. 1328) geändert worden ist, in der jeweils geltenden Fassung
betrieben wird, müssen folgende Voraussetzungen erfüllt sein:

1. die Biomasse muss genutzt werden in einem

   a) Biomassekessel oder

   b) automatisch beschickten Biomasseofen mit Wasser als Wärme-
      träger,

2. es darf ausschließlich Biomasse nach § 3 Absatz 1 Nummer 4, 5, 5a,
   8 oder Nummer 13 der Verordnung über kleine und mittlere Feuerungsanlagen eingesetzt werden.

§ 39
Nutzung von flüssiger Biomasse

(1) Die Anforderung nach § 10 Absatz 2 Nummer 3 ist erfüllt, wenn durch die Nutzung von flüssiger Biomasse nach Maßgabe der Absätze 2 und 3 der Wärme- und Kälteenergiebedarf zu mindestens 50 Prozent gedeckt wird.

(2) Die Nutzung muss in einer KWK-Anlage oder in einem Brennwertkessel erfolgen.

(3) [1]Unbeschadet des Absatzes 2 muss die zur Wärmeerzeugung eingesetzte Biomasse den Anforderungen an einen nachhaltigen Anbau und eine nachhaltige Herstellung, die die Biomassestrom-Nachhaltigkeitsverordnung vom 23. Juli 2009 (BGBl. I S. 2174), die zuletzt durch Artikel 262 der Verordnung vom 19. Juni 2020 (BGBl. I S. 1328) geändert worden ist, in der jeweils geltenden Fassung stellt, genügen. [2]§ 10 der Biomassestrom-Nachhaltigkeitsverordnung ist nicht anzuwenden.

§ 40
Nutzung von gasförmiger Biomasse

(1) Die Anforderung nach § 10 Absatz 2 Nummer 3 ist erfüllt, wenn durch die Nutzung von gasförmiger Biomasse nach Maßgabe der Absätze 2 bis 4 der Wärme- und Kälteenergiebedarf mindestens zu dem Anteil nach Absatz 2 Satz 2 gedeckt wird.

(2) Die Nutzung muss in einer hocheffizienten KWK-Anlage im Sinne des § 2 Nummer 8a des Kraft-Wärme-Kopplungsgesetzes oder in einem Brennwertkessel erfolgen. Der Wärme- und Kälteenergiebedarf muss

1. zu mindestens 30 Prozent gedeckt werden, wenn die Nutzung in einer KWK-Anlage nach Satz 1 erfolgt oder

2. zu mindestens 50 Prozent gedeckt werden, wenn die Nutzung in einem Brennwertkessel erfolgt.

(3) Wenn Biomethan genutzt wird, müssen unbeschadet des Absatzes 2 folgende Voraussetzungen erfüllt sein:

1. bei der Aufbereitung und Einspeisung des Biomethans müssen die Voraussetzungen nach Anlage 1 Nummer 1 Buchstabe a bis c des Erneuerbare-Energien-Gesetzes vom 25. Oktober 2008 (BGBl. I S. 2074) in der am 31. Juli 2014 geltenden Fassung erfüllt worden sein und

2. die Menge des entnommenen Biomethans im Wärmeäquivalent am Ende eines Kalenderjahres muss der Menge von Gas aus Biomasse entsprechen, das an anderer Stelle in das Gasnetz eingespeist worden ist, und es müssen Massenbilanzsysteme für den gesamten Transport und Vertrieb des Biomethans von seiner Herstellung über seine Einspeisung in das Erdgasnetz und seinen Transport im Erdgasnetz bis zu seiner Entnahme aus dem Erdgasnetz verwendet worden sein.

(4) Wenn biogenes Flüssiggas genutzt wird, muss die Menge des entnommenen Gases am Ende eines Kalenderjahres der Menge von Gas aus Biomasse entsprechen, das an anderer Stelle hergestellt worden ist, und müssen Massenbilanzsysteme für den gesamten Transport und Vertrieb des biogenen Flüssiggases von seiner Herstellung über seine Zwischenlagerung und seinen Transport bis zu seiner Einlagerung in den Verbrauchstank verwendet worden sein.

§ 41
Nutzung von Kälte aus erneuerbaren Energien

(1) Die Anforderung nach § 10 Absatz 2 Nummer 3 ist erfüllt, wenn durch die Nutzung von Kälte aus erneuerbaren Energien nach Maßgabe der Absätze 2 bis 4 der Wärme- und Kälteenergiebedarf mindestens in Höhe des Anteils nach Satz 2 gedeckt wird. Maßgeblicher Anteil ist der Anteil, der nach den §§ 35 bis 40 für diejenige erneuerbare Energie gilt, aus der die Kälte erzeugt wird. Wird die Kälte mittels einer thermischen Kälteerzeugungsanlage durch die direkte Zufuhr von Wärme erzeugt, ist der Anteil maßgebend, der auch im Fall einer reinen Wärmeerzeugung aus dem gleichen Energieträger gilt. Wird die Kälte unmittelbar durch Nutzung von Geothermie oder Umweltwärme bereitgestellt, so ist der auch bei Wärmeerzeugung aus diesem Energieträger geltende Anteil von 50 Prozent am Wärme- und Kälteenergiebedarf maßgebend.

(2) Die Kälte muss technisch nutzbar gemacht werden

1. durch unmittelbare Kälteentnahme aus dem Erdboden oder aus Grund- oder Oberflächenwasser oder

2. durch thermische Kälteerzeugung mit Wärme aus erneuerbaren Energien im Sinne des § 3 Absatz 2 Nummer 1 bis 5.

(3) Die Kälte muss zur Deckung des Kältebedarfs für Raumkühlung nach § 3 Absatz 1 Nummer 31 Buchstabe b genutzt werden. Der Endenergieverbrauch für die Erzeugung der Kälte, für die Rückkühlung und für die Verteilung der Kälte muss nach der jeweils besten verfügbaren Technik gesenkt worden sein.

(4) Die für die Erfüllung der Anforderung nach Absatz 1 anrechenbare Kältemenge umfasst die für die Zwecke nach Absatz 3 Satz 1 nutzbar gemachte Kälte, nicht jedoch die zum Antrieb thermischer Kälteerzeugungsanlagen genutzte Wärme.

(5) Die technischen Anforderungen nach den §§ 35 bis 40 sind entsprechend anzuwenden, solange und soweit die Verwendung einer CE-Kennzeichnung nach Maßgabe eines Durchführungsrechtsaktes auf der Grundlage der Richtlinie 2009/125/EG nicht zwingend vorgeschrieben ist.

§ 42
Nutzung von Abwärme

(1) Anstelle der anteiligen Deckung des Wärme- und Kälteenergiebedarfs durch die Nutzung erneuerbarer Energien kann die Anforderung nach § 10 Absatz 2 Nummer 3 auch dadurch erfüllt werden, dass durch die Nutzung von Abwärme nach Maßgabe der Absätze 2 und 3 der Wärme- und Kälteenergiebedarf direkt oder mittels Wärmepumpen zu mindestens 50 Prozent gedeckt wird.

(2) Sofern Kälte genutzt wird, die durch eine Anlage technisch nutzbar gemacht wird, der Abwärme unmittelbar zugeführt wird, ist § 41 Absatz 3 und 4 entsprechend anzuwenden.

(3) Sofern Abwärme durch eine andere Anlage genutzt wird, muss die Nutzung nach dem Stand der Technik erfolgen.

§ 43
Nutzung von Kraft-Wärme-Kopplung

(1) Anstelle der anteiligen Deckung des Wärme- und Kälteenergiebedarfs durch die Nutzung erneuerbarer Energien kann die Anforderung nach § 10 Absatz 2 Nummer 3 auch dadurch erfüllt werden, dass

1. durch die Nutzung von Wärme aus einer hocheffizienten KWK-Anlage im Sinne des § 2 Nummer 8a des Kraft-Wärme-Kopplungsgesetzes der Wärme- und Kälteenergiebedarf zu mindestens 50 Prozent gedeckt wird oder

2. durch die Nutzung von Wärme aus einer Brennstoffzellenheizung der Wärme- und Kälteenergiebedarf zu mindestens 40 Prozent gedeckt wird.

(2) Sofern Kälte genutzt wird, die durch eine Anlage technisch nutzbar gemacht wird, der unmittelbar Wärme aus einer KWK-Anlage zugeführt wird, muss die KWK-Anlage den Anforderungen des Absatzes 1 Nummer 1 genügen. § 41 Absatz 3 und 4 ist entsprechend anzuwenden.

§ 44
Fernwärme oder Fernkälte

(1) Anstelle der anteiligen Deckung des Wärme- und Kälteenergiebedarfs durch die Nutzung erneuerbarer Energien kann die Anforderung nach § 10 Absatz 2 Nummer 3 auch dadurch erfüllt werden, dass durch den Bezug von Fernwärme oder Fernkälte nach Maßgabe von Absatz 2 der Wärme- und Kälteenergiebedarf mindestens in Höhe des Anteils nach den Sätzen 2 und 3 gedeckt wird. Maßgeblicher Anteil ist der Anteil, der nach den §§ 35 bis 40 oder nach den §§ 42 und 43 für diejenige Energie anzuwenden ist, aus der die Fernwärme oder Fernkälte ganz oder teilweise stammt. Bei der Berechnung nach Satz 1 wird nur die bezogene Menge der Fernwärme oder Fernkälte angerechnet, die rechnerisch aus erneuerbaren Energien, aus Anlagen zur Nutzung von Abwärme oder aus KWK-Anlagen stammt.

(2) Die in dem Wärme- oder Kältenetz insgesamt verteilte Wärme oder Kälte muss stammen zu

1. einem wesentlichen Anteil aus erneuerbaren Energien,

2. mindestens 50 Prozent aus Anlagen zur Nutzung von Abwärme,

3. mindestens 50 Prozent aus KWK-Anlagen oder

4. mindestens 50 Prozent durch eine Kombination der in den Nummern 1 bis 3 genannten Maßnahmen.

§ 35 und die §§ 37 bis 43 sind entsprechend anzuwenden.

§ 45
Maßnahmen zur Einsparung von Energie

Anstelle der anteiligen Deckung des Wärme- und Kälteenergiebedarfs durch die Nutzung erneuerbarer Energien kann die Anforderung nach § 10 Absatz 2 Nummer 3 auch dadurch erfüllt werden, dass bei einem Wohngebäude die Anforderungen nach § 16 sowie bei einem Nichtwohngebäude die Anforderungen nach § 19 um mindestens 15 Prozent unterschritten werden.

TEIL 3
Bestehende Gebäude

ABSCHNITT 1
Anforderungen an bestehende Gebäude

§ 46
Aufrechterhaltung der energetischen Qualität; entgegenstehende Rechtsvorschriften

(1) Außenbauteile eines bestehenden Gebäudes dürfen nicht in einer Weise verändert werden, dass die energetische Qualität des Gebäudes verschlechtert wird. Satz 1 ist nicht anzuwenden auf Änderungen von Außenbauteilen, wenn die Fläche der geänderten Bauteile nicht mehr als 10 Prozent der gesamten Fläche der jeweiligen Bauteilgruppe nach Anlage 7 betrifft.

(2) Die Anforderungen an ein bestehendes Gebäude nach diesem Teil sind nicht anzuwenden, soweit ihre Erfüllung anderen öffentlich-rechtlichen Vorschriften zur Standsicherheit, zum Brandschutz, zum Schallschutz, zum Arbeitsschutz oder zum Schutz der Gesundheit entgegensteht.

§ 47
Nachrüstung eines bestehenden Gebäudes

(1) Eigentümer eines Wohngebäudes sowie Eigentümer eines Nichtwohngebäudes, die nach ihrer Zweckbestimmung jährlich mindestens vier Monate auf Innentemperaturen von mindestens 19 Grad Celsius beheizt werden, müssen dafür sorgen, dass oberste Geschossdecken, die nicht den Anforderungen an den Mindestwärmeschutz nach DIN 4108-2: 2013-02 genügen, so gedämmt sind, dass der Wärmedurchgangskoeffizient der obersten Geschossdecke 0,24 Watt pro Quadratmeter und Kelvin nicht überschreitet. Die Pflicht nach Satz 1 gilt als erfüllt, wenn anstelle der obersten Geschossdecke das darüber liegende Dach entsprechend gedämmt ist oder den Anforderungen an den Mindestwärmeschutz nach DIN 4108-2: 2013-02 genügt.

(2) Wird der Wärmeschutz nach Absatz 1 Satz 1 durch Dämmung in Deckenzwischenräumen ausgeführt und ist die Dämmschichtdicke im Rahmen dieser Maßnahmen aus technischen Gründen begrenzt, so gelten die Anforderungen als erfüllt, wenn die nach anerkannten Regeln der Technik höchstmögliche Dämmschichtdicke eingebaut

wird, wobei ein Bemessungswert der Wärmeleitfähigkeit von 0,035 Watt pro Meter und Kelvin einzuhalten ist. Abweichend von Satz 1 ist ein Bemessungswert der Wärmeleitfähigkeit von 0,045 Watt pro Meter und Kelvin einzuhalten, soweit Dämmmaterialien in Hohlräume eingeblasen oder Dämmmaterialien aus nachwachsenden Rohstoffen verwendet werden. Wird der Wärmeschutz nach Absatz 1 Satz 2 als Zwischensparrendämmung ausgeführt und ist die Dämmschichtdicke wegen einer innenseitigen Bekleidung oder der Sparrenhöhe begrenzt, sind die Sätze 1 und 2 entsprechend anzuwenden.

(3) Bei einem Wohngebäude mit nicht mehr als zwei Wohnungen, von denen der Eigentümer eine Wohnung am 1. Februar 2002 selbst bewohnt hat, ist die Pflicht nach Absatz 1 erst im Fall eines Eigentümerwechsels nach dem 1. Februar 2002 von dem neuen Eigentümer zu erfüllen. Die Frist zur Pflichterfüllung beträgt zwei Jahre ab dem ersten Eigentumsübergang nach dem 1. Februar 2002.

(4) Die Absätze 1 bis 3 sind nicht anzuwenden, soweit die für eine Nachrüstung erforderlichen Aufwendungen durch die eintretenden Einsparungen nicht innerhalb angemessener Frist erwirtschaftet werden können.

§ 48

Anforderungen an ein bestehendes Gebäude bei Änderung

Soweit bei beheizten oder gekühlten Räumen eines Gebäudes Außenbauteile im Sinne der Anlage 7 erneuert, ersetzt oder erstmalig eingebaut werden, sind diese Maßnahmen so auszuführen, dass die betroffenen Flächen des Außenbauteils die Wärmedurchgangskoeffizienten der Anlage 7 nicht überschreiten. Ausgenommen sind Änderungen von Außenbauteilen, die nicht mehr als 10 Prozent der gesamten Fläche der jeweiligen Bauteilgruppe des Gebäudes betreffen. Nimmt der Eigentümer eines Wohngebäudes mit nicht mehr als zwei Wohnungen Änderungen im Sinne der Sätze 1 und 2 an dem Gebäude vor und werden unter Anwendung des § 50 Absatz 1 und 2 für das gesamte Gebäude Berechnungen nach § 50 Absatz 3 durchgeführt, hat der Eigentümer vor Beauftragung der Planungsleistungen ein informatorisches Beratungsgespräch mit einer nach § 88 zur Ausstellung von Energieausweisen berechtigten Person zu führen, wenn ein solches Beratungsgespräch als einzelne Leistung unentgeltlich angeboten wird. Wer geschäftsmäßig an oder in einem Gebäude Arbeiten im Sinne des Satzes 3 für den Eigentümer durchführen will, hat bei Abgabe eines Angebots auf die Pflicht zur Führung eines Beratungsgesprächs schriftlich hinzuweisen.

§ 49
Berechnung des Wärmedurchgangskoeffizienten

(1) Der Wärmedurchgangskoeffizient eines Bauteils nach § 48 wird unter Berücksichtigung der neuen und der vorhandenen Bauteilschichten berechnet. Für die Berechnung sind folgende Verfahren anzuwenden:

1. DIN V 18599-2: 2018-09 Abschnitt 6.1.4.3 für die Berechnung der an Erdreich grenzenden Bauteile,

2. DIN 4108-4: 2017-03 in Verbindung mit DIN EN ISO 6946: 2008-04 für die Berechnung opaker Bauteile und

3. DIN 4108-4: 2017-03 für die Berechnung transparenter Bauteile sowie von Vorhangfassaden.

(2) Werden bei Maßnahmen nach § 48 Gefälledächer durch die keilförmige Anordnung einer Dämmschicht aufgebaut, so ist der Wärmedurchgangskoeffizient nach Anhang C der DIN EN ISO 6946: 2008-04 in Verbindung mit DIN 4108-4: 2017-03 zu ermitteln. Dabei muss der Bemessungswert des Wärmedurchgangswiderstandes am tiefsten Punkt der neuen Dämmschicht den Mindestwärmeschutz nach § 11 erfüllen.

§ 50
Energetische Bewertung eines bestehenden Gebäudes

(1) Die Anforderungen des § 48 gelten als erfüllt, wenn

1. das geänderte Wohngebäude insgesamt

   a) den Jahres-Primärenergiebedarf für Heizung, Warmwasserbereitung, Lüftung und Kühlung den auf die Gebäudenutzfläche bezogenen Wert des Jahres-Primärenergiebedarfs eines Referenzgebäudes, das die gleiche Geometrie, Gebäudenutzfläche und Ausrichtung wie das geänderte Gebäude aufweist und der technischen Referenzausführung der Anlage 1 entspricht, um nicht mehr als 40 Prozent überschreitet und

   b) den Höchstwert des spezifischen, auf die wärmeübertragende Umfassungsfläche bezogenen Transmissionswärmeverlusts nach Absatz 2 um nicht mehr als 40 Prozent überschreitet,

2. das geänderte Nichtwohngebäude insgesamt

   a) den Jahres-Primärenergiebedarf für Heizung, Warmwasserbereitung, Lüftung, Kühlung und eingebaute Beleuchtung den auf die Nettogrundfläche bezogenen Wert des Jahres-Primärenergiebedarfs eines Referenzgebäudes, das die gleiche Geometrie, Nettogrundfläche, Ausrichtung und Nutzung, einschließlich der Anordnung der Nutzungseinheiten, wie das geänderte Gebäude aufweist und der technischen Referenzausführung der Anlage 2 entspricht, um nicht mehr als 40 Prozent überschreitet und

b) das auf eine Nachkommastelle gerundete 1,25fache der Höchstwerte der mittleren Wärmedurchgangskoeffizienten der wärmeübertragenden Umfassungsfläche gemäß der Anlage 3 um nicht mehr als 40 Prozent überschreitet.

§ 18 Absatz 1 Satz 2 ist entsprechend anzuwenden.

(2) Der Höchstwert nach Absatz 1 Satz 1 Nummer 1 Buchstabe b beträgt

1. bei einem freistehenden Wohngebäude mit einer Gebäudenutzfläche von bis zu 350 Quadratmetern 0,40 Watt pro Quadratmeter und Kelvin,

2. bei einem freistehenden Wohngebäude mit einer Gebäudenutzfläche von mehr als 350 Quadratmetern 0,50 Watt pro Quadratmeter und Kelvin,

3. bei einem einseitig angebauten Wohngebäude 0,45 Watt pro Quadratmeter und Kelvin oder

4. bei allen anderen Wohngebäuden 0,65 Watt pro Quadratmeter und Kelvin.

(3) In den Fällen des Absatzes 1 sind die Berechnungsverfahren nach § 20 Absatz 1 oder Absatz 2 oder nach § 21 Absatz 1 und 2 unter Beachtung der Maßgaben nach § 20 Absatz 3 bis 6, der §§ 22 bis 30 und der §§ 32 und 33 sowie nach Maßgabe von Absatz 4 entsprechend anzuwenden.

(4) Fehlen Angaben zu geometrischen Abmessungen eines Gebäudes, können diese durch vereinfachtes Aufmaß ermittelt werden. Liegen energetische Kennwerte für bestehende Bauteile und Anlagenkomponenten nicht vor, können gesicherte Erfahrungswerte für Bauteile und Anlagenkomponenten vergleichbarer Altersklassen verwendet werden. In den Fällen der Sätze 1 und 2 können anerkannte Regeln der Technik verwendet werden. Die Einhaltung solcher Regeln wird vermutet, soweit Vereinfachungen für die Datenaufnahme und die Ermittlung der energetischen Eigenschaften sowie gesicherte Erfahrungswerte verwendet werden, die vom Bundesministerium für Wirtschaft und Energie und vom Bundesministerium des Innern, für Bau und Heimat gemeinsam im Bundesanzeiger bekannt gemacht worden sind.

(5) Absatz 4 kann auch in den Fällen des § 48 sowie des § 51 angewendet werden.

§ 51
Anforderungen an ein bestehendes Gebäude bei Erweiterung und Ausbau

(1) Bei der Erweiterung und dem Ausbau eines Gebäudes um beheizte oder gekühlte Räume darf

1. bei Wohngebäuden der spezifische, auf die wärmeübertragende Umfassungsfläche bezogene Transmissionswärmeverlust der Außenbauteile der neu hinzukommenden beheizten oder gekühlten Räume das 1,2fache des entsprechenden Wertes des Referenzgebäudes gemäß der Anlage 1 nicht überschreiten oder

2. bei Nichtwohngebäuden die mittleren Wärmedurchgangskoeffizienten der wärmeübertragenden Umfassungsfläche der Außenbauteile der neu hinzukommenden beheizten oder gekühlten Räume das auf eine Nachkommastelle gerundete 1,25fache der Höchstwerte gemäß der Anlage 3 nicht überschreiten.

(2) Ist die hinzukommende zusammenhängende Nutzfläche größer als 50 Quadratmeter, sind außerdem die Anforderungen an den sommerlichen Wärmeschutz nach § 14 einzuhalten.

ABSCHNITT 2
Nutzung erneuerbarer Energien zur Wärmeerzeugung bei bestehenden öffentlichen Gebäuden

§ 52
Pflicht zur Nutzung von erneuerbaren Energien bei einem bestehenden öffentlichen Gebäude

(1) Wenn die öffentliche Hand ein bestehendes Nichtwohngebäude, das sich in ihrem Eigentum befindet und von mindestens einer Behörde genutzt wird, gemäß Absatz 2 grundlegend renoviert, muss sie den Wärme- und Kälteenergiebedarf dieses Gebäudes durch die anteilige Nutzung von erneuerbaren Energien nach Maßgabe der Absätze 3 und 4 decken. Auf die Berechnung des Wärme- und Kälteenergiebedarfs ist § 34 Absatz 1 entsprechend anzuwenden.

(2) Eine grundlegende Renovierung ist jede Maßnahme, durch die an einem Gebäude in einem zeitlichen Zusammenhang von nicht mehr als zwei Jahren

1. ein Heizkessel ausgetauscht oder die Heizungsanlage auf einen fossilen Energieträger oder auf einen anderen fossilen Energieträger als den bisher eingesetzten umgestellt wird und

2. mehr als 20 Prozent der Oberfläche der Gebäudehülle renoviert werden.

(3) Bei der Nutzung von gasförmiger Biomasse wird die Pflicht nach Absatz 1 dadurch erfüllt, dass der Wärme- und Kälteenergiebedarf zu mindestens 25 Prozent durch gasförmige Biomasse gedeckt wird. Die Nutzung von gasförmiger Biomasse muss in einem Heizkessel, der der besten verfügbaren Technik entspricht, oder in einer KWK-Anlage erfolgen. Im Übrigen ist § 40 Absatz 2 und 3 entsprechend anzuwenden.

(4) Bei Nutzung sonstiger erneuerbarer Energien wird die Pflicht nach Absatz 1 dadurch erfüllt, dass der Wärme- und Kälteenergiebedarf zu mindestens 15 Prozent durch erneuerbare Energien nach folgenden Maßgaben gedeckt wird:

1. bei der Nutzung von solarer Strahlungsenergie durch solarthermische Anlagen ist § 35 Absatz 2 entsprechend anzuwenden,

2. bei der Nutzung von fester Biomasse ist § 38 Absatz 2 entsprechend anzuwenden,

3. bei der Nutzung von flüssiger Biomasse ist § 39 Absatz 2 und 3 entsprechend anzuwenden,

4. bei der Nutzung von Kälte aus erneuerbaren Energien ist § 41 Absatz 2 bis 5 entsprechend anzuwenden.

(5) Wenn mehrere bestehende Nichtwohngebäude, die sich im Eigentum der öffentlichen Hand befinden und von mindestens einer Behörde genutzt werden, in einer Liegenschaft stehen, kann die Pflicht nach Absatz 1 auch dadurch erfüllt werden, dass der Wärme- und Kälteenergiebedarf dieser Gebäude insgesamt in einem Umfang gedeckt wird, der der Summe der einzelnen Maßgaben der Absätze 3 und 4 entspricht.

§ 53
Ersatzmaßnahmen

(1) Die Pflicht nach § 52 Absatz 1 kann auch dadurch erfüllt werden, dass

1. der Wärme- und Kälteenergiebedarf des renovierten Gebäudes zu mindestens 50 Prozent gedeckt wird aus

   a) einer Anlage zur Nutzung von Abwärme nach Maßgabe von § 42 Absatz 2 und 3 oder

   b) einer KWK-Anlage nach Maßgabe von § 43,

2. Maßnahmen zur Einsparung von Energie nach Maßgabe von Absatz 2 getroffen werden oder

3. Fernwärme oder Fernkälte nach Maßgabe von § 44 bezogen wird.

§ 41 Absatz 1 Satz 3 und § 52 Absatz 5 sind entsprechend anzuwenden.

(2) Bei Maßnahmen zur Einsparung von Energie muss das auf eine Nachkommastelle gerundete 1,25fache der Höchstwerte der mittleren Wärmedurchgangskoeffizienten der wärmeübertragenden Umfassungsfläche nach Anlage 3 um mindestens 10 Prozent unterschritten werden. Satz 1 gilt auch dann als erfüllt, wenn das Gebäude nach der grundlegenden Renovierung insgesamt den Jahres-Primärenergiebedarf des Referenzgebäudes nach Anlage 2 und das auf eine Nachkommastelle gerundete 1,25fache der Höchstwerte der mittleren Wärmedurchgangskoeffizienten der wärmeübertragenden Umfassungsfläche nach Anlage 3 einhält.

(3) Die Pflicht nach § 52 Absatz 1 kann auch dadurch erfüllt werden, dass auf dem Dach des öffentlichen Gebäudes solarthermische Anlagen mit einer Fläche von mindestens 0,06 Quadratmetern Brutto-Kollektorfläche je Quadratmeter Nettogrundfläche von dem Eigentümer oder einem Dritten installiert und betrieben werden, wenn die mit diesen Anlagen erzeugte Wärme oder Kälte Dritten zur Deckung des Wärme- und Kälteenergiebedarfs von Gebäuden zur Verfügung gestellt wird und von diesen Dritten nicht zur Erfüllung der Anforderung nach § 10 Absatz 2 Nummer 3 genutzt wird. § 35 Absatz 3 ist entsprechend anzuwenden.

§ 54
Kombination

Zur Erfüllung der Pflicht nach § 52 Absatz 1 können die Maßnahmen nach § 52 Absatz 3 und 4 und die Ersatzmaßnahmen nach § 53 untereinander und miteinander kombiniert werden. Die prozentualen Anteile der einzelnen Maßnahmen an der nach § 52 Absatz 3 und 4 sowie nach § 53 vorgesehenen Nutzung müssen in der Summe mindestens 100 ergeben.

§ 55
Ausnahmen

(1) Die Pflicht nach § 52 Absatz 1 besteht nicht, soweit ihre Erfüllung im Einzelfall wegen besonderer Umstände durch einen unangemessenen Aufwand oder in sonstiger Weise zu einer unbilligen Härte führt. Dies ist insbesondere der Fall, wenn jede Maßnahme, mit der die

Pflicht nach § 52 Absatz 1 erfüllt werden kann, mit Mehrkosten verbunden ist und diese Mehrkosten auch unter Berücksichtigung der Vorbildfunktion nicht unerheblich sind. Bei der Berechnung sind alle Kosten und Einsparungen zu berücksichtigen, auch solche, die innerhalb der noch zu erwartenden Nutzungsdauer der Anlagen oder Gebäudeteile zu erwarten sind.

(2) Die Pflicht nach § 52 Absatz 1 besteht ferner nicht bei einem Gebäude im Eigentum einer Gemeinde oder eines Gemeindeverbandes, wenn

1. die Gemeinde oder der Gemeindeverband zum Zeitpunkt des Beginns der grundlegenden Renovierung überschuldet ist oder durch die Erfüllung der Pflicht nach § 52 Absatz 1 und die Durchführung von Ersatzmaßnahmen nach § 53 überschuldet würde,

2. jede Maßnahme, mit der die Pflicht nach § 52 Absatz 1 erfüllt werden kann, mit Mehrkosten verbunden ist, die auch unter Berücksichtigung der Vorbildfunktion nicht unerheblich sind; im Übrigen ist Absatz 1 Satz 2 und 3 entsprechend anzuwenden, und

3. die Gemeinde oder der Gemeindeverband durch Beschluss das Vorliegen der Voraussetzungen nach Nummer 2 feststellt; die jeweiligen Regelungen zur Beschlussfassung bleiben unberührt.

(3) Die Pflicht nach § 52 Absatz 1 besteht nicht für ein Gebäude, das der Landesverteidigung dient, soweit ihre Erfüllung der Art und dem Hauptzweck der Landesverteidigung entgegensteht.

§ 56
Abweichungsbefugnis

Die Länder können

1. für bestehende öffentliche Gebäude, mit Ausnahme der öffentlichen Gebäude des Bundes, eigene Regelungen zur Erfüllung der Vorbildfunktion nach § 4 treffen und zu diesem Zweck von den Vorschriften dieses Abschnitts abweichen und

2. für bestehende Gebäude, die keine öffentlichen Gebäude sind, eine Pflicht zur Nutzung von erneuerbaren Energien festlegen.

TEIL 4
Anlagen der Heizungs-, Kühl- und Raumlufttechnik sowie der Warmwasserversorgung

ABSCHNITT 1
Aufrechterhaltung der energetischen Qualität bestehender Anlagen

Unterabschnitt 1
Veränderungsverbot

§ 57
Verbot von Veränderungen; entgegenstehende Rechtsvorschriften

(1) Eine Anlage und Einrichtung der Heizungs-, Kühl- oder Raumlufttechnik oder der Warmwasserversorgung darf, soweit sie zum Nachweis der Anforderungen energieeinsparrechtlicher Vorschriften des Bundes zu berücksichtigen war, nicht in einer Weise verändert werden, dass die energetische Qualität des Gebäudes verschlechtert wird.

(2) Die Anforderungen an Anlagen und Einrichtungen nach diesem Teil sind nicht anzuwenden, soweit ihre Erfüllung anderen öffentlich-rechtlichen Vorschriften zur Standsicherheit, zum Brandschutz, zum Schallschutz, zum Arbeitsschutz oder zum Schutz der Gesundheit entgegensteht.

Unterabschnitt 2
Betreiberpflichten

§ 58
Betriebsbereitschaft

(1) Energiebedarfssenkende Einrichtungen in Anlagen und Einrichtungen der Heizungs-, Kühl- und Raumlufttechnik sowie der Warmwasserversorgung sind vom Betreiber betriebsbereit zu erhalten und bestimmungsgemäß zu nutzen.

(2) Der Betreiber kann seine Pflicht nach Absatz 1 auch dadurch erfüllen, dass er andere anlagentechnische oder bauliche Maßnahmen trifft, die den Einfluss einer energiebedarfssenkenden Einrichtung auf den Jahres-Primärenergiebedarf ausgleicht.

§ 59
Sachgerechte Bedienung

Eine Anlage und Einrichtung der Heizungs-, Kühl- oder Raumlufttechnik oder der Warmwasserversorgung ist vom Betreiber sachgerecht zu bedienen.

§ 60
Wartung und Instandhaltung

(1) Komponenten, die einen wesentlichen Einfluss auf den Wirkungsgrad von Anlagen und Einrichtungen der Heizungs-, Kühl- und Raumlufttechnik sowie der Warmwasserversorgung haben, sind vom Betreiber regelmäßig zu warten und instand zu halten.

(2) Für die Wartung und Instandhaltung ist Fachkunde erforderlich. Fachkundig ist, wer die zur Wartung und Instandhaltung notwendigen Fachkenntnisse und Fertigkeiten besitzt. Die Handwerksordnung bleibt unberührt.

ABSCHNITT 2
Einbau und Ersatz

Unterabschnitt 1
Verteilungseinrichtungen und Warmwasseranlagen

§ 61
Verringerung und Abschaltung der Wärmezufuhr sowie Ein- und Ausschaltung elektrischer Antriebe

(1) Wird eine Zentralheizung in ein Gebäude eingebaut, hat der Bauherr oder der Eigentümer dafür Sorge zu tragen, dass die Zentralheizung mit zentralen selbsttätig wirkenden Einrichtungen zur Verringerung und Abschaltung der Wärmezufuhr sowie zur Ein- und Ausschaltung elektrischer Antriebe ausgestattet ist. Die Regelung der Wärmezufuhr sowie der elektrischen Antriebe im Sinne von Satz 1 erfolgt in Abhängigkeit von

1. der Außentemperatur oder einer anderen geeigneten Führungsgröße und

2. der Zeit.

(2) Soweit die in Absatz 1 Satz 1 geforderte Ausstattung bei einer Zentralheizung in einem bestehenden Gebäude nicht vorhanden ist, muss der Eigentümer sie bis zum 30. September 2021 nachrüsten.

(3) Wird in einem Wohngebäude, das mehr als fünf Wohnungen hat, eine Zentralheizung eingebaut, die jede einzelne Wohnung mittels Wärmeübertrager im Durchlaufprinzip mit Wärme für die Beheizung und die Warmwasserbereitung aus dem zentralen System versorgt, kann jede einzelne Wohnung mit den Einrichtungen nach Absatz 1 ausgestattet werden.

§ 62
Wasserheizung, die ohne Wärmeübertrager an eine Nah- oder Fernwärmeversorgung angeschlossen ist

Bei einer Wasserheizung, die ohne Wärmeübertrager an eine Nah- oder Fernwärmeversorgung angeschlossen ist, kann die Pflicht nach § 61 hinsichtlich der Verringerung und Abschaltung der Wärmezufuhr auch ohne entsprechende Einrichtung in der Haus- und Kundenanlage dadurch erfüllt werden, dass die Vorlauftemperatur des Nah- oder Fernwärmenetzes in Abhängigkeit von der Außentemperatur und der Zeit durch eine entsprechende Einrichtung in der zentralen Erzeugungsanlage geregelt wird.

§ 63
Raumweise Regelung der Raumtemperatur

(1) Wird eine heizungstechnische Anlage mit Wasser als Wärmeträger in ein Gebäude eingebaut, hat der Bauherr oder der Eigentümer dafür Sorge zu tragen, dass die heizungstechnische Anlage mit einer selbsttätig wirkenden Einrichtung zur raumweisen Regelung der Raumtemperatur ausgestattet ist. Satz 1 ist nicht anzuwenden auf

1. eine Fußbodenheizung in Räumen mit weniger als sechs Quadratmetern Nutzfläche oder

2. ein Einzelheizgerät, das zum Betrieb mit festen oder flüssigen Brennstoffen eingerichtet ist.

(2) Mit Ausnahme von Wohngebäuden ist für Gruppen von Räumen gleicher Art und Nutzung eine Gruppenregelung zulässig.

(3) Soweit die in Absatz 1 Satz 1 geforderte Ausstattung bei einem bestehenden Gebäude nicht vorhanden ist, muss der Eigentümer sie nachrüsten. Absatz 1 Satz 2 und Absatz 2 sind entsprechend anzuwenden.

(4) Eine Fußbodenheizung, die vor dem 1. Februar 2002 eingebaut worden ist, darf abweichend von Absatz 1 Satz 1 mit einer Einrichtung zur raumweisen Anpassung der Wärmeleistung an die Heizlast ausgestattet werden.

§ 64
Umwälzpumpe, Zirkulationspumpe

(1) Eine Umwälzpumpe, die im Heizkreis einer Zentralheizung mit mehr als 25 Kilowatt Nennleistung eingebaut wird, ist so auszustatten, dass die elektrische Leistungsaufnahme dem betriebsbedingten Förderbedarf selbsttätig in mindestens drei Stufen angepasst wird, soweit die Betriebssicherheit des Heizkessels dem nicht entgegensteht.

(2) Eine Zirkulationspumpe muss beim Einbau in eine Warmwasseranlage mit einer selbsttätig wirkenden Einrichtung zur Ein- und Ausschaltung ausgestattet werden. Die Trinkwasserverordnung bleibt unberührt.

Unterabschnitt 2
Klimaanlagen und sonstige Anlagen der Raumlufttechnik

§ 65
Begrenzung der elektrischen Leistung

Beim Einbau einer Klimaanlage, die eine Nennleistung für den Kältebedarf von mehr als 12 Kilowatt hat, und einer raumlufttechnischen Anlage mit Zu- und Abluftfunktion, die für einen Volumenstrom der Zuluft von wenigstens 4 000 Kubikmetern je Stunde ausgelegt ist, in ein Gebäude sowie bei der Erneuerung von einem Zentralgerät oder Luftkanalsystem einer solchen Anlage muss diese Anlage so ausgeführt werden, dass bei Auslegungsvolumenstrom der Grenzwert für die spezifische Ventilatorleistung nach DIN EN 16798-3: 2017-11 Kategorie 4 nicht überschritten wird von

1. der auf das Fördervolumen bezogenen elektrischen Leistung der Einzelventilatoren oder
2. dem gewichteten Mittelwert der auf das jeweilige Fördervolumen bezogenen elektrischen Leistung aller Zu- und Abluftventilatoren.

Der Grenzwert für die spezifische Ventilatorleistung der Kategorie 4 kann um Zuschläge nach DIN EN 16798: 2017-11 Abschnitt 9.5.2.2 für Gas- und Schwebstofffilter sowie Wärmerückführungsbauteile der Klasse H2 nach DIN EN 13053: 2012-02 erweitert werden.

§ 66
Regelung der Be- und Entfeuchtung

(1) Soweit eine Anlage nach § 65 Satz 1 dazu bestimmt ist, die Feuchte der Raumluft unmittelbar zu verändern, muss diese Anlage

beim Einbau in ein Gebäude und bei Erneuerung des Zentralgerätes einer solcher Anlage mit einer selbsttätig wirkenden Regelungseinrichtung ausgestattet werden, bei der getrennte Sollwerte für die Be- und die Entfeuchtung eingestellt werden können und als Führungsgröße mindestens die direkt gemessene Zu- oder Abluftfeuchte dient.

(2) Sind solche Einrichtungen in einer bestehenden Anlage nach § 65 Satz 1 nicht vorhanden, muss der Betreiber sie innerhalb von sechs Monaten nach Ablauf der Frist des § 76 Absatz 1 Satz 2 nachrüsten. Für sonstige raumlufttechnische Anlagen ist Satz 1 entsprechend anzuwenden.

§ 67
Regelung der Volumenströme

(1) Beim Einbau einer Anlage nach § 65 Satz 1 in Gebäude und bei der Erneuerung eines Zentralgerätes oder eines Luftkanalsystems einer solcher Anlage muss diese Anlage mit einer Einrichtung zur selbsttätigen Regelung der Volumenströme in Abhängigkeit von den thermischen und stofflichen Lasten oder zur Einstellung der Volumenströme in Abhängigkeit von der Zeit ausgestattet werden, wenn der Zuluftvolumenstrom dieser Anlage höher ist als

1. neun Kubikmeter pro Stunde je Quadratmeter versorgter Nettogrundfläche des Nichtwohngebäudes oder

2. neun Kubikmeter pro Stunde je Quadratmeter versorgter Gebäudenutzfläche des Wohngebäudes.

(2) Absatz 1 ist nicht anzuwenden, soweit in den versorgten Räumen aufgrund des Arbeits- und Gesundheitsschutzes erhöhte Zuluftvolumenströme erforderlich oder Laständerungen weder messtechnisch noch hinsichtlich des zeitlichen Verlaufs erfassbar sind.

§ 68
Wärmerückgewinnung

Wird eine Anlage nach § 65 Satz 1 in Gebäude eingebaut oder ein Zentralgerät einer solchen Anlage erneuert, muss diese mit einer Einrichtung zur Wärmerückgewinnung ausgestattet sein, es sei denn, die rückgewonnene Wärme kann nicht genutzt werden oder das Zu- und das Abluftsystem sind räumlich vollständig getrennt. Die Einrichtung zur Wärmerückgewinnung muss mindestens der DIN EN 13053: 2007-11 Klassifizierung H3 entsprechen. Für die Betriebsstundenzahl sind die Nutzungsrandbedingungen nach DIN V 18599-10: 2018-09 und für den Luftvolumenstrom der Außenluftvolumenstrom maßgebend.

Unterabschnitt 3
Wärmedämmung von Rohrleitungen und Armaturen

§ 69
Wärmeverteilungs- und Warmwasserleitungen sowie Armaturen

Werden Wärmeverteilungs- und Warmwasserleitungen sowie Armaturen erstmalig in ein Gebäude eingebaut oder werden sie ersetzt, hat der Bauherr oder der Eigentümer dafür Sorge zu tragen, dass die Wärmeabgabe der Rohrleitungen und Armaturen nach Anlage 8 begrenzt wird.

§ 70
Kälteverteilungs- und Kaltwasserleitungen sowie Armaturen

Werden Kälteverteilungs- und Kaltwasserleitungen sowie Armaturen, die zu Klimaanlagen oder sonstigen Anlagen der Raumlufttechnik im Sinne des § 65 Satz 1 gehören, erstmalig in ein Gebäude eingebaut oder werden sie ersetzt, hat der Bauherr oder der Eigentümer dafür Sorge zu tragen, dass die Wärmeaufnahme der eingebauten oder ersetzten Kälteverteilungs- und Kaltwasserleitungen sowie Armaturen nach Anlage 8 begrenzt wird.

Unterabschnitt 4
Nachrüstung bei heizungstechnischen Anlagen; Betriebsverbot für Heizkessel

§ 71
Dämmung von Wärmeverteilungs- und Warmwasserleitungen

(1) Der Eigentümer eines Gebäudes hat dafür Sorge zu tragen, dass bei heizungstechnischen Anlagen bisher ungedämmte, zugängliche Wärmeverteilungs- und Warmwasserleitungen, die sich nicht in beheizten Räumen befinden, die Wärmeabgabe der Rohrleitungen nach Anlage 8 begrenzt wird.

(2) Absatz 1 ist nicht anzuwenden, soweit die für eine Nachrüstung erforderlichen Aufwendungen durch die eintretenden Einsparungen nicht innerhalb angemessener Frist erwirtschaftet werden können.

§ 72
Betriebsverbot für Heizkessel, Ölheizungen

(1) Eigentümer von Gebäuden dürfen ihre Heizkessel, die mit einem flüssigen oder gasförmigen Brennstoff beschickt werden und vor dem 1. Januar 1991 eingebaut oder aufgestellt worden sind, nicht mehr betreiben.

(2) Eigentümer von Gebäuden dürfen ihre Heizkessel, die mit einem flüssigen oder gasförmigen Brennstoff beschickt werden und ab dem 1. Januar 1991 eingebaut oder aufgestellt worden sind, nach Ablauf von 30 Jahren nach Einbau oder Aufstellung nicht mehr betreiben.

(3) Die Absätze 1 und 2 sind nicht anzuwenden auf

1. Niedertemperatur-Heizkessel und Brennwertkessel sowie

2. heizungstechnische Anlagen, deren Nennleistung weniger als 4 Kilowatt oder mehr als 400 Kilowatt beträgt.

(4) [1]Ab dem 1. Januar 2026 dürfen Heizkessel, die mit Heizöl oder mit festem fossilem Brennstoff beschickt werden, zum Zwecke der Inbetriebnahme in ein Gebäude nur eingebaut oder in einem Gebäude nur aufgestellt werden, wenn

1. ein Gebäude so errichtet worden ist oder errichtet wird, dass der Wärme- und Kälteenergiebedarf nach § 10 Absatz 2 Nummer 3 anteilig durch erneuerbare Energien nach Maßgabe der §§ 34 bis 41 und nicht durch Maßnahmen nach den §§ 42 bis 45 gedeckt wird,

2. ein bestehendes öffentliches Gebäude nach § 52 Absatz 1 so geändert worden ist oder geändert wird, dass der Wärme- und Kälteenergiebedarf anteilig durch erneuerbare Energien nach Maßgabe von § 52 Absatz 3 und 4 gedeckt wird und die Pflicht nach § 52 Absatz 1 nicht durch eine Ersatzmaßnahme nach § 53 erfüllt worden ist oder erfüllt wird,

3. ein bestehendes Gebäude so errichtet oder geändert worden ist oder geändert wird, dass der Wärme- und Kälteenergiebedarf anteilig durch erneuerbare Energien gedeckt wird, oder

4. bei einem bestehenden Gebäude kein Anschluss an ein Gasversorgungsnetz oder an ein Fernwärmeverteilungsnetz hergestellt werden kann, weil kein Gasversorgungsnetz der allgemeinen Versorgung oder kein Verteilungsnetz eines Fernwärmeversorgungsunternehmens am Grundstück anliegt und eine anteilige Deckung des Wärme- und Kälteenergiebedarfs durch erneuerbare Energien technisch nicht möglich ist oder zu einer unbilligen Härte führt.

[2]Die Pflichten nach § 10 Absatz 2 Nummer 3 und nach § 52 Absatz 1 bleiben unberührt.

(5) Absatz 4 Satz 1 ist nicht anzuwenden, wenn die Außerbetriebnahme einer mit Heizöl oder mit festem fossilem Brennstoff betriebenen Heizung und der Einbau einer neuen nicht mit Heizöl oder mit festem fossilem Brennstoff betriebenen Heizung im Einzelfall wegen besonderer Umstände durch einen unangemessenen Aufwand oder in sonstiger Weise zu einer unbilligen Härte führen.

§ 73
Ausnahme

(1) Bei einem Wohngebäude mit nicht mehr als zwei Wohnungen, von denen der Eigentümer eine Wohnung am 1. Februar 2002 selbst bewohnt hat, sind die Pflichten nach § 71 und § 72 Absatz 1 und 2 erst im Falle eines Eigentümerwechsels nach dem 1. Februar 2002 von dem neuen Eigentümer zu erfüllen.

(2) Die Frist zur Pflichterfüllung beträgt zwei Jahre ab dem ersten Eigentumsübergang nach dem 1. Februar 2002.

ABSCHNITT 3
Energetische Inspektion von Klimaanlagen

§ 74
Betreiberpflicht

(1) Der Betreiber von einer in ein Gebäude eingebauten Klimaanlage mit einer Nennleistung für den Kältebedarf von mehr als 12 Kilowatt oder einer kombinierten Klima- und Lüftungsanlage mit einer Nennleistung für den Kältebedarf von mehr als 12 Kilowatt hat innerhalb der in § 76 genannten Zeiträume energetische Inspektionen dieser Anlage durch eine berechtigte Person im Sinne des § 77 Absatz 1 durchführen zu lassen.

(2) Der Betreiber kann die Pflicht nach Absatz 1 Satz 1 durch eine stichprobenweise Inspektion nach Maßgabe von § 75 Absatz 4 erfüllen, wenn er mehr als zehn Klimaanlagen mit einer Nennleistung für den Kältebedarf von mehr als 12 Kilowatt und bis zu 70 Kilowatt oder mehr als zehn kombinierte Klima- und Lüftungsanlagen mit einer Nennleistung für den Kältebedarf von mehr als 12 Kilowatt und bis zu 70 Kilowatt betreibt, die in vergleichbare Nichtwohngebäude eingebaut und nach Anlagentyp und Leistung gleichartig sind. Ein

Nichtwohngebäude ist vergleichbar, wenn es nach demselben Plan errichtet wird, der für mehrere Nichtwohngebäude an verschiedenen Standorten erstellt wurde. Nach Anlagentyp und Leistung gleichartige Klimaanlagen oder kombinierte Klima- und Lüftungsanlagen sind Anlagen gleicher Bauart, gleicher Funktion und gleicher Kühlleistung je Quadratmeter Nettogrundfläche.

(3) Die Pflicht nach Absatz 1 besteht nicht, wenn eine Klimaanlage oder eine kombinierte Klima- und Lüftungsanlage in ein Nichtwohngebäude eingebaut ist, das mit einem System für die Gebäudeautomation und Gebäuderegelung nach Maßgabe von Satz 2 ausgestattet ist. Das System muss in der Lage sein,

1. den Energieverbrauch des Gebäudes kontinuierlich zu überwachen, zu protokollieren, zu analysieren und dessen Anpassung zu ermöglichen,

2. einen Vergleichsmaßstab in Bezug auf die Energieeffizienz des Gebäudes aufzustellen, Effizienzverluste der vorhandenen gebäudetechnischen Systeme zu erkennen und die für die gebäudetechnischen Einrichtungen oder die gebäudetechnische Verwaltung zuständige Person zu informieren und

3. die Kommunikation zwischen den vorhandenen, miteinander verbundenen gebäudetechnischen Systemen und anderen gebäudetechnischen Anwendungen innerhalb des Gebäudes zu ermöglichen und gemeinsam mit verschiedenen Typen gebäudetechnischer Systeme betrieben zu werden.

(4) Die Pflicht nach Absatz 1 besteht nicht, wenn eine Klimaanlage oder eine kombinierte Klima- und Lüftungsanlage in ein Wohngebäude eingebaut ist, das ausgestattet ist mit

1. einer kontinuierlichen elektronischen Überwachungsfunktion, die die Effizienz der vorhandenen gebäudetechnischen Systeme misst und den Eigentümer oder Verwalter des Gebäudes darüber informiert, wenn sich die Effizienz erheblich verschlechtert hat und eine Wartung der vorhandenen gebäudetechnischen Systeme erforderlich ist, und

2. einer wirksamen Regelungsfunktion zur Gewährleistung einer optimalen Erzeugung, Verteilung, Speicherung oder Nutzung von Energie.

§ 75
Durchführung und Umfang der Inspektion

(1) Die Inspektion einer Klimaanlage oder einer kombinierten Klima- und Lüftungsanlage umfasst Maßnahmen zur Prüfung der Komponenten, die den Wirkungsgrad der Anlage beeinflussen, und der Anlagendimensionierung im Verhältnis zum Kühlbedarf des Gebäudes.

(2) Die Inspektion bezieht sich insbesondere auf

1. die Überprüfung und Bewertung der Einflüsse, die für die Auslegung der Anlage verantwortlich sind, insbesondere Veränderungen der Raumnutzung und -belegung, der Nutzungszeiten, der inneren Wärmequellen sowie der relevanten bauphysikalischen Eigenschaften des Gebäudes und der vom Betreiber geforderten Sollwerte hinsichtlich Luftmengen, Temperatur, Feuchte, Betriebszeit sowie Toleranzen, und

2. die Feststellung der Effizienz der wesentlichen Komponenten.

(3) Die Inspektion einer Klimaanlage mit einer Nennleistung für den Kältebedarf von mehr als 70 Kilowatt oder einer kombinierten Klima- und Lüftungsanlage mit einer Nennleistung für den Kältebedarf von mehr als 70 Kilowatt ist nach DIN SPEC 15240: 2019-03 durchzuführen.

(4) In den Fällen des § 74 Absatz 2 ist bei einem Betrieb von bis zu 200 Klimaanlagen jede zehnte Anlage und bei einem Betrieb von mehr als 200 Klimaanlagen jede 20. Anlage einer Inspektion nach Maßgabe der Absätze 1 bis 3 zu unterziehen.

§ 76
Zeitpunkt der Inspektion

(1) Die Inspektion ist erstmals im zehnten Jahr nach der Inbetriebnahme oder der Erneuerung wesentlicher Bauteile wie Wärmeübertrager, Ventilator oder Kältemaschine durchzuführen. Abweichend von Satz 1 ist eine Klimaanlage oder eine kombinierte Klima- und Lüftungsanlage, die am 1. Oktober 2018 mehr als zehn Jahre alt war und noch keiner Inspektion unterzogen wurde, spätestens bis zum 31. Dezember 2022 erstmals einer Inspektion zu unterziehen.

(2) Nach der erstmaligen Inspektion ist die Anlage wiederkehrend spätestens alle zehn Jahre einer Inspektion zu unterziehen. Wenn an der Klimaanlage oder der kombinierten Klima- und Lüftungsanlage nach der erstmaligen Inspektion oder nach einer wiederkehrenden

Inspektion keine Änderungen vorgenommen wurden oder in Bezug auf den Kühlbedarf des Gebäudes keine Änderungen eingetreten sind, muss die Prüfung der Anlagendimensionierung nicht wiederholt werden.

§ 77
Fachkunde des Inspektionspersonals

(1) Eine Inspektion darf nur von einer fachkundigen Person durchgeführt werden.

(2) Fachkundig ist insbesondere

1. eine Person mit einem berufsqualifizierenden Hochschulabschluss in einer der Fachrichtungen Versorgungstechnik oder Technische Gebäudeausrüstung mit mindestens einem Jahr Berufserfahrung in Planung, Bau, Betrieb oder Prüfung raumlufttechnischer Anlagen,

2. eine Person mit einem berufsqualifizierenden Hochschulabschluss in einer der Fachrichtungen Maschinenbau, Elektrotechnik, Verfahrenstechnik oder Bauingenieurwesen oder einer anderen technischen Fachrichtung mit einem Ausbildungsschwerpunkt bei der Versorgungstechnik oder der Technischen Gebäudeausrüstung mit mindestens drei Jahren Berufserfahrung in Planung, Bau, Betrieb oder Prüfung raumlufttechnischer Anlagen,

3. eine Person, die für ein zulassungspflichtiges anlagentechnisches Gewerbe die Voraussetzungen zur Eintragung in die Handwerksrolle erfüllt,

4. eine Person, die für ein zulassungsfreies Handwerk in einem der Bereiche nach Nummer 3 einen Meistertitel erworben hat,

5. eine Person, die aufgrund ihrer Ausbildung berechtigt ist, ein zulassungspflichtiges Handwerk in einem der Bereiche nach Nummer 3 ohne Meistertitel selbstständig auszuüben,

6. eine Person, die staatlich anerkannter oder geprüfter Techniker ist, dessen Ausbildungsschwerpunkt auch die Beurteilung von Lüftungs- und Klimaanlagen umfasst.

(3) Eine gleichwertige Aus- oder Fortbildung, die in einem anderen Mitgliedstaat der Europäischen Union, einem anderen Vertragsstaat des Abkommens über den Europäischen Wirtschaftsraum oder der Schweiz erworben worden ist und durch einen entsprechenden Nachweis belegt werden kann, ist den in Absatz 2 genannten Aus- und Fortbildungen gleichgestellt.

§ 78
Inspektionsbericht; Registriernummern

(1) Die inspizierende Person hat einen Inspektionsbericht mit den Ergebnissen der Inspektion und Ratschlägen in Form von kurz gefassten fachlichen Hinweisen für Maßnahmen zur kosteneffizienten Verbesserung der energetischen Eigenschaften der Anlage, für deren Austausch oder für Alternativlösungen zu erstellen.

(2) Die inspizierende Person hat den Inspektionsbericht unter Angabe ihres Namens, ihrer Anschrift und Berufsbezeichnung sowie des Datums der Inspektion und des Ausstellungsdatums eigenhändig zu unterschreiben oder mit einem Faksimile der Unterschrift zu versehen. Der Inspektionsbericht ist dem Betreiber zu übergeben.

(3) Vor Übergabe des Inspektionsberichts an den Betreiber hat die inspizierende Person die nach § 98 Absatz 2 zugeteilte Registriernummer einzutragen.

(4) Zur Sicherstellung des Vollzugs der Inspektionspflicht nach § 74 Absatz 1 hat der Betreiber den Inspektionsbericht der nach Landesrecht zuständigen Behörde auf Verlangen vorzulegen.

TEIL 5
Energieausweise

§ 79
Grundsätze des Energieausweises

(1) Energieausweise dienen ausschließlich der Information über die energetischen Eigenschaften eines Gebäudes und sollen einen überschlägigen Vergleich von Gebäuden ermöglichen. Ein Energieausweis ist als Energiebedarfsausweis oder als Energieverbrauchsausweis nach Maßgabe der §§ 80 bis 86 auszustellen. Es ist zulässig, sowohl den Energiebedarf als auch den Energieverbrauch anzugeben.

(2) Ein Energieausweis wird für ein Gebäude ausgestellt. Er ist für Teile von einem Gebäude auszustellen, wenn die Gebäudeteile nach § 106 getrennt zu behandeln sind.

(3) Ein Energieausweis ist für eine Gültigkeitsdauer von zehn Jahren auszustellen. Unabhängig davon verliert er seine Gültigkeit, wenn nach § 80 Absatz 2 ein neuer Energieausweis erforderlich wird.

(4) Auf ein kleines Gebäude sind die Vorschriften dieses Abschnitts nicht anzuwenden. Auf ein Baudenkmal ist § 80 Absatz 3 bis 7 nicht anzuwenden.

§ 80
Ausstellung und Verwendung von Energieausweisen

(1) Wird ein Gebäude errichtet, ist ein Energiebedarfsausweis unter Zugrundelegung der energetischen Eigenschaften des fertiggestellten Gebäudes auszustellen. Der Eigentümer hat sicherzustellen, dass der Energieausweis unverzüglich nach Fertigstellung des Gebäudes ausgestellt und ihm der Energieausweis oder eine Kopie hiervon übergeben wird. Die Sätze 1 und 2 sind für den Bauherren entsprechend anzuwenden, wenn der Eigentümer nicht zugleich Bauherr des Gebäudes ist. Der Eigentümer hat den Energieausweis der nach Landesrecht zuständigen Behörde auf Verlangen vorzulegen.

(2) Werden bei einem bestehenden Gebäude Änderungen im Sinne des § 48 ausgeführt, ist ein Energiebedarfsausweis unter Zugrundelegung der energetischen Eigenschaften des geänderten Gebäudes auszustellen, wenn unter Anwendung des § 50 Absatz 1 und 2 für das gesamte Gebäude Berechnungen nach § 50 Absatz 3 durchgeführt werden. Absatz 1 Satz 2 bis 4 ist entsprechend anzuwenden.

(3) Soll ein mit einem Gebäude bebautes Grundstück oder Wohnungs- oder Teileigentum verkauft, ein Erbbaurecht an einem bebauten Grundstück begründet oder übertragen oder ein Gebäude, eine Wohnung oder eine sonstige selbstständige Nutzungseinheit vermietet, verpachtet oder verleast werden, ist ein Energieausweis auszustellen, wenn nicht bereits ein gültiger Energieausweis für das Gebäude vorliegt. In den Fällen des Satzes 1 ist für Wohngebäude, die weniger als fünf Wohnungen haben und für die der Bauantrag vor dem 1. November 1977 gestellt worden ist, ein Energiebedarfsausweis auszustellen. Satz 2 ist nicht anzuwenden, wenn das Wohngebäude

1. schon bei der Baufertigstellung das Anforderungsniveau der Wärmeschutzverordnung vom 11. August 1977 (BGBl. I S. 1554) erfüllt hat oder

2. durch spätere Änderungen mindestens auf das in Nummer 1 bezeichnete Anforderungsniveau gebracht worden ist.

Bei der Ermittlung der energetischen Eigenschaften des Wohngebäudes nach Satz 3 können die Bestimmungen über die vereinfachte Datenerhebung nach § 50 Absatz 4 angewendet werden.

(4) Im Falle eines Verkaufs oder der Bestellung eines Rechts im Sinne des Absatzes 3 Satz 1 hat der Verkäufer oder der Immobilienmakler dem potenziellen Käufer spätestens bei der Besichtigung einen Energieausweis oder eine Kopie hiervon vorzulegen. Die Vorlagepflicht wird auch durch einen deutlich sichtbaren Aushang oder ein deutlich sichtbares Auslegen während der Besichtigung erfüllt. Findet keine Besichtigung statt, haben der Verkäufer oder der Immobilienmakler den Energieausweis oder eine Kopie hiervon dem potenziellen Käufer unverzüglich vorzulegen. Der Energieausweis oder eine Kopie hiervon ist spätestens dann unverzüglich vorzulegen, wenn der potenzielle Käufer zur Vorlage auffordert. Unverzüglich nach Abschluss des Kaufvertrages hat der Verkäufer oder der Immobilienmakler dem Käufer den Energieausweis oder eine Kopie hiervon zu übergeben. Im Falle des Verkaufs eines Wohngebäudes mit nicht mehr als zwei Wohnungen hat der Käufer nach Übergabe des Energieausweises ein informatorisches Beratungsgespräch zum Energieausweis mit einer nach § 88 zur Ausstellung von Energieausweisen berechtigten Person zu führen, wenn ein solches Beratungsgespräch als einzelne Leistung unentgeltlich angeboten wird.

(5) Im Falle einer Vermietung, Verpachtung oder eines Leasings im Sinne des Absatzes 3 Satz 1 ist für den Vermieter, den Verpächter, den Leasinggeber oder den Immobilienmakler Absatz 4 Satz 1 bis 5 entsprechend anzuwenden.

(6) Der Eigentümer eines Gebäudes, in dem sich mehr als 250 Quadratmeter Nutzfläche mit starkem Publikumsverkehr befinden, der auf behördlicher Nutzung beruht, hat sicherzustellen, dass für das Gebäude ein Energieausweis ausgestellt wird. Der Eigentümer hat den nach Satz 1 ausgestellten Energieausweis an einer für die Öffentlichkeit gut sichtbaren Stelle auszuhängen. Wird die in Satz 1 genannte Nutzfläche nicht oder nicht überwiegend vom Eigentümer selbst genutzt, so trifft die Pflicht zum Aushang des Energieausweises den Nutzer. Der Eigentümer hat ihm zu diesem Zweck den Energieausweis oder eine Kopie hiervon zu übergeben. Zur Erfüllung der Pflicht nach Satz 2 ist es ausreichend, von einem Energieausweis nur einen Auszug nach dem Muster gemäß § 85 Absatz 8 auszuhängen.

(7) Der Eigentümer eines Gebäudes, in dem sich mehr als 500 Quadratmeter Nutzfläche mit starkem Publikumsverkehr befinden, der nicht auf behördlicher Nutzung beruht, hat einen Energieausweis an einer für die Öffentlichkeit gut sichtbaren Stelle auszuhängen, sobald für das Gebäude ein Energieausweis vorliegt. Absatz 6 Satz 3 bis 5 ist entsprechend anzuwenden.

§ 81
Energiebedarfsausweis

(1) Wird ein Energieausweis für ein zu errichtendes Gebäude auf der Grundlage des berechneten Energiebedarfs ausgestellt, sind die Ergebnisse der nach den §§ 15 und 16 oder nach den §§ 18 und 19 erforderlichen Berechnungen zugrunde zu legen. In den Fällen des § 31 Absatz 1 sind die Kennwerte zu verwenden, die in den Bekanntmachungen nach § 31 Absatz 2 der jeweils zutreffenden Ausstattungsvariante zugewiesen sind.

(2) Wird ein Energieausweis für ein bestehendes Gebäude auf der Grundlage des berechneten Energiebedarfs ausgestellt, ist auf die erforderlichen Berechnungen § 50 Absatz 3 und 4 entsprechend anzuwenden.

§ 82
Energieverbrauchsausweis

(1) Wird ein Energieausweis auf der Grundlage des erfassten Endenergieverbrauchs ausgestellt, sind der witterungsbereinigte Endenergie- und Primärenergieverbrauch nach Maßgabe der Absätze 2 bis 5 zu berechnen. Die Bestimmungen des § 50 Absatz 4 über die vereinfachte Datenerhebung sind entsprechend anzuwenden.

(2) Bei einem Wohngebäude ist der Endenergieverbrauch für Heizung und Warmwasserbereitung zu ermitteln und in Kilowattstunden pro Jahr und Quadratmeter Gebäudenutzfläche anzugeben. Ist im Fall dezentraler Warmwasserbereitung in einem Wohngebäude der hierauf entfallende Verbrauch nicht bekannt, ist der Endenergieverbrauch um eine Pauschale von 20 Kilowattstunden pro Jahr und Quadratmeter Gebäudenutzfläche zu erhöhen. Im Fall der Kühlung von Raumluft in einem Wohngebäude ist der für Heizung und Warmwasser ermittelte Endenergieverbrauch um eine Pauschale von 6 Kilowattstunden pro Jahr und Quadratmeter gekühlter Gebäudenutzfläche zu erhöhen. Ist die Gebäudenutzfläche nicht bekannt, kann sie bei Wohngebäuden mit bis zu zwei Wohneinheiten mit beheiztem Keller pauschal mit dem 1,35fachen Wert der Wohnfläche, bei sonstigen Wohngebäuden mit dem 1,2fachen Wert der Wohnfläche angesetzt werden. Bei Nichtwohngebäuden ist der Endenergieverbrauch für Heizung, Warmwasserbereitung, Kühlung, Lüftung und eingebaute Beleuchtung zu ermitteln und in Kilowattstunden pro Jahr und Quadratmeter Nettogrundfläche anzugeben.

(3) Der Endenergieverbrauch für die Heizung ist einer Witterungsbereinigung zu unterziehen. Der Primärenergieverbrauch wird auf der Grundlage des Endenergieverbrauchs und der Primärenergiefaktoren nach § 22 errechnet.

(4) Zur Ermittlung des Energieverbrauchs sind die folgenden Verbrauchsdaten zu verwenden:

1. Verbrauchsdaten aus Abrechnungen von Heizkosten nach der Verordnung über Heizkostenabrechnung in der Fassung der Bekanntmachung vom 5. Oktober 2009 (BGBl. I S. 3250) für das gesamte Gebäude,

2. andere geeignete Verbrauchsdaten, insbesondere Abrechnungen von Energielieferanten oder sachgerecht durchgeführte Verbrauchsmessungen, oder

3. eine Kombination von Verbrauchsdaten nach den Nummern 1 und 2.

Den zu verwendenden Verbrauchsdaten sind mindestens die Abrechnungen aus einem zusammenhängenden Zeitraum von 36 Monaten zugrunde zu legen, der die jüngste Abrechnungsperiode einschließt, deren Ende nicht mehr als 18 Monate zurückliegen darf. Bei der Ermittlung nach Satz 2 sind längere Leerstände rechnerisch angemessen zu berücksichtigen. Der maßgebliche Energieverbrauch ist der durchschnittliche Verbrauch in dem zugrunde gelegten Zeitraum.

(5) Für die Witterungsbereinigung des Endenergieverbrauchs und die angemessene rechnerische Berücksichtigung längerer Leerstände sowie die Berechnung des Primärenergieverbrauchs auf der Grundlage des ermittelten Endenergieverbrauchs ist ein den anerkannten Regeln der Technik entsprechendes Verfahren anzuwenden. Die Einhaltung der anerkannten Regeln der Technik wird vermutet, soweit bei der Ermittlung des Energieverbrauchs Vereinfachungen verwendet werden, die vom Bundesministerium für Wirtschaft und Energie und vom Bundesministerium des Innern, für Bau und Heimat im Bundesanzeiger gemeinsam bekannt gemacht worden sind.

§ 83
Ermittlung und Bereitstellung von Daten

(1) Der Aussteller ermittelt die Daten, die in den Fällen des § 80 Absatz 3 Satz 3 benötigt werden, sowie die Daten, die nach § 81 Absatz 1 und 2 in Verbindung mit den §§ 20 bis 33 und § 50 oder nach § 82 Absatz 1, 2 Satz 1 oder Satz 5 und Absatz 4 Satz 1 Grundlage für die Ausstellung des Energieausweises sind, selbst oder verwendet die entsprechenden vom Eigentümer des Gebäudes bereitgestellten Daten. Der Aussteller hat dafür Sorge zu tragen, dass die von ihm ermittelten Daten richtig sind.

(2) Wird ein Energiebedarfsausweis ausgestellt und stellt der Aussteller keine eigenen Berechnungen, die nach den §§ 15 und 16, nach den §§ 18 und 19 oder nach § 50 Absatz 3 erforderlich sind, an, hat er die Berechnungen einzusehen oder sich vom Eigentümer zur Verfügung stellen zu lassen. Wird ein Energieverbrauchsausweis ausgestellt und stellt der Aussteller keine eigenen Berechnungen nach § 82 Absatz 1 an, hat er die Berechnungen einzusehen oder sich vom Eigentümer zur Verfügung stellen zu lassen.

(3) Stellt der Eigentümer des Gebäudes die Daten bereit, hat er dafür Sorge zu tragen, dass die Daten richtig sind. Der Aussteller muss die vom Eigentümer bereitgestellten Daten sorgfältig prüfen und darf die Daten seinen Berechnungen nicht zugrunde legen, wenn Zweifel an deren Richtigkeit bestehen.

§ 84
Empfehlungen für die Verbesserung der Energieeffizienz

(1) Der Aussteller hat ein bestehendes Gebäude, für das er einen Energieausweis erstellt, vor Ort zu begehen oder sich für eine Beurteilung der energetischen Eigenschaften geeignete Bildaufnahmen des Gebäudes zur Verfügung stellen zu lassen und im Energieausweis Empfehlungen für Maßnahmen zur kosteneffizienten Verbesserung der energetischen Eigenschaften des Gebäudes (Energieeffizienz) in Form von kurz gefassten fachlichen Hinweisen zu geben (Modernisierungsempfehlungen), es sei denn, die fachliche Beurteilung hat ergeben, dass solche Maßnahmen nicht möglich sind. Die Modernisierungsempfehlungen beziehen sich auf Maßnahmen am gesamten Gebäude, an einzelnen Außenbauteilen sowie an Anlagen und Einrichtungen im Sinne dieses Gesetzes.

(2) Die Bestimmungen des § 50 Absatz 4 über die vereinfachte Datenerhebung sind entsprechend anzuwenden. Sind Modernisierungsempfehlungen nicht möglich, hat der Aussteller dies im Energieausweis zu vermerken.

§ 85
Angaben im Energieausweis

(1) Ein Energieausweis muss mindestens folgende Angaben zur Ausweisart und zum Gebäude enthalten:

1. Fassung dieses Gesetzes, auf deren Grundlage der Energieausweis erstellt wird,

2. Energiebedarfsausweis im Sinne des § 81 oder Energieverbrauchsausweis im Sinne des § 82 mit Hinweisen zu den Aussagen der jeweiligen Ausweisart über die energetische Qualität des Gebäudes,

3. Ablaufdatum des Energieausweises,

4. Registriernummer,

5. Anschrift des Gebäudes,

6. Art des Gebäudes: Wohngebäude oder Nichtwohngebäude,

7. bei einem Wohngebäude: Gebäudetyp,

8. bei einem Nichtwohngebäude: Hauptnutzung oder Gebäudekategorie,

9. im Falle des § 79 Absatz 2 Satz 2: Gebäudeteil,

10. Baujahr des Gebäudes,

11. Baujahr des Wärmeerzeugers; bei einer Fern- oder Nahwärmeversorgung: Baujahr der Übergabestation,

12. bei einem Wohngebäude: Anzahl der Wohnungen und Gebäudenutzfläche; bei Ermittlung der Gebäudenutzfläche aus der Wohnfläche gemäß § 82 Absatz 2 Satz 4 ist darauf hinzuweisen,

13. bei einem Nichtwohngebäude: Nettogrundfläche,

14. wesentliche Energieträger für Heizung und Warmwasser,

15. bei Neubauten: Art der genutzten erneuerbaren Energie, deren Anteil an der Deckung des Wärme- und Kälteenergiebedarfs sowie der Anteil zur Pflichterfüllung; alternativ: Maßnahmen nach den §§ 42, 43, 44 oder 45,

16. Art der Lüftung und, falls vorhanden, Art der Kühlung,

17. inspektionspflichtige Klimaanlagen oder kombinierte Lüftungs- und Klimaanlage im Sinne des § 74 und Fälligkeitsdatum der nächsten Inspektion,

18. der Anlass der Ausstellung des Energieausweises,

19. Durchführung der Datenerhebung durch Eigentümer oder Aussteller,

20. Name, Anschrift und Berufsbezeichnung des Ausstellers, Ausstellungsdatum und Unterschrift des Ausstellers.

(2) Ein Energiebedarfsausweis im Sinne des § 81 muss zusätzlich zu den Angaben nach Absatz 1 mindestens folgende Angaben enthalten:

1. bei Neubau eines Wohn- oder Nichtwohngebäudes: Ergebnisse der nach § 81 Absatz 1 Satz 1 erforderlichen Berechnungen, einschließlich der Anforderungswerte, oder im Fall des § 81 Absatz 1 Satz 2 die in der Bekanntmachung nach § 31 Absatz 2 genannten Kennwerte und nach Maßgabe von Absatz 6 die sich aus dem Jahres-

Primärenergiebedarf ergebenden Treibhausgasemissionen, ausgewiesen als äquivalente Kohlendioxidemissionen, in Kilogramm pro Jahr und Quadratmeter der Gebäudenutzfläche bei Wohngebäuden oder der Nettogrundfläche bei Nichtwohngebäuden,

2. in den Fällen des §80 Absatz 2 bei bestehenden Wohn- oder Nichtwohngebäuden: Ergebnisse der nach §81 Absatz 2 erforderlichen Berechnungen, einschließlich der Anforderungswerte, und nach Maßgabe von Absatz 6 die sich aus dem Jahres-Primärenergiebedarf ergebenden Treibhausgasemissionen, ausgewiesen als äquivalente Kohlendioxidemissionen, in Kilogramm pro Jahr und Quadratmeter der Gebäudenutzfläche bei Wohngebäuden oder der Nettogrundfläche bei Nichtwohngebäuden,

3. bei Neubau eines Wohn- oder Nichtwohngebäudes: Einhaltung des sommerlichen Wärmeschutzes,

4. das für die Energiebedarfsrechnung verwendete Verfahren:

    a) Verfahren nach den §§20, 21,

    b) Modellgebäudeverfahren nach §31,

    c) Verfahren nach §32 oder

    d) Vereinfachungen nach §50 Absatz 4,

5. bei einem Wohngebäude: der Endenergiebedarf für Wärme,

6. bei einem Wohngebäude: Vergleichswerte für Endenergie,

7. bei einem Nichtwohngebäude: der Endenergiebedarf für Wärme und der Endenergiebedarf für Strom,

8. bei einem Nichtwohngebäude: Gebäudezonen mit jeweiliger Nettogrundfläche und deren Anteil an der gesamten Nettogrundfläche,

9. bei einem Nichtwohngebäude: Aufteilung des jährlichen Endenergiebedarfs auf Heizung, Warmwasser, eingebaute Beleuchtung, Lüftung, Kühlung einschließlich Befeuchtung.

(3) Ein Energieverbrauchsausweis im Sinne des §82 muss zusätzlich zu den Angaben nach Absatz 1 mindestens folgende Angaben enthalten:

1. bei einem Wohngebäude: Endenergie- und Primärenergieverbrauch des Gebäudes für Heizung und Warmwasser entsprechend den Berechnungen nach §82 Absatz 1, 2 Satz 1 und Absatz 3 in Kilowattstunden pro Jahr und Quadratmeter Gebäudenutzfläche und nach Maßgabe von Absatz 6 die sich aus dem Primärenergieverbrauch ergebenden Treibhausgasemissionen, ausgewiesen als äquivalente Kohlendioxidemissionen, in Kilogramm pro Jahr und Quadratmeter Gebäudenutzfläche,

2. bei einem Nichtwohngebäude: Endenergieverbrauch des Gebäudes für Wärme und Endenergieverbrauch für den zur Heizung, Warmwasserbereitung, Kühlung und zur Lüftung und für die eingebaute Beleuchtung eingesetzten Strom sowie Primärenergieverbrauch entsprechend den Berechnungen nach § 82 Absatz 1, 2 Satz 5 und Absatz 3 in Kilowattstunden pro Jahr und Quadratmeter Nettogrundfläche und nach Maßgabe von Absatz 6 die sich aus dem Primärenergieverbrauch ergebenden Treibhausgasemissionen, ausgewiesen als äquivalente Kohlendioxidemissionen, in Kilogramm pro Jahr und Quadratmeter Nettogrundfläche des Gebäudes,

3. Daten zur Verbrauchserfassung, einschließlich Angaben zu Leerständen,

4. bei einem Nichtwohngebäude: Gebäudenutzung,

5. bei einem Wohngebäude: Vergleichswerte für Endenergie,

6. bei einem Nichtwohngebäude: Vergleichswerte für den Energieverbrauch, die jeweils vom Bundesministerium für Wirtschaft und Energie gemeinsam mit dem Bundesministerium des Innern, für Bau und Heimat im Bundesanzeiger bekannt gemacht worden sind.

(4) Modernisierungsempfehlungen nach § 84 sind Bestandteil der Energieausweise.

(5) Ein Energieausweis ist vom Aussteller unter Angabe seines Namens, seiner Anschrift und Berufsbezeichnung sowie des Ausstellungsdatums eigenhändig oder durch Nachbildung der Unterschrift zu unterschreiben.

(6) Zur Ermittlung der Treibhausgasemissionen für die nach Absatz 2 Nummer 1 und 2 sowie nach Absatz 3 Nummer 1 und 2 zu machenden Angaben sind die Berechnungsregelungen und Emissionsfaktoren der Anlage 9 anzuwenden.

(7) Vor Übergabe des neu ausgestellten Energieausweises an den Eigentümer hat der Aussteller die nach § 98 Absatz 2 zugeteilte Registriernummer einzutragen.

(8) Das Bundesministerium für Wirtschaft und Energie erstellt gemeinsam mit dem Bundesministerium des Innern, für Bau und Heimat Muster zu den Energiebedarfs- und den Energieverbrauchsausweisen, nach denen Energieausweise auszustellen sind, sowie Muster für den Aushang von Energieausweisen nach § 80 Absatz 6 und 7 und macht diese im Bundesanzeiger bekannt.

§ 86
Energieeffizienzklasse eines Wohngebäudes

(1) Im Energieausweis ist die Energieeffizienzklasse des Wohngebäudes entsprechend der Einteilung nach Absatz 2 in Verbindung mit Anlage 10 anzugeben.

(2) Die Energieeffizienzklassen gemäß Anlage 10 ergeben sich unmittelbar aus dem Endenergieverbrauch oder Endenergiebedarf.

§ 87
Pflichtangaben in einer Immobilienanzeige

(1) Wird vor dem Verkauf, der Vermietung, der Verpachtung oder dem Leasing eines Gebäudes, einer Wohnung oder einer sonstigen selbstständigen Nutzungseinheit eine Immobilienanzeige in kommerziellen Medien aufgegeben und liegt zu diesem Zeitpunkt ein Energieausweis vor, so hat der Verkäufer, der Vermieter, der Verpächter, der Leasinggeber oder der Immobilienmakler, wenn eine dieser Personen die Veröffentlichung der Immobilienanzeige verantwortet, sicherzustellen, dass die Immobilienanzeige folgende Pflichtangaben enthält:

1. die Art des Energieausweises: Energiebedarfsausweis im Sinne von § 81 oder Energieverbrauchsausweis im Sinne von § 82,

2. den im Energieausweis genannten Wert des Endenergiebedarfs oder des Endenergieverbrauchs für das Gebäude,

3. die im Energieausweis genannten wesentlichen Energieträger für die Heizung des Gebäudes,

4. bei einem Wohngebäude das im Energieausweis genannte Baujahr und

5. bei einem Wohngebäude die im Energieausweis genannte Energieeffizienzklasse.

(2) Bei einem Nichtwohngebäude ist bei einem Energiebedarfsausweis und bei einem Energieverbrauchsausweis als Pflichtangabe nach Absatz 1 Nummer 2 der Endenergiebedarf oder Endenergieverbrauch sowohl für Wärme als auch für Strom jeweils getrennt aufzuführen.

(3) Bei Energieausweisen, die nach dem 30. September 2007 und vor dem 1. Mai 2014 ausgestellt worden sind, und bei Energieausweisen nach § 112 Absatz 2 sind die Pflichten der Absätze 1 und 2 nach Maßgabe des § 112 Absatz 3 und 4 zu erfüllen.

§ 88
Ausstellungsberechtigung für Energieausweise

(1) Zur Ausstellung eines Energieausweises ist nur eine Person berechtigt,

1. die nach bauordnungsrechtlichen Vorschriften der Länder zur Unterzeichnung von bautechnischen Nachweisen des Wärmeschutzes oder der Energieeinsparung bei der Errichtung von Gebäuden berechtigt ist, im Rahmen der jeweiligen Nachweisberechtigung,

2. die eine der in Absatz 2 genannten Voraussetzungen erfüllt und einen berufsqualifizierenden Hochschulabschluss erworben hat

   a) in einer der Fachrichtungen Architektur, Innenarchitektur, Hochbau, Bauingenieurwesen, Technische Gebäudeausrüstung, Physik, Bauphysik, Maschinenbau oder Elektrotechnik oder

   b) in einer anderen technischen oder naturwissenschaftlichen Fachrichtung mit einem Ausbildungsschwerpunkt auf einem unter Buchstabe a genannten Gebiet,

3. die eine der in Absatz 2 genannten Voraussetzungen erfüllt und

   a) für ein zulassungspflichtiges Bau-, Ausbau- oder anlagentechnisches Gewerbe oder für das Schornsteinfegerhandwerk die Voraussetzungen zur Eintragung in die Handwerksrolle erfüllt,

   b) für ein zulassungsfreies Handwerk in einem der Bereiche nach Buchstabe a einen Meistertitel erworben hat oder

   c) aufgrund ihrer Ausbildung berechtigt ist, ein zulassungspflichtiges Handwerk in einem der Bereiche nach Buchstabe a ohne Meistertitel selbstständig auszuüben, oder

4. die eine der in Absatz 2 genannten Voraussetzungen erfüllt und staatlich anerkannter oder geprüfter Techniker ist, dessen Ausbildungsschwerpunkt auch die Beurteilung der Gebäudehülle, die Beurteilung von Heizungs- und Warmwasserbereitungsanlagen oder die Beurteilung von Lüftungs- und Klimaanlagen umfasst.

(2) Voraussetzung für die Ausstellungsberechtigung nach Absatz 1 Nummer 2 bis 4 ist

1. während des Studiums ein Ausbildungsschwerpunkt im Bereich des energiesparenden Bauens oder nach einem Studium ohne einen solchen Schwerpunkt eine mindestens zweijährige Berufserfahrung in wesentlichen bau- oder anlagentechnischen Tätigkeitsbereichen des Hochbaus,

2. eine erfolgreiche Schulung im Bereich des energiesparenden Bauens, die den wesentlichen Inhalten der Anlage 11 entspricht, oder

3. eine öffentliche Bestellung als vereidigter Sachverständiger für ein Sachgebiet im Bereich des energiesparenden Bauens oder in wesentlichen bau- oder anlagentechnischen Tätigkeitsbereichen des Hochbaus.

(3) Wurde der Inhalt der Schulung nach Absatz 2 Nummer 2 auf Wohngebäude beschränkt, so ist der erfolgreiche Teilnehmer der Schulung nur berechtigt, Energieausweise für Wohngebäude auszustellen.

(4) § 77 Absatz 3 ist auf Aus- oder Fortbildungen im Sinne des Absatzes 1 Nummer 2 bis 4 entsprechend anzuwenden.

TEIL 6
Finanzielle Förderung der Nutzung erneuerbarer Energien für die Erzeugung von Wärme oder Kälte und von Energieeffizienzmaßnahmen

§ 89
Fördermittel

Die Nutzung erneuerbarer Energien für die Erzeugung von Wärme oder Kälte, die Errichtung besonders energieeffizienter und die Verbesserung der Energieeffizienz bestehender Gebäude können durch den Bund nach Maßgabe des Bundeshaushaltes gefördert werden. Gefördert werden können

1. Maßnahmen zur Nutzung erneuerbarer Energien für die Erzeugung von Wärme oder Kälte in bereits bestehenden Gebäuden nach Maßgabe des § 90,

2. Maßnahmen zur Nutzung erneuerbarer Energien für die Erzeugung von Wärme oder Kälte in neu zu errichtenden Gebäuden nach Maßgabe des § 90, wenn die Vorgaben des § 91 eingehalten werden,

3. Maßnahmen zur Errichtung besonders energieeffizienter Gebäude, wenn mit der geförderten Maßnahme die Anforderungen nach den §§ 15 und 16 sowie nach den §§ 18 und 19 übererfüllt werden, und

4. Maßnahmen zur Verbesserung der Energieeffizienz bei der Sanierung bestehender Gebäude, wenn mit der geförderten Maßnahme die Anforderungen nach den §§ 47 und 48 sowie § 50 und nach den §§ 61 bis 73 übererfüllt werden.

Einzelheiten werden insbesondere durch Verwaltungsvorschriften des Bundesministeriums für Wirtschaft und Energie im Einvernehmen mit dem Bundesministerium der Finanzen geregelt.

§ 90
Geförderte Maßnahmen zur Nutzung erneuerbarer Energien

(1) Gefördert werden können Maßnahmen im Zusammenhang mit der Nutzung erneuerbarer Energien zur Bereitstellung von Wärme oder Kälte, insbesondere die Errichtung oder Erweiterung von

1. solarthermischen Anlagen,

2. Anlagen zur Nutzung von Biomasse,

3. Anlagen zur Nutzung von Geothermie und Umweltwärme sowie

4. Wärmenetzen, Speichern und Übergabestationen für Wärmenutzer, wenn sie auch aus Anlagen nach den Nummern 1 bis 3 gespeist werden.

(2) Vorbehaltlich weitergehender Anforderungen an die Förderung in den Regelungen nach § 89 Satz 3 ist

1. eine solarthermische Anlage mit Flüssigkeiten als Wärmeträger nur förderfähig, wenn die darin enthaltenen Kollektoren oder das System mit dem europäischen Prüfzeichen „Solar Keymark" zertifiziert sind oder ist,

2. eine Anlage zur Nutzung von fester Biomasse nur förderfähig, wenn der Umwandlungswirkungsgrad mindestens folgende Werte erreicht:

   a) 89 Prozent bei einer Anlage zur Heizung oder Warmwasserbereitung, die der Erfüllung der Anforderung nach § 10 Absatz 2 Nummer 3 oder der Pflicht nach § 52 Absatz 1 dient,

   b) 70 Prozent bei einer Anlage, die nicht der Heizung oder Warmwasserbereitung dient,

3. eine Wärmepumpe zur Nutzung von Geothermie, Umweltwärme oder Abwärme nur förderfähig, wenn sie die Anforderungen der Richtlinie 2009/28/EG erfüllt.

Die Zertifizierung von einer solarthermischen Anlage mit dem europäischen Prüfzeichen „Solar Keymark" muss nach den anerkannten Regeln der Technik erfolgen. Der Umwandlungswirkungsgrad eines Biomassekessels ist der nach DIN EN 303-5: 2012-10 ermittelte Kesselwirkungsgrad, der Umwandlungswirkungsgrad eines Biomasseofens der nach DIN EN 14785: 2006-09 ermittelte feuerungstechnische Wirkungsgrad und in den übrigen Fällen des Satzes 1 Nummer 2 der nach den anerkannten Regeln der Technik berechnete Wirkungsgrad.

§ 91
Verhältnis zu den Anforderungen an ein Gebäude

(1) Maßnahmen können nicht gefördert werden, soweit sie der Erfüllung der Anforderungen nach § 10 Absatz 2, der Pflicht nach § 52 Absatz 1 oder einer landesrechtlichen Pflicht nach § 56 dienen.

(2) Absatz 1 ist nicht bei den folgenden Maßnahmen anzuwenden:

1. die Errichtung eines Wohngebäudes, bei dem

   a) der Jahres-Primärenergiebedarf für Heizung, Warmwasserbereitung, Lüftung und Kühlung das 0,55fache des auf die Gebäudenutzfläche bezogenen Wertes des Jahres-Primärenergiebedarfs eines Referenzgebäudes, das die gleiche Geometrie, Gebäudenutzfläche und Ausrichtung wie das zu errichtende Gebäude aufweist und der technischen Referenzausführung der Anlage 1 entspricht, nicht überschreitet und

   b) der Höchstwert des spezifischen, auf die wärmeübertragende Umfassungsfläche bezogenen Transmissionswärmeverlustes das 0,7fache des entsprechenden Wertes des jeweiligen Referenzgebäudes nach § 15 Absatz 1 nicht überschreitet,

2. die Errichtung eines Nichtwohngebäudes, bei dem

   a) der Jahres-Primärenergiebedarf für Heizung, Warmwasserbereitung, Lüftung, Kühlung und eingebaute Beleuchtung das 0,7fache des auf die Nettogrundfläche bezogenen Wertes des Jahres-Primärenergiebedarfs eines Referenzgebäudes, das die gleiche Geometrie, Nettogrundfläche, Ausrichtung und Nutzung, einschließlich der Anordnung der Nutzungseinheiten, wie das zu errichtende Gebäude aufweist und der technischen Referenzausführung der Anlage 2 entspricht, nicht überschreitet und

   b) die Höchstwerte der mittleren Wärmedurchgangskoeffizienten der wärmeübertragenden Umfassungsfläche der Anlage 3 unterschritten werden,

3. Maßnahmen, die technische oder sonstige Anforderungen erfüllen, die

   a) im Falle des § 10 Absatz 2 Nummer 3 anspruchsvoller als die Anforderungen nach den §§ 35 bis 41 oder

   b) im Falle des § 56 anspruchsvoller als die Anforderungen nach der landesrechtlichen Pflicht sind,

4. Maßnahmen, die den Wärme- und Kälteenergiebedarf zu einem Anteil decken, der

a) im Falle des § 10 Absatz 2 Nummer 3 oder des § 52 Absatz 1 um 50 Prozent höher als der Mindestanteil nach den §§ 35 bis 41 oder dem § 52 Absatz 3 und 4 ist oder

b) im Falle des § 56 höher als der landesrechtlich vorgeschriebene Mindestanteil ist,

5. Maßnahmen, die mit weiteren Maßnahmen zur Steigerung der Energieeffizienz verbunden werden,

6. Maßnahmen zur Nutzung solarthermischer Anlagen auch für die Heizung eines Gebäudes und

7. Maßnahmen zur Nutzung von Tiefengeothermie.

(3) Die Förderung kann in den Fällen des Absatzes 2 auf die Gesamtmaßnahme bezogen werden.

(4) Einzelheiten werden in den Regelungen nach § 89 Satz 3 geregelt.

(5) Fördermaßnahmen durch das Land oder durch ein Kreditinstitut, an dem der Bund oder das Land beteiligt sind, bleiben unberührt.

TEIL 7
Vollzug

§ 92
Erfüllungserklärung

(1) Für ein zu errichtendes Gebäude hat der Bauherr oder Eigentümer der nach Landesrecht zuständigen Behörde durch eine Erfüllungserklärung nachzuweisen oder zu bescheinigen, dass die Anforderungen dieses Gesetzes eingehalten werden. Die Erfüllungserklärung ist nach Fertigstellung des Gebäudes vorzulegen, soweit das Landesrecht nicht einen anderen Zeitpunkt der Vorlage bestimmt. Das Landesrecht bestimmt, wer zur Ausstellung der Erfüllungserklärung berechtigt ist.

(2) Werden bei einem bestehenden Gebäude Änderungen im Sinne des § 48 Satz 1 ausgeführt, hat der Eigentümer der nach Landesrecht zuständigen Behörde eine Erfüllungserklärung unter Zugrundelegung der energetischen Eigenschaften des geänderten Gebäudes abzugeben, wenn unter Anwendung des § 50 Absatz 1 und 2 für das gesamte Gebäude Berechnungen nach § 50 Absatz 3 durchgeführt werden. Die Pflicht nach Satz 1 besteht auch in den Fällen des § 51. Absatz 1 Satz 2 und 3 ist entsprechend anzuwenden.

§ 93
Pflichtangaben in der Erfüllungserklärung

In der Erfüllungserklärung sind für das gesamte Gebäude oder, soweit die Berechnungen für unterschiedliche Zonen zu erfolgen haben, stattdessen für jede Zone, unter Beachtung der sich aus diesem Gesetz ergebenden Berechnungsvorgaben, technischen Anforderungen und Randbedingungen die zur Überprüfung erforderlichen Angaben zu machen. Erforderliche Berechnungen sind beizufügen. Das Landesrecht bestimmt den näheren Umfang der Nachweispflicht.

§ 94
Verordnungsermächtigung

Die Landesregierungen werden ermächtigt, durch Rechtsverordnung das Verfahren zur Erfüllungserklärung, die Berechtigung zur Ausstellung der Erfüllungserklärung, die Pflichtangaben in der Erfüllungserklärung und die vorzulegenden Nachweise zu regeln, einen von § 92 Absatz 1 Satz 2 abweichenden Zeitpunkt für die Vorlage der Erfüllungserklärung zu bestimmen und weitere Bestimmungen zum Vollzug der Anforderungen und Pflichten dieses Gesetzes zu treffen. Die Landesregierungen werden ferner ermächtigt, durch Rechtsverordnung zu bestimmen, dass Aufgaben des Vollzugs dieses Gesetzes abweichend von § 92 Absatz 1 Satz 1 und Absatz 2 Satz 1 einer geeigneten Stelle, einer Fachvereinigung oder einem Sachverständigen übertragen werden. Die Landesregierungen können die Ermächtigungen nach den Sätzen 1 und 2 durch Rechtsverordnung auf andere Behörden übertragen.

§ 95
Behördliche Befugnisse

Die zuständige Behörde kann im Einzelfall die zur Erfüllung der Verpflichtungen aus diesem Gesetz erforderlichen Anordnungen treffen. Dritte, die für den Bauherren oder Eigentümer an der Planung, Errichtung oder Änderung von Gebäuden oder technischen Anlagen eines Gebäudes beteiligt sind, haben Anordnungen der Behörde, die sich auch an sie richten, unmittelbar zu befolgen.

§ 96
Private Nachweise

(1) Wer geschäftsmäßig an oder in einem bestehenden Gebäude Arbeiten durchführt, hat dem Eigentümer unverzüglich nach

Abschluss der Arbeiten in folgenden Fällen schriftlich zu bestätigen, dass die von ihm geänderten oder eingebauten Bau- oder Anlagenteile den Anforderungen der in den Nummern 1 bis 8 genannten Vorschriften entsprechen (Unternehmererklärung):

1. Änderung von Außenbauteilen im Sinne von § 48,

2. Dämmung oberster Geschossdecken im Sinne von § 47 Absatz 1, auch in Verbindung mit Absatz 3,

3. Einbau von Zentralheizungen nach den §§ 61 bis 63,

4. Ausstattung von Zentralheizungen mit Regelungseinrichtungen nach den §§ 61 bis 63,

5. Einbau von Umwälzpumpen in Zentralheizungen und Zirkulationspumpen in Warmwasseranlagen nach § 64,

6. erstmaliger Einbau, Ersatz oder Wärmedämmung von Wärmeverteilungs- und Warmwasserleitungen nach den §§ 69 und 71 oder von Kälteverteilungs- und Kaltwasserleitungen in Klimaanlagen oder sonstigen Anlagen der Raumlufttechnik nach § 70,

7. Einbau von Klima- und raumlufttechnischen Anlagen oder Zentralgeräten und Luftkanalsystemen solcher Anlagen nach den §§ 65 bis 68 oder

8. Ausrüstung von Anlagen nach Nummer 7 mit Einrichtung zur Feuchteregelung nach § 66.

(2) Zum Zwecke des Nachweises der Erfüllung der Pflichten aus den in Absatz 1 genannten Vorschriften ist die Unternehmererklärung von dem Eigentümer mindestens zehn Jahre aufzubewahren. Der Eigentümer hat die Unternehmererklärung der nach Landesrecht zuständigen Behörde auf Verlangen vorzulegen.

(3) In einer Unternehmererklärung nach Absatz 1 ist zusätzlich anzugeben:

1. im Falle von Arbeiten nach Absatz 1 Nummer 3 die Aufwandszahl der Zentralheizung für die Bereitstellung von Raumwärme und, soweit die Zentralheizung mit einer zentralen Warmwasserbereitung verbunden ist, auch die Aufwandszahl für die Warmwasserbereitung,

2. im Falle von Arbeiten nach Absatz 1 Nummer 7 der gewichtete Mittelwert der auf das jeweilige Fördervolumen bezogenen elektrischen Leistung aller Zu- und Abluftventilatoren sowie der Wärmerückgewinnungsgrad, soweit Anforderungen nach § 68 einzuhalten sind.

Die nach Satz 1 anzugebenden Eigenschaften können nach anerkannten technischen Regeln berechnet werden oder aus Herstellerangaben auf der Grundlage solcher Regeln bestimmt werden; alternativ dürfen Angaben aus Bekanntmachungen nach §50 Absatz 4 verwendet werden. Die jeweilige Grundlage nach Satz 2 ist ebenfalls in der Unternehmererklärung anzugeben.

(4) Wer Gebäude geschäftsmäßig mit fester, gasförmiger oder flüssiger Biomasse zum Zweck der Erfüllung von Anforderungen nach diesem Gesetz beliefert, muss dem Eigentümer des Gebäudes mit der Abrechnung bestätigen, dass

1. im Falle der Nutzung von Biomethan die Anforderungen nach §40 Absatz 3 erfüllt sind,

2. im Falle der Nutzung von biogenem Flüssiggas die Anforderungen nach §40 Absatz 4 erfüllt sind,

3. im Falle der Nutzung von flüssiger Biomasse nach §39 die Brennstoffe die Anforderungen an einen nachhaltigen Anbau und eine nachhaltige Herstellung nach der Biomassestrom-Nachhaltigkeitsverordnung in der jeweils geltenden Fassung erfüllen oder

4. es sich im Falle der Nutzung von fester Biomasse nach §38 um Brennstoffe nach §3 Absatz 1 Nummer 4, 5, 5a oder 8 der Verordnung über kleine und mittlere Feuerungsanlagen handelt.

(5) Mit den Bestätigungen nach Absatz 4 wird die Erfüllung der Pflichten aus den Vorschriften nach den §§38 bis 40 nachgewiesen. In den Fällen des Absatzes 4 Nummer 1 bis 3 sind die Abrechnungen und Bestätigungen in den ersten 15 Jahren nach Inbetriebnahme der Heizungsanlage von dem Eigentümer jeweils mindestens fünf Jahre nach Lieferung aufzubewahren. Der Eigentümer hat die Abrechnungen und Bestätigungen der nach Landesrecht zuständigen Behörde auf Verlangen vorzulegen.

(6) Kommt bei der Ermittlung des Jahres-Primärenergiebedarfs eines zu errichtenden Gebäudes §22 Absatz 1 Satz 1 Nummer 2 oder Nummer 3 zur Anwendung, muss sich der Eigentümer vom Lieferanten bei Vertragsabschluss bescheinigen lassen, dass

1. die vereinbarte Biomethanlieferung die Anforderungen nach §22 Absatz 1 Satz 1 Nummer 2 Buchstabe c und d erfüllt oder

2. die vereinbarte Lieferung von biogenem Flüssiggas die Anforderungen nach §22 Absatz 1 Satz 1 Nummer 3 Buchstabe c in der gesamten Laufzeit des Liefervertrags erfüllt.

Die Bescheinigung ist der zuständigen Behörde innerhalb von einem Monat nach Fertigstellung des Gebäudes vorzulegen. Die Pflicht nach Satz 2 besteht auch, wenn der Eigentümer den Lieferanten wechselt. Die Abrechnungen der Lieferung von Biomethan oder von biogenem Flüssiggas müssen die Bestätigung des Lieferanten enthalten, dass im Fall der Lieferung von Biomethan die Anforderungen nach § 22 Absatz 1 Satz 1 Nummer 2 Buchstabe c und d oder im Fall der Lieferung von biogenem Flüssiggas die Anforderungen nach § 22 Absatz 1 Satz 1 Nummer 3 Buchstabe c im Abrechnungszeitraum erfüllt worden sind. Die Abrechnungen sind vom Eigentümer mindestens fünf Jahre ab dem Zeitpunkt der Lieferung aufzubewahren.

§ 97
Aufgaben des bevollmächtigten Bezirksschornsteinfegers

(1) Bei einer heizungstechnischen Anlage prüft der bevollmächtigte Bezirksschornsteinfeger als Beliehener im Rahmen der Feuerstättenschau nach § 14 des Schornsteinfeger-Handwerksgesetzes vom 26. November 2008 (BGBl. I S. 2242), das zuletzt durch Artikel 57 Absatz 7 des Gesetzes vom 12. Dezember 2019 (BGBl. I S. 2652) geändert worden ist, ob

1. ein Heizkessel, der nach § 72 Absatz 1 bis 3, auch in Verbindung mit § 73, außer Betrieb genommen werden musste, weiterhin betrieben wird,

2. Wärmeverteilungs- und Warmwasserleitungen, die nach § 71, auch in Verbindung mit § 73, gedämmt werden mussten, weiterhin ungedämmt sind und

3. ein mit Heizöl beschickter Heizkessel entgegen § 72 Absatz 4 und 5 eingebaut ist.

(2) Bei einer heizungstechnischen Anlage, die in ein bestehendes Gebäude eingebaut wird, prüft der bevollmächtigte Bezirksschornsteinfeger im Rahmen der bauordnungsrechtlichen Abnahme der Anlage oder, wenn eine solche Abnahme nicht vorgesehen ist, als Beliehener im Rahmen der ersten Feuerstättenschau nach dem Einbau außerdem, ob

1. die Anforderungen nach § 57 Absatz 1 erfüllt sind,

2. eine Zentralheizung mit einer zentralen selbsttätig wirkenden Einrichtung zur Verringerung und Abschaltung der Wärmezufuhr sowie zur Ein- und Ausschaltung elektrischer Antriebe nach § 61 Absatz 1 ausgestattet ist,

3. eine Umwälzpumpe in einer Zentralheizung mit einer Vorrichtung zur selbsttätigen Anpassung der elektrischen Leistungsaufnahme nach § 64 Absatz 1 ausgestattet ist und

4. bei Wärmeverteilungs- und Warmwasserleitungen sowie Armaturen die Wärmeabgabe nach § 69 begrenzt ist.

(3) Der bevollmächtigte Bezirksschornsteinfeger weist den Eigentümer bei Nichterfüllung der Pflichten oder bei Nichtbeachtung eines Verbots aus den in den Absätzen 1 und 2 genannten Vorschriften schriftlich auf diese Pflichten oder Verbote hin und setzt eine angemessene Frist zu deren Nacherfüllung oder zur Beseitigung eines verbotswidrigen Zustands. Werden die Pflichten nicht innerhalb der festgesetzten Frist erfüllt oder wird ein verbotswidriger Zustand nicht beseitigt, unterrichtet der bevollmächtigte Bezirksschornsteinfeger unverzüglich die nach Landesrecht zuständige Behörde.

(4) Bei einer Zentralheizung, die in einem bestehenden Gebäude vorhanden ist, prüft der bevollmächtigte Bezirksschornsteinfeger als Beliehener im Rahmen der Feuerstättenschau, ob der Eigentümer zur Nachrüstung nach § 61 Absatz 2 verpflichtet ist und diese Pflicht erfüllt wurde. Bei Nichterfüllung der Pflicht unterrichtet der bevollmächtigte Bezirksschornsteinfeger unverzüglich die nach Landesrecht zuständige Behörde.

(5) Die Erfüllung der Pflichten aus den in den Absätzen 1, 2 und 4 genannten Vorschriften kann durch Vorlage der Unternehmererklärungen gegenüber dem bevollmächtigten Bezirksschornsteinfeger nachgewiesen werden. Es bedarf dann keiner weiteren Prüfung durch den bevollmächtigten Bezirksschornsteinfeger.

§ 98
Registriernummer

(1) Wer einen Inspektionsbericht nach § 78 oder einen Energieausweis nach § 79 ausstellt, hat für diesen Bericht oder für diesen Energieausweis bei der Registrierstelle eine Registriernummer zu beantragen. Der Antrag ist grundsätzlich elektronisch zu stellen. Eine Antragstellung in Papierform ist zulässig, soweit die elektronische Antragstellung für den Antragsteller eine unbillige Härte bedeuten würde. Bei der Antragstellung sind Name und Anschrift der nach Satz 1 antragstellenden Person, das Land und die Postleitzahl der Belegenheit des Gebäudes, das Ausstellungsdatum des Inspektionsberichts oder des Energieausweises anzugeben sowie

1. in den Fällen des § 78 die Nennleistung der inspizierten Klimaanlage oder der kombinierten Klima- und Lüftungsanlage,

2. in den Fällen des § 79

   a) die Art des Energieausweises: Energiebedarfs- oder Energieverbrauchsausweis und

   b) die Art des Gebäudes: Wohn- oder Nichtwohngebäude, Neubau oder bestehendes Gebäude.

(2) Die Registrierstelle teilt dem Antragsteller für jeden neu ausgestellten Inspektionsbericht oder Energieausweis eine Registriernummer zu. Die Registriernummer ist unverzüglich nach Antragstellung zu erteilen.

§ 99
Stichprobenkontrollen von Energieausweisen und Inspektionsberichten über Klimaanlagen

(1) Die zuständige Behörde (Kontrollstelle) unterzieht Inspektionsberichte über Klimaanlagen oder über kombinierte Klima- und Lüftungsanlagen nach § 78 und Energieausweise nach § 79 nach Maßgabe der folgenden Absätze einer Stichprobenkontrolle.

(2) Die Stichproben müssen jeweils einen statistisch signifikanten Prozentanteil aller in einem Kalenderjahr neu ausgestellten Energieausweise und neu ausgestellten Inspektionsberichte über Klimaanlagen erfassen. Die Stichprobenkontrolle von Energieausweisen, die nach dem Inkrafttreten des Gesetzes bis zum 31. Juli 2021 ausgestellt werden und auf die die Vorschriften dieses Gesetzes anzuwenden sind, kann nach dem 31. Juli 2021 durchgeführt werden.

(3) Die Kontrollstelle kann bei der Registrierstelle Registriernummern und dort vorliegende Angaben nach § 98 Absatz 1 zu neu ausgestellten Energieausweisen und Inspektionsberichten über im jeweiligen Land belegene Gebäude und Klimaanlagen verarbeiten, soweit dies für die Vorbereitung der Durchführung der Stichprobenkontrollen erforderlich ist. Nach dem Abschluss der Stichprobenkontrolle hat die Kontrollstelle die Daten nach Satz 1 jedenfalls im Einzelfall unverzüglich zu löschen. Kommt es aufgrund der Stichprobenkontrolle zur Einleitung eines Bußgeldverfahrens gegen den Ausweisaussteller nach § 108 Absatz 1 Nummer 15, 17 oder 21 oder gegen die inspizierende Person nach § 108 Absatz 1 Nummer 11 oder 21, so sind abweichend von Satz 2 die Daten nach Satz 1, soweit diese im Rahmen des Bußgeldverfahrens erforderlich sind, erst nach dessen rechtskräftigem Abschluss unverzüglich zu löschen.

(4) Die gezogene Stichprobe von Energieausweisen wird von der Kontrollstelle auf der Grundlage der nachstehenden Optionen oder gleichwertiger Maßnahmen überprüft:

1. Validitätsprüfung der Eingabe-Gebäudedaten, die zur Ausstellung des Energieausweises verwendet wurden, und der im Energieausweis angegebenen Ergebnisse,

2. Prüfung der Eingabe-Gebäudedaten und Überprüfung der im Energieausweis angegebenen Ergebnisse einschließlich der abgegebenen Modernisierungsempfehlungen,

3. vollständige Prüfung der Eingabe-Gebäudedaten, die zur Ausstellung des Energieausweises verwendet wurden, vollständige Überprüfung der im Energieausweis angegebenen Ergebnisse einschließlich der abgegebenen Modernisierungsempfehlungen und, falls dies insbesondere aufgrund des Einverständnisses des Eigentümers des Gebäudes möglich ist, Inaugenscheinnahme des Gebäudes zur Prüfung der Übereinstimmung zwischen den im Energieausweis angegebenen Spezifikationen mit dem Gebäude, für das der Energieausweis erstellt wurde.

Wird im Rahmen der Stichprobe ein Energieausweis gezogen, der bereits auf der Grundlage von Landesrecht einer zumindest gleichwertigen Überprüfung unterzogen wurde, und ist die Überprüfung einer der Optionen nach Satz 1 gleichwertig, findet insofern keine erneute Überprüfung statt.

(5) Aussteller von Energieausweisen sind verpflichtet, Kopien der von ihnen ausgestellten Energieausweise und der zu deren Ausstellung verwendeten Daten und Unterlagen zwei Jahre ab dem Ausstellungsdatum des jeweiligen Energieausweises aufzubewahren, um die Durchführung von Stichprobenkontrollen und Bußgeldverfahren zu ermöglichen.

(6) Die Kontrollstelle kann zur Durchführung der Überprüfung nach Absatz 4 Satz 1 in Verbindung mit Absatz 1 vom jeweiligen Aussteller die Übermittlung einer Kopie des Energieausweises und die zu dessen Ausstellung verwendeten Daten und Unterlagen verlangen. Der Aussteller ist verpflichtet, dem Verlangen der Kontrollbehörde zu entsprechen. Der Energieausweis sowie die Daten und Unterlagen sind der Kontrollstelle grundsätzlich in elektronischer Form zu übermitteln. Die Kontrollstelle darf hierfür ein Datenformat vorgeben. Eine Übermittlung in Papierform ist zulässig, soweit die elektronische Übermittlung für den Antragsteller eine unbillige Härte bedeuten würde. Angaben zum Eigentümer und zur Adresse des Gebäudes

darf die Kontrollstelle nur verlangen, soweit dies zur Durchführung der Überprüfung im Einzelfall erforderlich ist. Werden die in Satz 6 genannten Angaben von der Kontrollstelle nicht verlangt, hat der Aussteller Angaben zum Eigentümer und zur Adresse des Gebäudes in der Kopie des Energieausweises sowie in den zu dessen Ausstellung verwendeten Daten und Unterlagen vor der Übermittlung unkenntlich zu machen. Im Fall der Übermittlung von Angaben nach Satz 6 in Verbindung mit Satz 2 hat der Aussteller des Energieausweises den Eigentümer des Gebäudes hierüber unverzüglich zu informieren.

(7) Die vom Aussteller nach Absatz 6 übermittelten Kopien von Energieausweisen, Daten und Unterlagen dürfen, soweit sie personenbezogene Daten enthalten, von der Kontrollstelle nur für die Durchführung der Stichprobenkontrollen und hieraus resultierender Bußgeldverfahren gegen den Ausweisaussteller nach § 108 Absatz 2 Nummer 15, 17 oder 21 verarbeitet werden, soweit dies im Einzelfall jeweils erforderlich ist. Die in Satz 1 genannten Kopien, Daten und Unterlagen dürfen nur so lange gespeichert oder aufbewahrt werden, wie dies zur Durchführung der Stichprobenkontrollen und der Bußgeldverfahren im Einzelfall erforderlich ist. Sie sind nach Durchführung der Stichprobenkontrollen und bei Einleitung von Bußgeldverfahren nach deren rechtskräftigem Abschluss jeweils im Einzelfall unverzüglich zu löschen oder zu vernichten. Im Übrigen bleiben die Verordnung (EU) 2016/679, das Bundesdatenschutzgesetz und die Datenschutzgesetze der Länder in der jeweils geltenden Fassung unberührt.

(8) Die Absätze 5 bis 7 sind auf die Durchführung der Stichprobenkontrolle von Inspektionsberichten über Klimaanlagen entsprechend anzuwenden.

§ 100
Nicht personenbezogene Auswertung von Daten

(1) Die Kontrollstelle kann den nicht personenbezogenen Anteil der Daten, die sie im Rahmen des § 99 Absatz 3 Satz 1, Absatz 4, 6 Satz 1 bis 5 und Absatz 8 verarbeitet hat, unbefristet zur Verbesserung der Erfüllung von Aufgaben der Energieeinsparung auswerten.

(2) Die Auswertung kann sich bei Energieausweisen insbesondere auf folgende Merkmale beziehen:

1. Art des Energieausweises: Energiebedarfs- oder Energieverbrauchsausweis,

2. Anlass der Ausstellung des Energieausweises nach § 80 Absatz 1 bis 6,

3. Art des Gebäudes: Wohn- oder Nichtwohngebäude, Neubau oder bestehendes Gebäude,

4. Gebäudeeigenschaften, wie die Eigenschaften der wärmeübertragenden Umfassungsfläche und die Art der heizungs-, kühl- und raumlufttechnischen Anlagentechnik sowie der Warmwasserversorgung, bei Nichtwohngebäuden auch die Art der Nutzung und die Zonierung,

5. Werte des Endenergiebedarfs oder -verbrauchs sowie des Primärenergiebedarfs oder -verbrauchs für das Gebäude,

6. wesentliche Energieträger für Heizung und Warmwasser,

7. Einsatz erneuerbarer Energien und

8. Land und Landkreis der Belegenheit des Gebäudes ohne Angabe des Ortes, der Straße und der Hausnummer.

(3) Die Auswertung kann sich bei Inspektionsberichten über Klimaanlagen insbesondere auf folgende Merkmale beziehen:

1. Nennleistung der inspizierten Klimaanlage,

2. Art des Gebäudes: Wohn- oder Nichtwohngebäude und

3. Land und Landkreis der Belegenheit des Gebäudes, ohne Angabe des Ortes, der Straße und der Hausnummer.

§ 101
Verordnungsermächtigung; Erfahrungsberichte der Länder

(1) Die Landesregierungen werden ermächtigt, zu den in § 78 und in den §§ 98 bis 100 getroffenen Regelungen zur Erfassung und Kontrolle von Inspektionsberichten und Energieausweisen sowie zur nicht personenbezogenen Auswertung der hierbei erhobenen und gespeicherten Daten durch Rechtsverordnung Regelungen zu erlassen

1. zur Art der Durchführung der Erfassung und Kontrolle von Inspektionsberichten und Energieausweisen sowie zur nicht personenbezogenen Auswertung der hierbei erhobenen und gespeicherten Daten, die über die Vorgaben der in § 78 und in den §§ 98 bis 100 getroffenen Regelungen hinausgehen, sowie

2. zum Verfahren, die auch von den in § 78 und in den §§ 98 bis 100 getroffenen Regelungen abweichen können.

(2) Die Landesregierungen werden ermächtigt, durch Rechtsverordnung die Übertragung von Aufgaben zur Erfassung und Kontrolle

von Inspektionsberichten und Energieausweisen sowie zur nicht personenbezogenen Auswertung der hierbei erhobenen und gespeicherten Daten, die in § 78 und in den §§ 98 bis 100 und in einer Rechtsverordnung nach Absatz 1 geregelt sind, auf folgende Stellen zu regeln:

1. auf bestehende Behörden in den Ländern, auch auf bestehende Körperschaften oder Anstalten des öffentlichen Rechts, die der Aufsicht des jeweiligen Landes unterstehen, oder

2. auf Fachvereinigungen oder Sachverständige (Beleihung).

Bei der Übertragung im Wege der Beleihung können die Landesregierungen in der Rechtsverordnung nach Satz 1 Nummer 2 auch die Voraussetzungen und das Verfahren der Beleihung regeln; dabei muss sichergestellt werden, dass die Aufgaben von der beliehenen Stelle entsprechend den in § 78 und in den §§ 98 bis 100 getroffenen Regelungen und der Rechtsverordnung nach Absatz 1 wahrgenommen werden. Beliehene unterstehen der Aufsicht der jeweils zuständigen Behörde.

(3) Die Landesregierungen können die Ermächtigungen nach den Absätzen 1 und 2 Satz 1 und 2 durch Rechtsverordnung auf andere Behörden übertragen.

(4) Die Länder berichten der Bundesregierung erstmals zum 1. März 2024, danach alle drei Jahre, über die wesentlichen Erfahrungen mit den Stichprobenkontrollen nach § 99. Die Berichte dürfen keine personenbezogenen Daten enthalten.

§ 102
Befreiungen

(1) Die nach Landesrecht zuständigen Behörden haben auf Antrag des Eigentümers oder Bauherren von den Anforderungen dieses Gesetzes zu befreien, soweit

1. die Ziele dieses Gesetzes durch andere als in diesem Gesetz vorgesehene Maßnahmen im gleichen Umfang erreicht werden oder

2. die Anforderungen im Einzelfall wegen besonderer Umstände durch einen unangemessenen Aufwand oder in sonstiger Weise zu einer unbilligen Härte führen.

Eine unbillige Härte liegt insbesondere vor, wenn die erforderlichen Aufwendungen innerhalb der üblichen Nutzungsdauer, bei Anforderungen an bestehende Gebäude innerhalb angemessener Frist durch die eintretenden Einsparungen nicht erwirtschaftet werden können.

(2) Absatz 1 ist auf die Vorschriften von Teil 5 nicht anzuwenden.

(3) Die Erfüllung der Voraussetzungen nach Absatz 1 Satz 1 Nummer 1 hat der Eigentümer oder der Bauherr darzulegen und nachzuweisen. Die nach Landesrecht zuständige Behörde kann auf Kosten des Eigentümers oder Bauherrn die Vorlage einer Beurteilung der Erfüllung der Voraussetzungen nach Absatz 1 Satz 1 Nummer 1 durch qualifizierte Sachverständige verlangen.

§ 103
Innovationsklausel

(1) Bis zum 31. Dezember 2023 können die nach Landesrecht zuständigen Behörden auf Antrag nach § 102 Absatz 1 Satz 1 Nummer 1

1. von den Anforderungen des § 10 Absatz 2 befreien, wenn

   a) ein Wohngebäude so errichtet wird, dass die Treibhausgasemissionen des Gebäudes gleichwertig begrenzt werden und der Höchstwert des Jahres-Endenergiebedarfs für Heizung, Warmwasserbereitung, Lüftung und Kühlung das 0,75fache des auf die Gebäudenutzfläche bezogenen Wertes des Jahres-Endenergiebedarfs eines Referenzgebäudes, das die gleiche Geometrie, Gebäudenutzfläche und Ausrichtung wie das zu errichtende Gebäude aufweist und der technischen Referenzausführung der Anlage 1 entspricht, nicht überschreitet oder

   b) ein Nichtwohngebäude so errichtet wird, dass die Treibhausgasemissionen des Gebäudes gleichwertig begrenzt werden und der Höchstwert des Jahres-Endenergiebedarfs für Heizung, Warmwasserbereitung, Lüftung, Kühlung und eingebaute Beleuchtung das 0,75fache des auf die Nettogrundfläche bezogenen Wertes des Jahres-Endenergiebedarfs eines Referenzgebäudes, das die gleiche Geometrie, Nettogrundfläche, Ausrichtung und Nutzung, einschließlich der Anordnung der Nutzungseinheiten, wie das zu errichtende Gebäude aufweist und der technischen Referenzausführung der Anlage 2 entspricht, nicht überschreitet oder

2. von den Anforderungen des § 50 Absatz 1 in Verbindung mit § 48 befreien, wenn

   a) ein Wohngebäude so geändert wird, dass die Treibhausgasemissionen des Gebäudes gleichwertig begrenzt werden und der Jahres-Endenergiebedarf für Heizung, Warmwasserbereitung, Lüftung und Kühlung das 1,4fache des auf die Gebäudenutzfläche bezogenen Wertes des Jahres-Endenergiebedarfs eines Referenzgebäudes, das die gleiche Geometrie, Gebäudenutzfläche und Ausrichtung wie das geänderte Gebäude aufweist und der technischen Referenzausführung der Anlage 1 entspricht, nicht überschreitet oder

b) ein Nichtwohngebäude so geändert wird, dass die Treibhausgasemissionen des Gebäudes gleichwertig begrenzt werden und der Jahres-Endenergiebedarf für Heizung, Warmwasserbereitung, Lüftung, Kühlung und eingebaute Beleuchtung das 1,4fache des auf die Nettogrundfläche bezogenen Wertes des Jahres-Endenergiebedarfs eines Referenzgebäudes, das die gleiche Geometrie, Nettogrundfläche, Ausrichtung und Nutzung, einschließlich der Anordnung der Nutzungseinheiten, wie das geänderte Gebäude aufweist und der technischen Referenzausführung der Anlage 2 entspricht, nicht überschreitet.

Die technische Referenzausführung in den Nummern 1.13 bis 9 der Anlage 2 ist nur insoweit zu berücksichtigen, wie eines der dort genannten Systeme in dem zu errichtenden Gebäude ausgeführt wird oder in dem geänderten Gebäude ausgeführt ist. In den Fällen des Satzes 1 Nummer 1 darf der spezifische, auf die wärmeübertragende Umfassungsfläche bezogene Transmissionswärmeverlust eines zu errichtenden Wohngebäudes das 1,2fache des entsprechenden Wertes eines Referenzgebäudes nach der Anlage 1 und ein zu errichtendes Nichtwohngebäude das 1,25fache der Höchstwerte der mittleren Wärmedurchgangskoeffizienten der wärmeübertragenden Umfassungsfläche nach der Anlage 3 nicht überschreiten.

(2) Der Antragsteller hat der nach Landesrecht zuständigen Behörde spätestens ein Jahr nach Abschluss der Maßnahme nach Absatz 1 einen Bericht mit den wesentlichen Erfahrungen bei der Anwendung der Regelung, insbesondere über Investitionskosten, Energieverbräuche und, soweit synthetisch erzeugte Energieträger in flüssiger oder gasförmiger Form genutzt werden, über die Herkunft, die Erzeugung und die Kosten dieser Energieträger sowie die Bestimmung der Treibhausgasemissionen, vorzulegen. Die Länder können der Bundesregierung Daten der Berichte nach Satz 1 zum Zwecke der Auswertung zur Verfügung stellen.

(3) Bis zum 31. Dezember 2025 können Bauherren oder Eigentümer bei Änderung ihrer Gebäude, die in räumlichem Zusammenhang stehen, eine Vereinbarung über die gemeinsame Erfüllung der Anforderungen nach § 50 Absatz 1 in Verbindung mit § 48 treffen, wenn sichergestellt ist, dass die von der Vereinbarung erfassten geänderten Gebäude in ihrer Gesamtheit die Anforderungen nach § 50 Absatz 1 erfüllen. Jedes geänderte Gebäude, das von der Vereinbarung erfasst

wird, muss eine Mindestqualität der Anforderungen an die wärmeübertragende Umfassungsfläche einhalten. Die Mindestqualität nach Satz 2 gilt als erfüllt, wenn die Wärmedurchgangskoeffizienten der geänderten Außenbauteile jedes einzelnen Gebäudes die Höchstwerte der Wärmedurchgangskoeffizienten nach § 48 in Verbindung mit Anlage 7 um nicht mehr als 40 Prozent überschreiten.

(4) Einer Vereinbarung nach Absatz 3 muss eine einheitliche Planung zugrunde liegen, die eine Realisierung der Maßnahmen an allen von der Vereinbarung erfassten Gebäuden in einem zeitlichen Zusammenhang von nicht mehr als drei Jahren vorsieht. Der zuständigen Behörde ist die Vereinbarung anzuzeigen. § 107 Absatz 5 bis 7 ist entsprechend anzuwenden.

TEIL 8
Besondere Gebäude, Bußgeldvorschriften, Anschluss- und Benutzungszwang

§ 104
Kleine Gebäude und Gebäude aus Raumzellen

Werden bei einem zu errichtenden kleinen Gebäude die für den Fall des erstmaligen Einbaus anzuwendenden Höchstwerte der Wärmedurchgangskoeffizienten der Außenbauteile nach § 48 eingehalten, gelten die Anforderungen des § 10 Absatz 2 als erfüllt. Satz 1 ist auf ein Gebäude entsprechend anzuwenden, das für eine Nutzungsdauer von höchstens fünf Jahren bestimmt und aus Raumzellen von jeweils bis zu 50 Quadratmetern Nutzfläche zusammengesetzt ist.

§ 105
Baudenkmäler und sonstige besonders erhaltenswerte Bausubstanz

Soweit bei einem Baudenkmal, bei aufgrund von Vorschriften des Bundes- oder Landesrechts besonders geschützter Bausubstanz oder bei sonstiger besonders erhaltenswerter Bausubstanz die Erfüllung der Anforderungen dieses Gesetzes die Substanz oder das Erscheinungsbild beeinträchtigt oder andere Maßnahmen zu einem unverhältnismäßig hohen Aufwand führen, kann von den Anforderungen dieses Gesetzes abgewichen werden.

§ 106
Gemischt genutzte Gebäude

(1) Teile eines Wohngebäudes, die sich hinsichtlich der Art ihrer Nutzung und der gebäudetechnischen Ausstattung wesentlich von der Wohnnutzung unterscheiden und die einen nicht unerheblichen Teil der Gebäudenutzfläche umfassen, sind getrennt als Nichtwohngebäude zu behandeln.

(2) Teile eines Nichtwohngebäudes, die dem Wohnen dienen und einen nicht unerheblichen Teil der Nettogrundfläche umfassen, sind getrennt als Wohngebäude zu behandeln.

(3) Die Berechnung von Trennwänden und Trenndecken zwischen Gebäudeteilen richtet sich in den Fällen der Absätze 1 und 2 nach § 29 Absatz 1.

§ 107
Wärmeversorgung im Quartier

(1) In den Fällen des § 10 Absatz 2 oder des § 50 Absatz 1 in Verbindung mit § 48 können Bauherren oder Eigentümer, deren Gebäude in räumlichem Zusammenhang stehen, Vereinbarungen über eine gemeinsame Versorgung ihrer Gebäude mit Wärme oder Kälte treffen, um die jeweiligen Anforderungen nach § 10 Absatz 2 oder nach § 50 Absatz 1 in Verbindung mit § 48 zu erfüllen. Gegenstand von Vereinbarungen nach Satz 1 können insbesondere sein:

1. die Errichtung und der Betrieb gemeinsamer Anlagen zur zentralen oder dezentralen Erzeugung, Verteilung, Nutzung oder Speicherung von Wärme und Kälte aus erneuerbaren Energien oder Kraft-Wärme-Kopplung,

2. die gemeinsame Erfüllung der Anforderung nach § 10 Absatz 2 Nummer 3,

3. die Benutzung von Grundstücken, deren Betreten und die Führung von Leitungen über Grundstücke.

(2) Treffen Bauherren oder Eigentümer eine Vereinbarung nach Absatz 1, sind die Anforderungen nach § 10 Absatz 2 Nummer 1 und 2 und nach § 50 Absatz 1 in Verbindung mit § 48 für jedes Gebäude, das von der Vereinbarung erfasst wird, einzuhalten. § 103 Absatz 3 bleibt unberührt.

(3) Treffen Bauherren oder Eigentümer eine Vereinbarung zur gemeinsamen Erfüllung der Anforderung nach § 10 Absatz 2 Nummer 3, muss der Wärme- und Kälteenergiebedarf ihrer Gebäude insge-

samt in einem Umfang durch Maßnahmen nach den §§ 35 bis 45 gedeckt werden, der mindestens der Summe entspricht, die sich aus den einzelnen Deckungsanteilen nach den §§ 35 bis 45 ergibt.

(4) Dritte, insbesondere Energieversorgungsunternehmen, können an Vereinbarungen im Sinne des Absatzes 1 beteiligt werden. § 22 bleibt unberührt.

(5) Die Vereinbarung ist der zuständigen Behörde auf Verlangen vorzulegen.

(6) Eine Vereinbarung im Sinne des Absatzes 1 bedarf der Schriftform, soweit nicht durch Rechtsvorschriften eine andere Form vorgeschrieben ist.

(7) Die Regelungen der Absätze 1 bis 5 sind entsprechend anwendbar, wenn die Gebäude, die im räumlichen Zusammenhang stehen und nach den Absätzen 1 bis 4 gemeinsam Anforderungen dieses Gesetzes erfüllen, einem Eigentümer gehören. An die Stelle der Vereinbarung nach Absatz 1 tritt eine schriftliche Dokumentation des Eigentümers, die der zuständigen Behörde auf Verlangen vorzulegen ist.

§ 108
Bußgeldvorschriften

(1) Ordnungswidrig handelt, wer vorsätzlich oder leichtfertig

1. entgegen § 15 Absatz 1, § 16, § 18 Absatz 1 Satz 1 oder § 19 ein dort genanntes Gebäude nicht richtig errichtet,

2. entgegen § 47 Absatz 1 Satz 1 nicht dafür sorgt, dass eine dort genannte Geschossdecke gedämmt ist,

3. entgegen § 48 Satz 1 eine dort genannte Maßnahme nicht richtig ausführt,

4. entgegen § 61 Absatz 1 Satz 1 nicht dafür Sorge trägt, dass eine Zentralheizung mit einer dort genannten Einrichtung ausgestattet ist,

5. entgegen § 61 Absatz 2 eine dort genannte Ausstattung nicht, nicht richtig oder nicht rechtzeitig nachrüstet,

6. entgegen § 63 Absatz 1 Satz 1 nicht dafür Sorge trägt, dass eine heizungstechnische Anlage mit Wasser als Wärmeträger mit einer dort genannten Einrichtung ausgestattet ist,

7. entgegen § 69, § 70 oder § 71 Absatz 1 nicht dafür Sorge trägt, dass die Wärmeabgabe oder Wärmeaufnahme dort genannter Leitungen oder Armaturen begrenzt wird,

8. entgegen § 72 Absatz 1 oder 2 einen Heizkessel betreibt,

9. entgegen § 72 Absatz 4 Satz 1 einen Heizkessel einbaut oder aufstellt,

10. entgegen § 74 Absatz 1 eine Inspektion nicht, nicht richtig oder nicht rechtzeitig durchführen lässt,

11. entgegen § 77 Absatz 1 eine Inspektion durchführt,

12. entgegen § 80 Absatz 1 Satz 2, auch in Verbindung mit Satz 3, nicht sicherstellt, dass ein Energieausweis oder eine Kopie übergeben wird,

13. entgegen § 80 Absatz 4 Satz 1 oder 4, jeweils auch in Verbindung mit Absatz 5, einen Energieausweis oder eine Kopie nicht, nicht richtig, nicht vollständig oder nicht rechtzeitig vorlegt,

14. entgegen § 80 Absatz 4 Satz 5, auch in Verbindung mit Absatz 5, einen Energieausweis oder eine Kopie nicht, nicht richtig, nicht vollständig oder nicht rechtzeitig übergibt,

15. entgegen § 83 Absatz 1 Satz 2 oder Absatz 3 Satz 1 nicht dafür Sorge trägt, dass dort genannte Daten richtig sind,

16. entgegen § 87 Absatz 1, auch in Verbindung mit Absatz 2, nicht sicherstellt, dass die Immobilienanzeige die dort genannten Pflichtangaben enthält,

17. entgegen § 88 Absatz 1 einen Energieausweis ausstellt,

18. entgegen § 96 Absatz 1 eine Bestätigung nicht, nicht richtig, nicht vollständig, nicht in der vorgeschriebenen Weise oder nicht rechtzeitig vornimmt, nicht oder nicht mindestens fünf Jahre aufbewahrt,

19. entgegen § 96 Absatz 5 Satz 2 eine Abrechnung nicht oder nicht mindestens fünf Jahre aufbewahrt,

20. entgegen § 96 Absatz 6 Satz 1, auch in Verbindung mit Satz 2, eine Bescheinigung nicht, nicht richtig, nicht vollständig oder nicht rechtzeitig ausstellen lässt oder nicht, nicht richtig, nicht vollständig oder nicht rechtzeitig vorlegt oder

21. einer vollziehbaren Anordnung nach § 99 Absatz 6 Satz 1, auch in Verbindung mit Absatz 8, zuwiderhandelt.

(2) Die Ordnungswidrigkeit kann in den Fällen des Absatzes 1 Nummer 1 bis 9 mit einer Geldbuße bis zu fünfzigtausend Euro, in den Fällen des Absatzes 1 Nummer 10 bis 17 mit einer Geldbuße bis zu zehntausend Euro und in den übrigen Fällen mit einer Geldbuße bis zu fünftausend Euro geahndet werden.

§ 109
Anschluss- und Benutzungszwang

Die Gemeinden und Gemeindeverbände können von einer Bestimmung nach Landesrecht, die sie zur Begründung eines Anschluss- und Benutzungszwangs an ein Netz der öffentlichen Fernwärme- oder Fernkälteversorgung ermächtigt, auch zum Zwecke des Klima- und Ressourcenschutzes Gebrauch machen.

TEIL 9
Übergangsvorschriften

§ 110
Anforderungen an Anlagen der Heizungs-, Kühl- und Raumlufttechnik sowie der Warmwasserversorgung und an Anlagen zur Nutzung erneuerbarer Energien

Die technischen Anforderungen dieses Gesetzes an Anlagen der Heizungs-, Kühl- und Raumlufttechnik sowie der Warmwasserversorgung und an Anlagen zur Nutzung erneuerbarer Energien gelten, solange und soweit ein Durchführungsrechtsakt auf der Grundlage der Richtlinie 2009/125/EG nicht etwas anderes vorschreibt.

§ 111
Allgemeine Übergangsvorschriften

(1) Die Vorschriften dieses Gesetzes sind nicht anzuwenden auf Vorhaben, welche die Errichtung, die Änderung, die grundlegende Renovierung, die Erweiterung oder den Ausbau von Gebäuden zum Gegenstand haben, falls die Bauantragstellung oder der Antrag auf Zustimmung oder die Bauanzeige vor dem Inkrafttreten dieses Gesetzes erfolgte. Für diese Vorhaben sind die Bestimmungen der mit dem Inkrafttreten dieses Gesetzes zugleich abgelösten oder geänderten Rechtsvorschriften in den zum Zeitpunkt der Bauantragstellung oder des Antrags auf Zustimmung oder der Bauanzeige jeweils geltenden Fassungen weiter anzuwenden. Die Sätze 1 und 2 sind entsprechend anzuwenden auf alle Fälle nicht genehmigungsbedürftiger Vorhaben; für Vorhaben, die nach Maßgabe des Bauordnungsrechts der zuständigen Behörde zur Kenntnis zu geben sind, ist dabei auf den Zeitpunkt des Eingangs der Kenntnisgabe bei der zuständigen Behörde und für sonstige nicht genehmigungsbedürftige, insbesondere genehmigungs-, anzeige- und verfahrensfreie Vorhaben auf den Zeitpunkt des Beginns der Bauausführung abzustellen.

(2) Auf Vorhaben, welche die Errichtung, die Änderung, die grundlegende Renovierung, die Erweiterung oder den Ausbau von Gebäuden zum Gegenstand haben, ist dieses Gesetz in der zum Zeitpunkt der Bauantragstellung, des Antrags auf Zustimmung oder der Bauanzeige geltenden Fassung anzuwenden. Satz 1 ist entsprechend anzuwenden auf alle Fälle nicht genehmigungsbedürftiger Vorhaben; für Vorhaben, die nach Maßgabe des Bauordnungsrechts der zuständigen Behörde zur Kenntnis zu geben sind, ist dabei auf den Zeitpunkt des Eingangs der Kenntnisgabe bei der zuständigen Behörde und für sonstige nicht genehmigungsbedürftige, insbesondere genehmigungs-, anzeige- und verfahrensfreie Vorhaben auf den Zeitpunkt des Beginns der Bauausführung abzustellen.

(3) Auf Verlangen des Bauherren ist abweichend von den Absätzen 1 und 2 das jeweils neue Recht anzuwenden, wenn über den Bauantrag oder über den Antrag auf Zustimmung oder nach einer Bauanzeige noch nicht bestandskräftig entschieden worden ist.

§ 112
Übergangsvorschriften für Energieausweise

(1) Wird nach dem 1. November 2020 ein Energieausweis gemäß § 80 Absatz 1, 2 oder Absatz 3 für ein Gebäude ausgestellt, auf das vor dem Inkrafttreten dieses Gesetzes geltende Rechtsvorschriften anzuwenden sind, ist in der Kopfzeile zumindest der ersten Seite des Energieausweises in geeigneter Form die angewandte Fassung der für den Energieausweis maßgeblichen Rechtsvorschrift anzugeben.

(2) Wird nach dem 1. November 2020 ein Energieausweis gemäß § 80 Absatz 3 Satz 1 oder Absatz 6 Satz 1 für ein Gebäude ausgestellt, sind die Vorschriften der Energieeinsparverordnung bis zum 1. Mai 2021 weiter anzuwenden.

(3) § 87 ist auf Energieausweise, die nach dem 30. September 2007 und vor dem 1. Mai 2014 ausgestellt worden sind, mit den folgenden Maßgaben anzuwenden. Als Pflichtangabe nach § 87 Absatz 1 Nummer 2 ist in Immobilienanzeigen anzugeben:

1. bei Energiebedarfsausweisen für Wohngebäude der Wert des Endenergiebedarfs, der auf Seite 2 des Energieausweises gemäß dem bei Ausstellung maßgeblichen Muster angegeben ist,

2. bei Energieverbrauchsausweisen für Wohngebäude der Energieverbrauchskennwert, der auf Seite 3 des Energieausweises gemäß dem bei Ausstellung maßgeblichen Muster angegeben ist; ist im Energieverbrauchskennwert der Energieverbrauch für Warmwas-

ser nicht enthalten, so ist der Energieverbrauchskennwert um eine Pauschale von 20 Kilowattstunden pro Jahr und Quadratmeter Gebäudenutzfläche zu erhöhen,

3. bei Energiebedarfsausweisen für Nichtwohngebäude der Gesamtwert des Endenergiebedarfs, der Seite 2 des Energieausweises gemäß dem bei Ausstellung maßgeblichen Muster zu entnehmen ist,

4. bei Energieverbrauchsausweisen für Nichtwohngebäude sowohl der Heizenergieverbrauchsals auch der Stromverbrauchskennwert, die Seite 3 des Energieausweises gemäß dem bei Ausstellung maßgeblichen Muster zu entnehmen sind.

Bei Energieausweisen für Wohngebäude nach Satz 1, bei denen noch keine Energieeffizienzklasse angegeben ist, darf diese freiwillig angegeben werden, wobei sich die Klasseneinteilung gemäß § 86 aus dem Endenergieverbrauch oder dem Endenergiebedarf des Gebäudes ergibt.

(4) In den Fällen des § 80 Absatz 4 und 5 sind begleitende Modernisierungsempfehlungen zu noch geltenden Energieausweisen, die nach Maßgabe der am 1. Oktober 2007 oder am 1. Oktober 2009 in Kraft getretenen Fassung der Energieeinsparverordnung ausgestellt worden sind, dem potenziellen Käufer oder Mieter zusammen mit dem Energieausweis vorzulegen und dem Käufer oder neuen Mieter mit dem Energieausweis zu übergeben; für die Vorlage und die Übergabe sind im Übrigen die Vorgaben des § 80 Absatz 4 und 5 entsprechend anzuwenden.

§ 113
Übergangsvorschriften für Aussteller von Energieausweisen

(1) Zur Ausstellung von Energieausweisen für bestehende Wohngebäude nach § 80 Absatz 3 sind ergänzend zu § 88 auch Personen berechtigt, die vor dem 25. April 2007 nach Maßgabe der Richtlinie des Bundesministeriums für Wirtschaft und Technologie über die Förderung der Beratung zur sparsamen und rationellen Energieverwendung in Wohngebäuden vor Ort vom 7. September 2006 (BAnz S. 6379) als Antragsberechtigte beim Bundesamt für Wirtschaft und Ausfuhrkontrolle registriert worden sind.

(2) Zur Ausstellung von Energieausweisen für bestehende Wohngebäude nach § 80 Absatz 3 sind ergänzend zu § 88 auch Personen berechtigt, die am 25. April 2007 über eine abgeschlossene Berufsausbildung im Baustoff-Fachhandel oder in der Baustoffindustrie und

eine erfolgreich abgeschlossene Weiterbildung zum Energiefachberater im Baustoff-Fachhandel oder in der Baustoffindustrie verfügt haben. Satz 1 ist entsprechend auf Personen anzuwenden, die eine solche Weiterbildung vor dem 25. April 2007 begonnen haben, nach erfolgreichem Abschluss der Weiterbildung.

(3) Zur Ausstellung von Energieausweisen für bestehende Wohngebäude nach § 80 Absatz 3 sind ergänzend zu § 88 auch Personen berechtigt, die am 25. April 2007 über eine abgeschlossene Fortbildung auf der Grundlage des § 42a der Handwerksordnung für Energieberatung im Handwerk verfügt haben. Satz 1 ist entsprechend auf Personen anzuwenden, die eine solche Fortbildung vor dem 25. April 2007 begonnen haben, nach erfolgreichem Abschluss der Fortbildung.

§ 114
Übergangsvorschrift über die vorläufige Wahrnehmung von Vollzugsaufgaben der Länder durch das Deutsche Institut für Bautechnik

Bis zum Inkrafttreten der erforderlichen jeweiligen landesrechtlichen Regelungen zur Aufgabenübertragung nimmt das Deutsche Institut für Bautechnik vorläufig die Aufgaben des Landesvollzugs als Registrierstelle nach § 98 und als Kontrollstelle nach § 99 wahr. Die vorläufige Aufgabenwahrnehmung als Kontrollstelle nach Satz 1 bezieht sich nur auf die Überprüfung von Stichproben auf der Grundlage der in § 99 Absatz 4 Satz 1 Nummer 1 und 2 geregelten Optionen oder gleichwertiger Maßnahmen, soweit diese Aufgaben elektronisch durchgeführt werden können. Die Sätze 1 und 2 sind längstens fünf Jahre nach Inkrafttreten dieser Regelung anzuwenden.

Anlage 1
(zu § 15 Absatz 1)
Technische Ausführung des Referenzgebäudes (Wohngebäude)

Num-mer	Bauteile/Systeme	Referenzausführung/Wert (Maßeinheit)	
		Eigenschaft (zu den Nummern 1.1 bis 4)	
1.1	Außenwand (einschließlich Einbauten, wie Rollladenkästen), Geschossdecke gegen Außenluft	Wärmedurchgangs-koeffizient	$U = 0{,}28 \ W/(m^2{\cdot}K)$
1.2	Außenwand gegen Erdreich, Bodenplatte, Wände und Decken zu unbeheizten Räumen	Wärmedurchgangs-koeffizient	$U = 0{,}35 \ W/(m^2{\cdot}K)$
1.3	Dach, oberste Geschossdecke, Wände zu Abseiten	Wärmedurchgangs-koeffizient	$U = 0{,}20 \ W/(m^2{\cdot}K)$
1.4	Fenster, Fenstertüren	Wärmedurchgangs-koeffizient	$U_W = 1{,}3 \ W/(m^2{\cdot}K)$
		Gesamtenergiedurchlassgrad der Verglasung	Bei Berechnung nach • DIN V 4108-6: 2003-06: $g\perp = 0{,}60$ • DIN V 18599-2: 2018-09: $g = 0{,}60$
1.5	Dachflächenfenster, Glasdächer und Lichtbänder	Wärmedurchgangs-koeffizient	$U_W = 1{,}4 \ W/(m^2{\cdot}K)$
		Gesamtenergiedurchlassgrad der Verglasung	Bei Berechnung nach • DIN V 4108-6: 2003-06: $g\perp = 0{,}60$ • DIN V 18599-2: 2018-09: $g = 0{,}60$
1.6	Lichtkuppeln	Wärmedurchgangsko-effizient	$U_W = 2{,}7 \ W/(m^2{\cdot}K)$
		Gesamtenergiedurchlassgrad der Verglasung	Bei Berechnung nach • DIN V 4108-6: 2003-06: $g\perp = 0{,}64$ • DIN V 18599-2: 2018-09: $g = 0{,}64$

Num-mer	Bauteile/Systeme	Referenzausführung/Wert (Maßeinheit)	
		Eigenschaft (zu den Nummern 1.1 bis 4)	
1.7	Außentüren; Türen gegen unbeheizte Räume	Wärmedurchgangs-koeffizient	$U = 1,8 \ W/(m^2 \cdot K)$
2	Bauteile nach den Nummern 1.1 bis 1.7	Wärmebrücken-zuschlag	$\Delta U_{WB} = 0,05 \ W/(m^2 \cdot K)$
3	Solare Wärmege-winne über opake Bauteile	wie das zu errichtende Gebäude	
4	Luftdichtheit der Gebäudehülle	Bemessungswert n_{50}	Bei Berechnung nach • DIN V 4108-6: 2003-06: mit Dichtheitsprüfung • DIN V 18599-2: 2018-09: nach Kategorie I
5	Sonnenschutz-vorrichtung	keine Sonnenschutzvorrichtung	
6	Heizungsanlage	• Wärmeerzeugung durch Brennwertkessel (ver-bessert, bei der Berechnung nach § 20 Absatz 1 nach 1994), Erdgas, Aufstellung: – für Gebäude bis zu 500 m² Gebäudenutz-fläche innerhalb der thermischen Hülle – für Gebäude mit mehr als 500 m² Gebäude-nutzfläche außerhalb der thermischen Hülle • Auslegungstemperatur 55/45 °C, zentrales Ver-teilsystem innerhalb der wärmeübertragenden Umfassungsfläche, innen liegende Stränge und Anbindeleitungen, Standard-Leitungslängen nach DIN V 4701-10: 2003-08 Tabelle 5.3-2, Pumpe auf Bedarf ausgelegt (geregelt, Δp const), Rohrnetz ausschließlich statisch hydraulisch abgeglichen • Wärmeübergabe mit freien statischen Heizflä-chen, Anordnung an normaler Außenwand, Thermostatventile mit Proportionalbereich 1 K nach DIN V 4701-10: 2003-08 bzw. P-Regler (nicht zertifiziert) nach DIN V 18599-5: 2018-09	

Num-mer	Bauteile/Systeme	Referenzausführung/Wert (Maßeinheit)	
		Eigenschaft (zu den Nummern 1.1 bis 4)	
7	Anlage zur Warm-wasserbereitung	<ul><li>zentrale Warmwasserbereitung</li><li>gemeinsame Wärmebereitung mit Heizungs-anlage nach Nummer 6</li><li>bei Berechnung nach §20 Absatz 1: allgemeine Randbedingungen gemäß DIN V 18599-8: 2018-09 Tabelle 6, Solaranlage mit Flach-kollektor nach 1998 sowie Speicher ausgelegt gemäß DIN V 18599-8: 2018-09 Abschnitt 6.4.3</li><li>bei Berechnung nach §20 Absatz 2: Solaranlage mit Flachkollektor zur ausschließli-chen Trinkwassererwärmung entsprechend den Vorgaben nach DIN V 4701-10: 2003-08 Tabelle 5.1-10 mit Speicher, indirekt beheizt (stehend), gleiche Aufstellung wie Wärmeerzeuger, – kleine Solaranlage bei $A_N \le 500$ m² (bivalenter Solarspeicher, – große Solaranlage bei $A_N > 500$ m²</li><li>Verteilsystem mit Zirkulation, innerhalb der wär-meübertragenden Umfassungsfläche, innen lie-gende Stränge, gemeinsame Installationswand, Standard-Leitungslängen nach DIN V 4701-10: 2003-08 Tabelle 5.1-2</li></ul>	
8	Kühlung	keine Kühlung	
9	Lüftung	zentrale Abluftanlage, nicht bedarfsgeführt mit gere-geltem DC-Ventilator, <ul><li>DIN V 4701: 2003-08: Anlagen-Luftwechsel $n_A = 0{,}4$ h⁻¹</li><li>DIN-V 18599-10: 2018-09: nutzungsbedingter Mindestaußenluftwechsel n_{Nutz}: $0{,}55$ h⁻¹</li></ul>	
10	Gebäudeautomation	Klasse C nach DIN V 18599-11: 2018-09	

Anlage 2

(zu § 18 Absatz 1)

**Technische Ausführung des Referenzgebäudes
(Nichtwohngebäude)**

Nummer	Bauteile/Systeme	Eigenschaft (zu den Nummern 1.1 bis 1.13)	Referenzausführung/Wert (Maßeinheit)	
			Raum-Solltemperaturen im Heizfall ≥ 19 °C	Raum-Solltemperaturen im Heizfall von 12 bis < 19 °C
1.1	Außenwand (einschließlich Einbauten, wie Rollladenkästen), Geschossdecke gegen Außenluft	Wärmedurchgangskoeffizient	$U = 0{,}28$ W/(m²·K)	$U = 0{,}35$ W/(m²·K)
1.2	Vorhangfassade (siehe auch Nummer 1.14)	Wärmedurchgangskoeffizient	$U = 1{,}4$ W/(m²·K)	$U = 1{,}9$ W/(m²·K)
		Gesamtenergiedurchlassgrad der Verglasung	$g = 0{,}48$	$g = 0{,}60$
		Lichttransmissionsgrad der Verglasung	$\tau_{v,D65,SNA} = 0{,}72$	$\tau_{v,D65,SNA} = 0{,}78$
1.3	Wand gegen Erdreich, Bodenplatte, Wände und Decken zu unbeheizten Räumen (außer Abseitenwände nach Nummer 1.4)	Wärmedurchgangskoeffizient	$U = 0{,}35$ W/(m²·K)	$U = 0{,}35$ W/(m²·K)
1.4	Dach (soweit nicht unter Nummer 1.5), oberste Geschossdecke, Wände zu Abseiten	Wärmedurchgangskoeffizient	$U = 0{,}20$ W/(m²·K)	$U = 0{,}35$ W/(m²·K)

Num-mer	Bauteile/Systeme	Eigenschaft (zu den Nummern 1.1 bis 1.13)	Referenzausführung/Wert (Maßeinheit)	
			Raum-Solltemperaturen im Heizfall ≥ 19 °C	Raum-Solltemperaturen im Heizfall von 12 bis < 19 °C
1.5	Glasdächer	Wärmedurchgangskoeffizient	$U_W = 2,7$ W/(m²·K)	$U_W = 2,7$ W/(m²·K)
		Gesamtenergiedurchlassgrad der Verglasung	$g = 0,63$	$g = 0,63$
		Lichttransmissionsgrad der Verglasung	$\tau_{v,D65,SNA} = 0,76$	$\tau_{v,D65,SNA} = 0,76$
1.6	Lichtbänder	Wärmedurchgangskoeffizient	$U_W = 2,4$ W/(m²·K)	$U_W = 2,4$ W/(m²·K)
		Gesamtenergiedurchlassgrad der Verglasung	$g = 0,55$	$g = 0,55$
		Lichttransmissionsgrad der Verglasung	$\tau_{v,D65,SNA} = 0,48$	$\tau_{v,D65,SNA} = 0,48$
1.7	Lichtkuppeln	Wärmedurchgangskoeffizient	$U_W = 2,7$ W/(m²·K)	$U_W = 2,7$ W/(m²·K)
		Gesamtenergiedurchlassgrad der Verglasung	$g = 0,64$	$g = 0,64$
		Lichttransmissionsgrad der Verglasung	$\tau_{v,D65,SNA} = 0,59$	$\tau_{v,D65,SNA} = 0,59$

Num- mer	Bauteile/Systeme	Eigenschaft (zu den Nummern 1.1 bis 1.13)	Referenzausführung/Wert (Maßeinheit)	
			Raum-Solltem- peraturen im Heizfall ≥ 19 °C	Raum-Soll- temperaturen im Heizfall von 12 bis < 19 °C
1.8	Fenster, Fenstertü- ren (siehe auch Nummer 1.14)	Wärmedurch- gangskoeffi- zient	$U_W = 1{,}3$ W/(m²·K)	$U_W = 1{,}9$ W/(m²·K)
		Gesamtenergie- durchlassgrad der Verglasung	$g = 0{,}60$	$g = 0{,}60$
		Lichttransmissi- onsgrad der Verglasung	$\tau_{v,D65,SNA} = 0{,}78$	$\tau_{v,D65,SNA} = 0{,}78$
1.9	Dachflächenfens- ter (siehe auch Nummer 1.14)	Wärmedurch- gangskoeffi- zient	$U_W = 1{,}4$ W/(m²·K)	$U_W = 1{,}9$ W/(m²·K)
		Gesamtenergie- durchlassgrad der Verglasung	$g = 0{,}60$	$g = 0{,}60$
		Lichttransmis- sionsgrad der Verglasung	$\tau_{v,D65,SNA} = 0{,}78$	$\tau_{v,D65,SNA} = 0{,}78$
1.10	Außentüren; Türen gegen unbeheizte Räume; Tore	Wärmedurch- gangskoeffi- zient	$U = 1{,}8$ W/(m²·K)	$U = 2{,}9$ W/(m²·K)
1.11	Bauteile in den Nummern 1.1 und 1.3 bis 1.10	Wärmebrücken- zuschlag	$\Delta U_{WB} =$ $0{,}05$ W/(m²·K)	$\Delta U_{WB} =$ $0{,}1$ W/(m²·K)
1.12	Gebäudedichtheit	Kategorie nach DIN V 18599-2: 2018-09 Tabelle 7	Kategorie I	

Num-mer	Bauteile/Systeme	Eigenschaft (zu den Nummern 1.1 bis 1.13)	Referenzausführung/Wert (Maßeinheit)	
			Raum-Solltem-peraturen im Heizfall $\geq 19\ °C$	Raum-Soll-temperaturen im Heizfall von 12 bis < 19 °C
1.13	Tageslichtversor-gung bei Sonnen- oder Blendschutz oder bei Sonnen- und Blendschutz	Tageslichtver-sorgungsfaktor $C_{TL,Vers,SA}$ nach DIN V 18599-4: 2018-09	• kein Sonnen- oder Blendschutz vorhanden: 0,70 • Blendschutz vorhanden: 0,15	

1.14	Sonnenschutzvor-richtung	Für das Referenzgebäude ist die tatsächliche Sonnen-schutzvorrichtung des zu errichtenden Gebäudes anzunehmen; sie ergibt sich gegebenenfalls aus den Anforderungen zum sommerlichen Wärmeschutz nach § 14 oder aus Erfordernissen des Blendschutzes. Soweit hierfür Sonnenschutzverglasung zum Einsatz kommt, sind für diese Verglasung folgende Kennwerte anzusetzen:
		
		• anstelle der Werte der Num-mer 1.2
		  – Gesamtenergiedurchlass-grad der Verglasung g $\quad$ g = 0,35
		  – Lichttransmissionsgrad der Verglasung $\tau_{v,D65,SNA}$ $\quad \tau_{v,D65,SNA} = 0,58$
		• anstelle der Werte der Num-mern 1.8 und 1.9:
		  – Gesamtenergiedurchlass-grad der Verglasung g $\quad$ g = 0,35
		  – Lichttransmissionsgrad der Verglasung $\tau_{v,D65,SNA}$ $\quad \tau_{v,D65,SNA} = 0,62$		

2	Solare Wärmege-winne über opake Bauteile	Wie beim zu errichtenden Gebäude		
3.1	Beleuchtungsart	direkt/indirekt mit elektronischem Vorschaltgerät und stabförmiger Leuchtstofflampe		
3.2	Regelung der Beleuchtung	Präsenzkontrolle: – in Zonen der Nutzungen 4, 15 bis 19, 21 und 31*: $\quad$ mit Präsenzmelder – im Übrigen: $\quad$ manuell		

Num-mer	Bauteile/Systeme	Eigenschaft (zu den Nummern 1.1 bis 1.13)	Referenzausführung/Wert (Maßeinheit)	
			Raum-Solltem-peraturen im Heizfall ≥ 19 °C	Raum-Soll-temperaturen im Heizfall von 12 bis < 19 °C
		Konstantlichtkontrolle/tageslichtabhängige Kontrolle: – in Zonen der Nutzungen 5, 9, 10, 14, 22.1 bis 22.3, 29, 37 bis 40*: Konstantlichtkontrolle gemäß DIN V 18599-4: 2018-09 Abschnitt 5.4.6 – in Zonen der Nutzungen 1 bis 4, 8, 12, 28, 31 und 36*: tageslichtabhängige Kontrolle, Kontrollart „gedimmt, nicht ausschaltend" gemäß DIN V 18599-4: 2018-09 Abschnitt 5.5.4 (einschließlich Konstantlichtkontrolle) – im Übrigen: manuell		
4.1	Heizung (Raum-höhen ≤ 4 m) – Wärmeerzeu-ger	Brennwertkessel (verbessert, nach 1994) nach DIN V 18599-5: 2018-09, Erdgas, Aufstellung außerhalb der thermischen Hülle, Wasserinhalt > 0,15 l/kW		
4.2	Heizung (Raum-höhen ≤ 4 m) – Wärmevertei-lung	– bei statischer Heizung und Umluftheizung (dezen-trale Nachheizung in RLT-Anlage): Zweirohrnetz, außen liegende Verteilleitungen im unbeheizten Bereich, innen liegende Steigstränge, innen liegende Anbindeleitungen, Systemtempera-tur 55/45 °C, ausschließlich statisch hydraulisch abgeglichen, Δp const, Pumpe auf Bedarf ausge-legt, Pumpe mit intermittierendem Betrieb, keine Überströmventile, für den Referenzfall sind die Rohrleitungslängen und die Umgebungstempera-turen gemäß den Standardwerten nach DIN V 18599-5: 2018-09 zu ermitteln. – bei zentralem RLT-Gerät: Zweirohrnetz, Systemtemperatur 70/55 °C, aus-schließlich statisch hydraulisch abgeglichen, Δp const, Pumpe auf Bedarf ausgelegt, für den Refe-renzfall sind die Rohrleitungslängen und die Lage der Rohrleitungen wie beim zu errichtenden Gebäude anzunehmen.		

Nummer	Bauteile/Systeme	Eigenschaft (zu den Nummern 1.1 bis 1.13)	Referenzausführung/Wert (Maßeinheit)	
			Raum-Solltemperaturen im Heizfall ≥ 19 °C	Raum-Solltemperaturen im Heizfall von 12 bis < 19 °C
4.3	Heizung (Raumhöhen ≤ 4 m) – Wärmeübergabe	– bei statischer Heizung: freie Heizflächen an der Außenwand (bei Anordnung vor Glasflächen mit Strahlungsschutz), ausschließlich statisch hydraulisch abgeglichen, P-Regler (nicht zertifiziert), keine Hilfsenergie – bei Umluftheizung (dezentrale Nachheizung in RLT-Anlage): Regelgröße Raumtemperatur, hohe Regelgüte.		
4.4	Heizung (Raumhöhen > 4 m)	Dezentrales Heizsystem: Wärmeerzeuger gemäß DIN V 18599-5: 2018-09 Tabelle 52: – Dezentraler Warmlufterzeuger – nicht kondensierend – Leistung 25 bis 50 kW je Gerät – Energieträger Erdgas – Leistungsregelung 1 (einstufig oder mehrstufig/ modulierend ohne Anpassung der Verbrennungsluftmenge) Wärmeübergabe gemäß DIN V 18599-5: 2018-09 Tabelle 16 und Tabelle 22: – Radialventilator, Auslass horizontal, ohne Warmluftrückführung, Raumtemperaturregelung P-Regler (nicht zertifiziert)		

Num-mer	Bauteile/Systeme	Eigenschaft (zu den Nummern 1.1 bis 1.13)	Referenzausführung/Wert (Maßeinheit)	
			Raum-Solltemperaturen im Heizfall $\geq 19\ °C$	Raum-Solltemperaturen im Heizfall von 12 bis $< 19\ °C$
5.1	Warmwasser – zentrales System	Wärmeerzeuger: allgemeine Randbedingungen gemäß DIN V 18599-8: 2018-09 Tabelle 6, Solaranlage mit Flachkollektor (nach 1998) zur ausschließlichen Trinkwassererwärmung nach DIN V 18599-8: 2018-09 mit Standardwerten gemäß Tabelle 19 bzw. Abschnitt 6.4.3, jedoch abweichend auch für zentral warmwasserversorgte Nettogrundflächen über 3 000 m² Restbedarf über Wärmeerzeuger der Heizung Wärmespeicherung: bivalenter, außerhalb der thermischen Hülle aufgestellter Speicher nach DIN V 18599-8: 2018-09 Abschnitt 6.4.3 Wärmeverteilung: mit Zirkulation, für den Referenzfall sind die Rohrleitungslänge und die Lage der Rohrleitungen wie beim zu errichtenden Gebäude anzunehmen.		
5.2	Warmwasser – dezentrales System	hydraulisch geregelter Elektro-Durchlauferhitzer, eine Zapfstelle und 6 Meter Leitungslänge pro Gerät bei Gebäudezonen, die einen Warmwasserbedarf von höchstens 200 Wh/(m² · d) aufweisen		
6.1	Raumlufttechnik – Abluftanlage	spezifische Leistungsaufnahme Ventilator $P_{SFP} = 1,0$ kW/(m³/s)		
6.2	Raumlufttechnik – Zu- und Abluftanlage	– Luftvolumenstromregelung: Soweit für Zonen der Nutzungen 4, 8, 9, 12, 13, 23, 24, 35, 37 und 40* eine Zu- und Abluftanlage vorgesehen wird, ist diese mit bedarfsabhängiger Luftvolumenstromregelung Kategorie IDA-C4 gemäß DIN V 18599-7: 2018-09 Abschnitt 5.8.1 auszulegen. – Spezifische Leistungsaufnahme: – Zuluftventilator $P_{SFP} = 1,5$ kW/(m³/s) – Abluftventilator $P_{SFP} = 1,0$ kW/(m³/s) Erweiterte P_{SFP}-Zuschläge nach DIN EN 16798-3: 2017-11 Abschnitt 9.5.2.2 können für HEPA-Filter, Gasfilter sowie Wärmerückführungsbauteile der Klassen H2 oder H1 nach DIN EN 13053:2007-11 angerechnet werden.		

Num-mer	Bauteile/Systeme	Eigenschaft (zu den Nummern 1.1 bis 1.13)	Referenzausführung/Wert (Maßeinheit)	
			Raum-Solltem-peraturen im Heizfall ≥ 19 °C	Raum-Soll-temperaturen im Heizfall von 12 bis < 19 °C
		– Wärmerückgewinnung über Plattenwärmeübertra-ger: Temperaturänderungsgrad $\eta_{t,comp} = 0,6$ Zulufttemperatur 18 °C Druckverhältniszahl $f_P = 0,4$ – Luftkanalführung: innerhalb des Gebäu-des – bei Kühlfunktion: Auslegung für 6/12 °C, keine indirekte Verdunstungskühlung		
6.3	Raumlufttechnik – Luftbefeuch-tung	für den Referenzfall ist die Einrichtung zur Luftbe-feuchtung wie beim zu errichtenden Gebäude anzu-nehmen		
6.4	Raumlufttechnik – Nur-Luft-Kli-maanlagen	als kühllastgeregeltes Variabel-Volumenstrom-System ausgeführt: Druckverhältniszahl: fp = 0,4 konstanter Vordruck Luftkanalführung: innerhalb des Gebäudes		
7	Raumkühlung	– Kältesystem: Kaltwasser-Ventilatorkonvektor, Brüstungsgerät Kaltwassertemperatur 14/18 °C – Kaltwasserkreis Raumkühlung: Überströmung 10 % spezifische elektrische Leistung der Verteilung $P_{d,spez} = 30 \ W_{el}/kW_{Kälte}$ hydraulisch abgeglichen, geregelte Pumpe, Pumpe hydraulisch entkoppelt, saisonale sowie Nacht- und Wochenendabschal-tung nach DIN V 18599-7: 2018-09, Anhang D		
8	Kälteerzeugung	Erzeuger: Kolben/Scrollverdichter mehrstufig schaltbar, R134a, außenluftgekühlt, kein Speicher, Baualterfaktor $f_{c,B} = 1,0$, Freikühlfaktor $f_{FC} = 1,0$		

Num-mer	Bauteile/Systeme	Eigenschaft (zu den Nummern 1.1 bis 1.13)	Referenzausführung/Wert (Maßeinheit)	
			Raum-Solltemperaturen im Heizfall ≥ 19 °C	Raum-Solltemperaturen im Heizfall von 12 bis < 19 °C
		Kaltwassertemperatur: – bei mehr als 5 000 m² mittels Raumkühlung konditionierter Nettogrundfläche, für diesen Konditionierungsanteil	14/18 °C	
		– im Übrigen:	6/12 °C	
		Kaltwasserkreis Erzeuger inklusive RLT-Kühlung:		
		Überströmung	30 %	
		spezifische elektrische Leistung der Verteilung $P_{d,spez} = 20\ W_{el}/kW_{Kälte}$ hydraulisch abgeglichen, ungeregelte Pumpe, Pumpe hydraulisch entkoppelt, saisonale sowie Nacht- und Wochenendabschaltung nach DIN V 18599-7: 2018-09, Anhang D, Verteilung außerhalb der konditionierten Zone. Der Primärenergiebedarf für das Kühlsystem und die Kühlfunktion der raumlufttechnischen Anlage darf für Zonen der Nutzungen 1 bis 3, 8, 10, 16, 18 bis 20 und 31* nur zu 50 % angerechnet werden.		
9	Gebäudeautomation	Klasse C nach DIN V 18599-11: 2018-09		
*	Nutzungen nach Tabelle 5 der DIN V 18599-10: 2018-09.			

Anlage 3
(zu § 19)

Höchstwerte der mittleren Wärmedurchgangskoeffizienten der wärmeübertragenden Umfassungsfläche (Nichtwohngebäude)

Num-mer	Bauteile	Höchstwerte der Mittelwerte der Wärme-durchgangskoeffizienten	
		Zonen mit Raum-Solltemperaturen im Heizfall ≥ 19 °C	Zonen mit Raum-Solltemperaturen im Heizfall von 12 bis < 19 °C
1	Opake Außenbauteile, soweit nicht in Bauteilen der Nummern 3 und 4 enthalten	$\bar{U} = 0{,}28$ W/(m²·K)	$\bar{U} = 0{,}50$ W/(m²·K)
2	Transparente Außenbauteile, soweit nicht in Bauteilen der Nummern 3 und 4 enthalten	$\bar{U} = 1{,}5$ W/(m²·K)	$\bar{U} = 2{,}8$ W/(m²·K)
3	Vorhangfassade	$\bar{U} = 1{,}5$ W/(m²·K)	$\bar{U} = 3{,}0$ W/(m²·K)
4	Glasdächer, Lichtbänder, Lichtkuppeln	$\bar{U} = 2{,}5$ W/(m²·K)	$\bar{U} = 3{,}1$ W/(m²·K)

Bei der Berechnung des Mittelwerts des jeweiligen Bauteils sind die Bauteile nach Maßgabe ihres Flächenanteils zu berücksichtigen. Die Wärmedurchgangskoeffizienten von Bauteilen gegen unbeheizte Räume (außer Dachräumen) oder Erdreich sind zusätzlich mit dem Faktor 0,5 zu gewichten. Bei der Berechnung des Mittelwerts der an das Erdreich angrenzenden Bodenplatten bleiben die Flächen unberücksichtigt, die mehr als 5 Meter vom äußeren Rand des Gebäudes entfernt sind. Die Berechnung ist für Zonen mit unterschiedlichen Raum-Solltemperaturen im Heizfall getrennt durchzuführen.

Für die Berechnung des Wärmedurchgangskoeffizienten der an Erdreich grenzenden Bauteile ist DIN V 18599-2:2018-09 Abschnitt 6.1.4.3 und für opake Bauteile ist DIN 4108-4: 2017-03 in Verbindung mit DIN EN ISO 6946:2008-04 anzuwenden. Für die Berechnung des Wärmedurchgangskoeffizienten transparenter Bauteile sowie von Vorhangfassaden ist DIN 4108-4: 2017-03 anzuwenden.

Anlage 4
(zu § 22 Absatz 1)

Primärenergiefaktoren

Nummer	Kategorie	Energieträger	Primärenergiefaktoren nicht erneuerbarer Anteil
1	Fossile Brennstoffe	Heizöl	1,1
2		Erdgas	1,1
3		Flüssiggas	1,1
4		Steinkohle	1,1
5		Braunkohle	1,2
6	Biogene Brennstoffe	Biogas	1,1
7		Bioöl	1,1
8		Holz	0,2
9	Strom	netzbezogen	1,8
10		gebäudenah erzeugt (aus Photovoltaik oder Windkraft)	0,0
11		Verdrängungsstrommix für KWK	2,8
12	Wärme, Kälte	Erdwärme, Geothermie, Solarthermie, Umgebungswärme	0,0
13		Erdkälte, Umgebungskälte	0,0
14		Abwärme	0,0
15		Wärme aus KWK, gebäudeintegriert oder gebäudenah	nach Verfahren B gemäß DIN V 18599-9: 2018-09 Abschnitt 5.2.5 oder DIN V 18599-9: 2018-09 Abschnitt 5.3.5.1
16	Siedlungsabfälle		0,0

Anlage 5

(zu § 31 Absatz 1)

Vereinfachtes Nachweisverfahren für ein zu errichtendes Wohngebäude

1. Voraussetzungen für die Anwendung des vereinfachten Nachweisverfahrens

Das vereinfachte Nachweisverfahren nach § 31 Absatz 1 kann auf ein zu errichtendes Wohngebäude angewendet werden, wenn sämtliche der folgenden Voraussetzungen erfüllt sind:

a) Das Gebäude ist ein Wohngebäude im Sinne des § 3 Nummer 33; wird ein gemischt genutztes Gebäude nach § 106 Absatz 1 oder Absatz 2 in zwei Gebäudeteile aufgeteilt, kann das vereinfachte Nachweisverfahren nach § 31 Absatz 1 bei Erfüllung aller anderen Voraussetzungen auf den Wohngebäudeteil angewendet werden.

b) Das Gebäude darf nicht mit einer Klimaanlage ausgestattet sein.

c) Die Wärmebrücken, die im Rahmen von rechnerischen Nachweisen zu berücksichtigen wären, sind so auszuführen, dass sie mindestens gleichwertig mit den Musterlösungen nach DIN 4108 Beiblatt 2: 2019-06 sind; die §§ 12 und 24 bleiben unberührt.

d) Die Dichtheit des Gebäudes ist nach § 26 zu prüfen und muss die dort genannten Grenzwerte einhalten.

e) Damit der sommerliche Wärmeschutz auch ohne Nachweisrechnung als ausreichend angesehen werden kann, muss das Gebäude folgende Voraussetzungen erfüllen:

aa) beim kritischen Raum (Raum mit der höchsten Wärmeeinstrahlung im Sommer) beträgt der Fensterflächenanteil bezogen auf die Grundfläche dieses Raums nicht mehr als 35 Prozent,

bb) sämtliche Fenster in Ost-, Süd- oder Westorientierung (inklusive derer eines eventuellen Glasvorbaus) sind mit außen liegenden Sonnenschutzvorrichtungen mit einem Abminderungsfaktor $F_C \leq 0,30$ ausgestattet.

f) Die beheizte Bruttogrundfläche des Gebäudes $A_{BGF, \text{Gebäude}}$[1]) darf nicht kleiner als 115 Quadratmeter und nicht größer als 2 300 Quadratmeter sein.

---

1) Die „beheizte Bruttogrundfläche des Gebäudes A_{BGF}" ist die Summe der Bruttogrundflächen aller beheizten Geschosse, wobei bei Gebäuden mit zwei oder mehr beheizten Geschossen nur 80 Prozent der Bruttogrundfläche des obersten beheizten Geschosses eingerechnet werden.

g) Die mittlere Geschosshöhe[1]) nach DIN V 18599-1: 2018-09 des Gebäudes darf nicht kleiner als 2,5 Meter und nicht größer als 3 Meter sein.

h) Die Kompaktheit des Gebäudes in Bezug auf das Verhältnis von Bruttoumfang beheizter Bruttogrundfläche $A_{BGF, Geschoss}$ jedes beheizten Geschosses muss folgende Voraussetzung erfüllen: Das Quadrat des Bruttoumfangs U_{brutto} in Meter darf höchstens das 20fache der beheizten Bruttogrundfläche eines beheizten Geschosses $A_{BGF, Geschoss}$ in Quadratmeter betragen; bei einem angebauten Gebäude ist in den Bruttoumfang auch derjenige Anteil einzurechnen, der an benachbarte beheizte Gebäude angrenzt.

i) Bei Gebäuden mit beheizten Räumen in mehreren Geschossen müssen die beheizten Bruttogeschossflächen aller Geschosse ohne Vor- oder Rücksprünge deckungsgleich sein; nur das oberste Geschoss darf eine kleinere beheizte Bruttogeschossfläche als das darunter liegende Geschoss besitzen.[2])

j) Insgesamt darf das Gebäude nicht mehr als sechs beheizte Geschosse besitzen.

k) Der Fensterflächenanteil des Gebäudes[3]) darf bei zweiseitig angebauten Gebäuden nicht mehr als 35 Prozent, bei allen anderen Gebäuden nicht mehr als 30 Prozent an der gesamten Fassadenfläche des Gebäudes betragen.

l) Die Gesamtfläche spezieller Fenstertüren an der gesamten Fassadenfläche des Gebäudes darf bei freistehenden Gebäuden und einseitig angebauten Gebäuden 4,5 Prozent und bei zweiseitig angebauten Gebäuden 5,5 Prozent nicht überschreiten.

m) Die Fläche der in nördliche Richtung orientierten[4]) Fenster des Gebäudes darf nicht größer sein als der Mittelwert der Fensterflächen anderer Orientierungen.

---

1) Die „mittlere Geschosshöhe des Gebäudes" ist der flächengewichtete Durchschnitt der Geschosshöhen aller beheizten Geschosse des Gebäudes.

2) Kellerabgänge und Kellervorräume sind keine beheizten Geschosse im Sinne dieser Regelung, soweit sie nur indirekt beheizt sind.

3) Der Fensterflächenanteil ist der Quotient aus Fensterfläche und der Summe aus Fensterfläche und Außenwand-/Fassadenfläche. Die Fensterfläche ist einschließlich Fenstertüren und spezieller Fenstertüren zu ermitteln; spezielle Fenstertüren sind barrierefreie Fenstertüren gemäß DIN 18040-2: 2011-09 sowie Schiebe-, Hebe-Schiebe-, Falt- und Faltschiebetüren.

4) Fenster sind in nördliche Richtungen orientiert, wenn die Senkrechte auf die Fensterfläche nicht mehr als 22,5 Grad von der Nordrichtung abweicht.

n) Der Anteil von Dachflächenfenstern, Lichtkuppeln und ähnlichen transparenten Bauteilen im Dachbereich darf nicht mehr als 6 Prozent der Dachfläche betragen.

o) Die Gesamtfläche aller Außentüren[1]) darf bei Ein- und Zweifamilienhäusern 2,7 Prozent, ansonsten 1,5 Prozent der beheizten Bruttogrundfläche des Gebäudes nicht überschreiten.

2. Ausführungsvarianten

Bei den Angaben in den Tabellen 1 bis 3 handelt es sich um Mindestqualitäten für die energetische Qualität des Wärmeschutzes und der Anlagen; die Anforderungen an den baulichen Wärmeschutz ergeben sich aus Nummer 3 Buchstabe a; die Anforderungen an die jeweilige Anlage ergeben sich aus Nummer 3 Buchstabe b. Durchkreuzte graue Tabellenfelder geben an, dass das vereinfachte Nachweisverfahren nach § 31 Absatz 1 für die jeweilige Anlagenvariante bei diesen Gebäudegrößen nicht anwendbar ist.

a) Ausführungsvarianten für ein freistehendes Wohngebäude

Bei einem freistehenden Gebäude erfüllen die Ausführungsvarianten nach Maßgabe von Tabelle 1 die Anforderungen des § 10 Absatz 2 in Verbindung mit den §§ 15 bis 17 und den §§ 34 bis 45.

---

1) Öffnungsmaße von Fenstern und Türen werden gemäß DIN V 18599-1: 2018-09 mit den lichten Rohbaumaßen innen ermittelt.

Tabelle 1

Ausführungsvarianten für ein freistehendes Gebäude

Anlagenvariante Nummer	Anlagenvariante	Beheizte Bruttogrundfläche des Gebäudes A_{BGF} in m²														
		1	2	3	4	5	6	7	8	9	10	11	12	13	14	15
	von	115	141	166	196	236	281	341	406	491	581	701	881	1101	1401	1801
	bis	140	165	195	235	280	340	405	490	580	700	880	1100	1400	1800	2300
		Erforderliche Wärmeschutzvariante														
1	Kessel für feste Biomasse, Pufferspeicher und zentrale Trinkwassererwärmung								D							
2	Brennwertgerät zur Verfeuerung von Erdgas oder leichtem Heizöl, Solaranlage zur zentralen Trinkwassererwärmung, Lüftungsanlage mit Wärmerückgewinnung			B							A					
3	Brennwertgerät zur Verfeuerung von Erdgas oder leichtem Heizöl, Solaranlage zur zentralen Trinkwassererwärmung und Heizungsunterstützung (Kombianlage), Pufferspeicher, Lüftungsanlage mit Wärmerückgewinnung								C							
4	Nah-/Fernwärmeversorgung oder lokale Kraft-Wärme-Kopplung, zentrale Trinkwassererwärmung								C						B	
5	Nah-/Fernwärmeversorgung oder lokale Kraft-Wärme-Kopplung, zentrale Trinkwassererwärmung, Lüftungsanlage mit Wärmerückgewinnung								D							
6	Luft-Wasser-Wärmepumpe, zentrale Trinkwassererwärmung								D							

Anlagenvariante Nummer	Beheizte Bruttogrundfläche des Gebäudes A_{BGF} in m²		1	2	3	4	5	6	7	8	9	10	11	12	13	14	15
		von	115	141	166	196	236	281	341	406	491	581	701	881	1101	1401	1801
		bis	140	165	195	235	280	340	405	490	580	700	880	1100	1400	1800	2300
Anlagenvariante			— Erforderliche Wärmeschutzvariante														
7	Luft-Wasser-Wärmepumpe, dezentrale Trinkwassererwärmung		D	D	D	D	D	D	D	C	C	C	B	B	A	A	✕
8	Luft-Wasser-Wärmepumpe, dezentrale Trinkwassererwärmung, Lüftungsanlage mit Wärmerückgewinnung		D	D	D	D	D	D	D	D	D	D	D	D	D	C	C
9	Wasser-Wasser-Wärmepumpe, zentrale Trinkwassererwärmung		D	D	D	D	D	D	D	D	D	D	D	D	D	D	D
10	Sole-Wasser-Wärmepumpe, zentrale Trinkwassererwärmung		D	D	D	D	D	D	D	D	D	D	D	D	D	D	D

b) Ausführungsvarianten für ein einseitig angebautes Wohngebäude

   Bei einem einseitig angebauten Gebäude gemäß § 3 Absatz 1 Nummer 6 erfüllen die Ausführungsvarianten nach Maßgabe von Tabelle 2 die Anforderungen des § 10 Absatz 2 in Verbindung mit den §§ 15 bis 17 und den §§ 34 bis 45.

Tabelle 2

Ausführungsvarianten für ein einseitig angebautes Gebäude

Anlagenvariante-Nummer	Beheizte Bruttogrundfläche des Gebäudes A_{BGF} in m²	1	2	3	4	5	6	7	8	9	10	11	12	13	14	15
	von	115	141	166	196	236	281	341	406	491	581	701	881	1101	1401	1801
	bis	140	165	195	235	280	340	405	490	580	700	880	1100	1400	1800	2300
	Anlagenvariante	Erforderliche Wärmeschutzvariante														
1	Kessel für feste Biomasse, Pufferspeicher und zentrale Trinkwassererwärmung	D	D	D	D	D	D	D	D	D	D	D	D	D	D	D
2	Brennwertgerät zur Verfeuerung von Erdgas oder leichtem Heizöl, Solaranlage zur zentralen Trinkwassererwärmung, Lüftungsanlage mit Wärmerückgewinnung	B	B	B	B	B	A	A	A	A	A	A	A	A	A	A
3	Brennwertgerät zur Verfeuerung von Erdgas oder leichtem Heizöl, Solaranlage zur zentralen Trinkwassererwärmung und Heizungsunterstützung (Kombianlage), Pufferspeicher, Lüftungsanlage mit Wärmerückgewinnung	C	C	C	C	C	C	C	C	C	C	C	C	C	C	C
4	Nah-/Fernwärmeversorgung oder lokale Kraft-Wärme-Kopplung, zentrale Trinkwassererwärmung	D	D	D	C	C	C	B	B	B	B	B	B	B	B	A
5	Nah-/Fernwärmeversorgung oder lokale Kraft-Wärme-Kopplung, zentrale Trinkwassererwärmung, Lüftungsanlage mit Wärmerückgewinnung	D	D	D	D	D	D	D	D	D	D	D	D	D	D	D
6	Luft-Wasser-Wärmepumpe, zentrale Trinkwassererwärmung	D	D	D	D	D	D	D	D	D	D	D	D	D	D	D

Anlagenvariante Nummer	Beheizte Bruttogrundfläche des Gebäudes A_{BGF} in m²		1	2	3	4	5	6	7	8	9	10	11	12	13	14	15
		von	115	141	166	196	236	281	341	406	491	581	701	881	1101	1401	1801
		bis	140	165	195	235	280	340	405	490	580	700	880	1100	1400	1800	2300
	Anlagenvariante		Erforderliche Wärmeschutzvariante														
7	Luft-Wasser-Wärmepumpe, dezentrale Trinkwassererwärmung		D	D	D	D	C	C	B	B	B	B	B	A	A	✕	✕
8	Luft-Wasser-Wärmepumpe, dezentrale Trinkwassererwärmung, Lüftungsanlage mit Wärmerückgewinnung		D	D	D	D	D	D	D	D	D	D	D	D	D	C	C
9	Wasser-Wasser-Wärmepumpe, zentrale Trinkwassererwärmung		D	D	D	D	D	D	D	D	D	D	D	D	D	D	D
10	Sole-Wasser-Wärmepumpe, zentrale Trinkwassererwärmung		D	D	D	D	D	D	D	D	D	D	D	D	D	D	D

c) Ausführungsvarianten für ein zweiseitig angebautes Wohngebäude

Bei einem zweiseitig angebauten Gebäude gemäß § 3 Absatz 1
Nummer 34 erfüllen die Ausführungsvarianten nach Maßgabe von
Tabelle 3 die Anforderungen des § 10 Absatz 2 in Verbindung mit
den §§ 15 bis 17 und den §§ 34 bis 45.

Tabelle 3

Ausführungsvarianten für ein zweiseitig angebautes Gebäude

Anlagenvariante Nummer	Anlagenvariante	1	2	3	4	5	6	7	8	9	10	11	12	13	14	15
	Beheizte Bruttogrundfläche des Gebäudes A_{BGF} in m² — von	115	141	166	196	236	281	341	406	491	581	701	881	1101	1401	1801
	bis	140	165	195	235	280	340	405	490	580	700	880	1100	1400	1800	2300
	Erforderliche Wärmeschutzvariante															
1	Kessel für feste Biomasse, Pufferspeicher und zentrale Trinkwassererwärmung	D	D	D	D	D	D	D	D	D	D	D	D	D	D	D
2	Brennwertgerät zur Verfeuerung von Erdgas oder leichtem Heizöl, Solaranlage zur zentralen Trinkwassererwärmung, Lüftungsanlage mit Wärmerückgewinnung	B	B	B	B	A	A	A	A	A	A	A	A	A	A	A
3	Brennwertgerät zur Verfeuerung von Erdgas oder leichtem Heizöl, Solaranlage zur zentralen Trinkwassererwärmung und Heizungsunterstützung (Kombianlage), Pufferspeicher, Lüftungsanlage mit Wärmerückgewinnung	C	C	C	C	C	C	C	C	C	C	C	C	D	D	D
4	Nah-/Fernwärmeversorgung oder lokale Kraft-Wärme-Kopplung, zentrale Trinkwassererwärmung	D	D	D	D	B	B	B	B	B	B	B	B	A	A	A
5	Nah-/Fernwärmeversorgung oder lokale Kraft-Wärme-Kopplung, zentrale Trinkwassererwärmung, Lüftungsanlage mit Wärmerückgewinnung	D	D	D	D	D	D	D	D	D	D	D	D	D	D	D
6	Luft-Wasser-Wärmepumpe, zentrale Trinkwassererwärmung	D	D	D	D	D	D	D	D	D	D	D	D	D	D	D

Anlagenvariante Nummer		1	2	3	4	5	6	7	8	9	10	11	12	13	14	15
Beheizte Bruttogrundfläche des Gebäudes A_{BGF} in m²	von	115	141	166	196	236	281	341	406	491	581	701	881	1101	1401	1801
	bis	140	165	195	235	280	340	405	490	580	700	880	1100	1400	1800	2300
Anlagenvariante		Erforderliche Wärmeschutzvariante														
7	Luft-Wasser-Wärmepumpe, dezentrale Trinkwassererwärmung			D					B				A		✕	B
8	Luft-Wasser-Wärmepumpe, dezentrale Trinkwassererwärmung, Lüftungsanlage mit Wärmerückgewinnung						D							C		
9	Wasser-Wasser-Wärmepumpe, zentrale Trinkwassererwärmung								D							
10	Sole-Wasser-Wärmepumpe, zentrale Trinkwassererwärmung								D							

3. Beschreibung der Wärmeschutz- und Anlagenvarianten

a) Baulicher Wärmeschutz

Der bauliche Wärmeschutz genügt dann einer der in der Tabelle Spalte 3 genannten Wärmeschutzvarianten, wenn sämtliche der dort genannten Wärmedurchgangskoeffizienten nicht überschritten werden. Für die Bestimmung der Wärmedurchgangskoeffizienten des ausgeführten Wohngebäudes ist § 20 Absatz 6 entsprechend anzuwenden.

Tabelle

Varianten des baulichen Wärmeschutzes

Spalte / Nummer	1 Bauteil	2 Eigenschaft	3 Wärmeschutz-Variante A	B	C	D
1	Außenwände, Geschossdecke nach unten gegen Außenluft		0,15	0,19	0,23	0,28
2	Außenwände gegen Erdreich, Bodenplatte, Wände und Decken nach unten zu unbeheizten Räumen	Höchstwert des Wärmedurchgangskoeffizienten U [W/(m²·K)]	0,20	0,26	0,29	0,35
3	Dach, oberste Geschossdecke, Wände zu Abseiten		0,11	0,14	0,16	0,20
4	Fenster, Fenstertüren		0,90	0,95	1,1	1,3
5	Dachflächenfenster		1,4	1,4	1,4	1,4
6	Lichtkuppeln und ähnliche Bauteile		1,8	1,8	1,8	1,8
7	Außentüren		1,8	1,8	1,8	1,8
8	Spezielle Fenstertüren[1]		1,6	1,6	1,6	1,6

1) Spezielle Fenstertüren sind Fenstertüren mit Klapp-, Falt-, Schiebe- oder Hebemechanismus.

b) Anforderung an die Anlagenvarianten

Das vereinfachte Nachweisverfahren nach § 31 Absatz 1 ist nur für Wohngebäude mit Zentralheizungen nach Maßgabe der Nummer 2 Tabelle 1 bis 3 bei Ausstattung des Gebäudes mit den dort beschriebenen Anlagenvarianten anwendbar. Dabei sind folgende Voraussetzungen einzuhalten:

aa) Die Auslegungstemperatur des Heizkreises darf 55/45 Grad Celsius nicht überschreiten. Alle Steige- und Anbindungsleitungen der Heizung und Warmwasserversorgung sind innerhalb des beheizten Gebäudevolumens zu verlegen.

bb) Wenn die Ausführungsvariante eine Lüftungsanlage mit Wärmerückgewinnung vorsieht, darf der verbesserte Standardwert für den Gesamt-Temperaturänderungsgrad nach DIN V 18599-6: 2018-09 Abschnitt 5.2.2.2 nicht unterschritten werden.

cc) Wenn die Ausführungsvariante einen Kessel für feste Biomasse vorsieht, muss dieser über eine automatische Beschickung verfügen. Die Vorgaben der Verordnung über kleine und mittlere Feuerungsanlagen sind einzuhalten. Die Kennwerte des Kessels dürfen die in DIN V 18599-5: 2018-09 Abschnitt 6.5.4.3.7 angegebenen Standardwerte nicht unterschreiten.

dd) Wenn die Ausführungsvariante ein Brennwertgerät zur Verfeuerung von Erdgas oder leichtem Heizöl vorsieht, dürfen die Kennwerte des Kessels die in DIN V 18599-5: 2018-09 Abschnitt 6.5.4.3.7 angegebenen verbesserten Standardwerte nicht unterschreiten.

ee) Wenn die Ausführungsvariante eine Solaranlage zur Trinkwassererwärmung und Heizungsunterstützung (Kombianlage) vorsieht, muss der Solarkollektor mindestens eine Kollektorfläche in Höhe des 0,17fachen der mit 0,8 potenzierten Bruttogrundfläche des Gebäudes $A_{BGF, Gebäude}$ aufweisen. Das Speichervolumen darf nicht weniger als 70 Liter je Quadratmeter Kollektorfläche betragen.

ff) Wenn die Ausführungsvariante eine Solaranlage zur Trinkwassererwärmung vorsieht, muss der Solarkollektor mindestens eine Kollektorfläche in Höhe des 0,09fachen der mit 0,8 potenzierten Bruttogrundfläche des Gebäudes $A_{BGF, Gebäude}$ aufweisen. Das Speichervolumen darf nicht weniger als 77 Liter je Quadratmeter Kollektorfläche betragen.

gg) Wenn die Ausführungsvariante eine Wärmeversorgung aus einem Nah-/Fernwärmenetz oder eine Wärmeversorgung über ein lokales Gerät zur Kraft-Wärme-Kopplung vorsieht, muss ein Primärenergiefaktor für die Wärme von 0,60 oder besser dauerhaft eingehalten werden.

hh) Wenn die Ausführungsvariante eine Luft-Wasser-Wärmepumpe vorsieht, muss die Wärmepumpe mindestens die in DIN V 18599-5: 2018-09 Anhang C.1 Tabelle 60 bis 62 angegebenen Leistungszahlen aufweisen.

ii) Wenn die Ausführungsvariante eine Wasser-Wasser-Wärmepumpe vorsieht, muss die Wärmepumpe mindestens die in DIN V 18599-5: 2018-09 Anhang C.1 Tabelle 64 angegebenen Leistungszahlen aufweisen.

jj) Wenn die Ausführungsvariante eine Sole-Wasser-Wärmepumpe vorsieht, muss die Wärmepumpe mindestens die in DIN V 18599-5: 2018-09 Anhang C.1 Tabelle 63 angegebenen Leistungszahlen aufweisen.

kk) Eine zentrale Trinkwassererwärmungsanlage ist gemäß DIN V 18599-8: 2018-09 ein Heizungssystem, bei dem die Wärme in einem Gerät erzeugt und über Verteilleitungen an mehrere Räume eines Gebäudes transportiert wird. Wenn eine Ausführung eine zentrale Trinkwassererwärmung vorsieht, erfolgt diese über den Wärmeerzeuger der Heizung; bei den Anlagenvarianten 2 und 3 über den Wärmeerzeuger der Heizung in Kombination mit der Solaranlage.

ll) Eine dezentrale Trinkwassererwärmungsanlage ist gemäß DIN V 18599-8: 2018-09 ein System, bei dem die Wärme zur Trinkwassererwärmung in einem Gerät erzeugt und im gleichen Raum übergeben wird. Wenn eine Ausführungsvariante eine dezentrale Trinkwassererwärmung vorsieht, erfolgt diese über direkt-elektrische Systeme.

Anlage 6
(zu § 32 Absatz 3)
Zu verwendendes Nutzungsprofil für die Berechnungen des Jahres-Primärenergiebedarfs beim vereinfachten Berechnungsverfahren für ein zu errichtendes Nichtwohngebäude

Nummer	Gebäudetyp und Hauptnutzung	Nutzung	Nutzenergiebedarf Warmwasser*
1	Bürogebäude mit der Hauptnutzung Einzelbüro, Gruppenbüro, Großraumbüro, Besprechung, Sitzung, Seminar	Einzelbüro	0
2	Bürogebäude mit Verkaufseinrichtung oder Gewerbebetrieb und der Hauptnutzung Einzelbüro, Gruppenbüro, Großraumbüro, Besprechung, Sitzung, Seminar	Einzelbüro	0
3	Bürogebäude mit Gaststätte und der Hauptnutzung Einzelbüro, Gruppenbüro, Großraumbüro, Besprechung, Sitzung, Seminar	Einzelbüro	1,5 kWh je Sitzplatz in der Gaststätte und Tag
4	Gebäude des Groß- und Einzelhandels bis 1 000 Quadratmeter Nettogrundfläche mit der Hauptnutzung Groß-, Einzelhandel/Kaufhaus	Einzelhandel/Kaufhaus	0
5	Gewerbebetriebe bis 1 000 Quadratmeter Nettogrundfläche mit der Hauptnutzung Gewerbe	Gewerbliche und industrielle Hallen – leichte Arbeit, überwiegend sitzende Tätigkeit	1,5 kWh je Beschäftigten und Tag
6	Schule, Kindergarten und -tagesstätte, ähnliche Einrichtungen mit der Hauptnutzung Klassenzimmer, Gruppenraum	Klassenzimmer/Gruppenraum	Ohne Duschen: 65 Wh je Quadratmeter und Tag, 200 Nutzungstage
7	Turnhalle mit der Hauptnutzung Turnhalle	Turnhalle	1,5 kWh je Person und Tag

Num-mer	Gebäudetyp und Haupt-nutzung	Nutzung	Nutzenergiebedarf Warmwasser*
8	Beherbergungsstätte ohne Schwimmhalle, Sauna oder Wellnessbereich mit der Hauptnutzung Hotelzimmer	Hotelzimmer	250 Wh je Quadratmeter und Tag, 365 Nutzungstage
9	Bibliothek mit der Hauptnutzung Lesesaal, Freihandbereich	Bibliothek, Lesesaal	0

* Die flächenbezogenen Werte beziehen sich auf die gesamte Nettogrundfläche des Gebäudes; der monatliche Nutzenergiebedarf für Trinkwarmwasser ist nach DIN V 18599-10: 2018-09, Tabelle 7, Fußnote a zu berechnen.

Anlage 7
(zu § 48)

Höchstwerte der Wärmedurchgangskoeffizienten von Außenbauteilen bei Änderung an bestehenden Gebäuden

Num-mer	Erneuerung, Ersatz oder erstmaliger Einbau von Außenbauteilen	Wohngebäude und Zonen von Nicht-wohngebäuden mit Raum-Solltemperatur ≥ 19 °C	Zonen von Nicht-wohngebäuden mit Raum-Solltemperatur von 12 bis < 19 °C
		Höchstwerte der Wärmedurchgangs-koeffizienten U_{max}	
Bauteilgruppe: Außenwände			
1a[1]	Außenwände: – Ersatz oder – erstmaliger Einbau	$U = 0,24$ W/(m²·K)	$U = 0,35$ W/(m²·K)
1b[1,2]	Außenwände: – Anbringen von Bekleidungen (Platten oder plattenartige Bauteile), Verschalungen, Mauervorsatzschalen oder Dämmschichten auf der Außenseite einer bestehenden Wand oder – Erneuerung des Außenputzes einer bestehenden Wand	$U = 0,24$ W/(m²·K)	$U = 0,35$ W/(m²·K)
Bauteilgruppe: Fenster, Fenstertüren, Dachflächenfenster, Glasdächer, Außentüren und Vorhangfassaden			
2a	Gegen Außenluft abgrenzende Fenster und Fenstertüren: – Ersatz oder erstmaliger Einbau des gesamten Bauteils oder – Einbau zusätzlicher Vor- oder Innenfenster	$U_w = 1,3$ W/(m²·K)	$U_w = 1,9$ W/(m²·K)

Num-mer	Erneuerung, Ersatz oder erstmaliger Einbau von Außenbauteilen	Wohngebäude und Zonen von Nichtwohngebäuden mit Raum-Solltemperatur ≥ 19 °C	Zonen von Nichtwohngebäuden mit Raum-Solltemperatur von 12 bis < 19 °C
		Höchstwerte der Wärmedurchgangskoeffizienten U_{max}	
2b	Gegen Außenluft abgrenzende Dachflächenfenster: – Ersatz oder erstmaliger Einbau des gesamten Bauteils oder – Einbau zusätzlicher Vor- oder Innenfenster	$U_w = 1{,}4$ $W/(m^2{\cdot}K)$	$U_w = 1{,}9$ $W/(m^2{\cdot}K)$
2c[3]	Gegen Außenluft abgrenzende Fenster, Fenstertüren und Dachflächenfenster: – Ersatz der Verglasung oder verglaster Flügelrahmen	$U_g = 1{,}1$ $W/(m^2{\cdot}K)$	Keine Anforderung
2d	Vorhangfassaden in Pfosten-Riegel-Konstruktion, deren Bauart DIN EN ISO 12631: 2018-01 entspricht: – Ersatz oder erstmaliger Einbau des gesamten Bauteils	$U_c = 1{,}5$ $W/(m^2{\cdot}K)$	$U_c = 1{,}9$ $W/(m^2{\cdot}K)$
2e[3]	Gegen Außenluft abgrenzende Glasdächer: – Ersatz oder erstmaliger Einbau des gesamten Bauteils oder – Ersatz der Verglasung oder verglaster Flügelrahmen	$U_w/U_g = 2{,}0$ $W/(m^2{\cdot}K)$	$U_w/U_g = 2{,}7$ $W/(m^2{\cdot}K)$
2f	Gegen Außenluft abgrenzende Fenstertüren mit Klapp-, Falt-, Schiebe- oder Hebemechanismus: – Ersatz oder erstmaliger Einbau des gesamten Bauteils	$U_w = 1{,}6$ $W/(m^2{\cdot}K)$	$U_w = 1{,}9$ $W/(m^2{\cdot}K)$

Num- mer	Erneuerung, Ersatz oder erstmaliger Einbau von Außenbauteilen	Wohngebäude und Zonen von Nichtwohngebäuden mit Raum-Solltemperatur ≥ 19 °C	Zonen von Nichtwohngebäuden mit Raum-Solltemperatur von 12 bis < 19 °C
		Höchstwerte der Wärmedurchgangskoeffizienten U_{max}	
3a[4]	Gegen Außenluft abgrenzende Fenster, Fenstertüren und Dachflächenfenster mit Sonderverglasung: – Ersatz oder erstmaliger Einbau des gesamten Bauteils oder – Einbau zusätzlicher Vor- oder Innenfenster	$U_w/U_g = 2{,}0$ W/(m²·K)	$U_w/U_g = 2{,}8$ W/(m²·K)
3b[4]	Gegen Außenluft abgrenzende Fenster, Fenstertüren und Dachflächenfenster mit Sonderverglasung: – Ersatz der Sonderverglasung oder verglaster Flügelrahmen	$U_g = 1{,}6$ W/(m²·K)	Keine Anforderung
3c[3,4]	Vorhangfassaden in Pfosten-Riegel-Konstruktion, deren Bauart DIN EN ISO 12631: 2018-01 entspricht, mit Sonderverglasung: – Ersatz oder erstmaliger Einbau des gesamten Bauteils	$U_c = 2{,}3$ W/(m²·K)	$U_c = 3{,}0$ W/(m²·K)
4	Einbau neuer Außentüren (ohne rahmenlose Türanlagen aus Glas, Karusselltüren und kraftbetätigte Türen)	$U = 1{,}8$ W/(m²·K) (Türfläche)	$U = 1{,}8$ W/(m²·K) (Türfläche)

Num-mer	Erneuerung, Ersatz oder erstma-liger Einbau von Außenbauteilen	Wohngebäude und Zonen von Nicht-wohngebäu-den mit Raum-Solltemperatur $\geq 19\ °C$	Zonen von Nicht-wohngebäuden mit Raum-Solltemperatur von 12 bis < 19 °C
		Höchstwerte der Wärmedurchgangs-koeffizienten U_{max}	
Bauteilgruppe: Dachflächen sowie Decken und Wände gegen unbeheizte Dachräume			
5a[1]	Gegen Außenluft abgrenzende Dachflächen einschließlich Dachgauben sowie gegen unbeheizte Dachräume abgrenzende Decken (oberste Geschossdecken) und Wände (einschließlich Abseitenwände): – Ersatz oder – erstmaliger Einbau Anzuwenden nur auf opake Bauteile	$U = 0{,}24$ $W/(m^2{\cdot}K)$	$U = 0{,}35\ W/(m^2{\cdot}K)$
5b[1,5]	Gegen Außenluft abgrenzende Dachflächen einschließlich Dachgauben sowie gegen unbeheizte Dachräume abgrenzende Decken (oberste Geschossdecken) und Wände (einschließlich Abseitenwände): – Ersatz oder Neuaufbau einer Dachdeckung einschließlich der darunter liegenden Lattungen und Verschalungen oder – Aufbringen oder Erneuerung von Bekleidungen oder Verschalungen oder Einbau von Dämmschichten auf der kalten Seite von Wänden oder – Aufbringen oder Erneuerung von Bekleidungen oder Verschalungen oder Einbau von Dämmschichten auf der kalten Seite von obersten Geschossdecken Anzuwenden nur auf opake Bauteile	$U = 0{,}24$ $W/(m^2{\cdot}K)$	$U = 0{,}35\ W/(m^2{\cdot}K)$

Nummer	Erneuerung, Ersatz oder erstmaliger Einbau von Außenbauteilen	Wohngebäude und Zonen von Nichtwohngebäuden mit Raum-Solltemperatur $\geq 19\ °C$	Zonen von Nichtwohngebäuden mit Raum-Solltemperatur von 12 bis < 19 °C
		Höchstwerte der Wärmedurchgangskoeffizienten U_{max}	
$5c^{1,5}$	Gegen Außenluft abgrenzende Dachflächen mit Abdichtung: – Ersatz einer Abdichtung, die flächig das Gebäude wasserdicht abdichtet, durch eine neue Schicht gleicher Funktion (bei Kaltdachkonstruktionen einschließlich darunter liegender Lattungen) Anzuwenden nur auf opake Bauteile	$U = 0,20$ $W/(m^2{\cdot}K)$	$U = 0,35\ W/(m^2{\cdot}K)$
Bauteilgruppe: Wände gegen Erdreich oder unbeheizte Räume (mit Ausnahme von Dachräumen) sowie Decken nach unten gegen Erdreich, Außenluft oder unbeheizte Räume			
$6a^1$	Wände, die an Erdreich oder an unbeheizte Räume (mit Ausnahme von Dachräumen) grenzen, und Decken, die beheizte Räume nach unten zum Erdreich oder zu unbeheizten Räumen abgrenzen: – Ersatz oder – erstmaliger Einbau	$U = 0,30$ $W/(m^2{\cdot}K)$	Keine Anforderung
$6b^{1,5}$	Wände, die an Erdreich oder an unbeheizte Räume (mit Ausnahme von Dachräumen) grenzen, und Decken, die beheizte Räume nach unten zum Erdreich oder zu unbeheizten Räumen abgrenzen: – Anbringen oder Erneuern von außenseitigen Bekleidungen oder Verschalungen, Feuchtigkeitssperren oder Drainagen oder – Anbringen von Deckenbekleidungen auf der Kaltseite	$U = 0,30$ $W/(m^2{\cdot}K)$	Keine Anforderung

Num-mer	Erneuerung, Ersatz oder erstma-liger Einbau von Außenbauteilen	Wohngebäude und Zonen von Nicht-wohngebäu-den mit Raum-Solltemperatur $\geq 19\ °C$	Zonen von Nicht-wohngebäuden mit Raum-Solltemperatur von 12 bis < 19 °C
		Höchstwerte der Wärmedurchgangs-koeffizienten U_{max}	
$6c^{1,5}$	Decken, die beheizte Räume nach unten zum Erdreich, zur Außenluft oder zu unbeheizten Räumen abgrenzen: – Aufbau oder Erneuerung von Fußbodenaufbauten auf der beheizten Seite	U = 0,50 W/(m²·K)	Keine Anforderung
$6d^{1}$	Decken, die beheizte Räume nach unten zur Außenluft abgrenzen: – Ersatz oder – Erstmaliger Einbau	U = 0,24 W/(m²·K)	U = 0,35 W/(m²·K)
$6e^{1,5}$	Decken, die beheizte Räume nach unten zur Außenluft abgrenzen, – Anbringen oder Erneuern von außenseitigen Bekleidungen oder Verschalungen, Feuchtig-keitssperren oder Drainagen oder – Anbringen von Deckenbeklei-dungen auf der Kaltseite	U = 0,24 W/(m²·K)	U = 0,35 W/(m²·K)

1 Werden Maßnahmen nach den Nummern 1a, 1b, 5a, 5b, 5c, 6a, 6b, 6c, 6d oder 6e ausgeführt und ist die Dämmschichtdicke im Rahmen dieser Maßnahmen aus technischen Gründen begrenzt, so gelten die Anforderungen als erfüllt, wenn die nach anerkannten Regeln der Technik höchstmögliche Dämmschichtdicke eingebaut wird, wobei ein Bemessungswert der Wärmeleitfähigkeit von λ = 0,035 W/(m·K) einzuhalten ist. Abweichend von Satz 1 ist ein Bemessungswert der Wärmeleitfähigkeit von λ = 0,045 W/(m·K) einzuhalten, soweit Dämmmaterialien in Hohlräume eingeblasen oder Dämmmaterialien aus nachwachsenden Rohstoffen verwendet werden. Wird bei Maßnahmen nach Nummer 5b eine Dachdeckung einschließlich darunter liegender Lattungen und Verschalungen ersetzt oder neu aufgebaut, sind die Sätze 1 und 2 entsprechend anzuwenden, wenn der Wärmeschutz als Zwischensparrendämmung ausgeführt wird und die Dämmschichtdicke wegen einer innenseitigen Bekleidung oder der Sparrenhöhe begrenzt ist. Die Sätze 1 bis 3 sind bei Maßnahmen nach den Nummern 5a, 5b, und 5c nur auf opake Bauteile anzuwenden.

2 Werden Maßnahmen nach Nummer 1b ausgeführt, müssen die dort genannten Anforderungen nicht eingehalten werden, wenn die Außenwand nach dem 31. Dezember 1983 unter Einhaltung energiesparrechtlicher Vorschriften errichtet oder erneuert worden ist.

3 Bei Ersatz der Verglasung oder verglaster Flügelrahmen gelten die Anforderungen nach den Nummern 2c, 2e und 3c nicht, wenn der vorhandene Rahmen zur Aufnahme der vorgeschriebenen Verglasung ungeeignet ist. Werden bei Maßnahmen nach Nummer 2c oder bei Maßnahmen nach Nummer 2e Verglasungen oder verglaste Flügelrahmen ersetzt und ist die Glasdicke im Rahmen dieser Maßnahmen aus technischen Gründen begrenzt, so gelten die Anforderungen als erfüllt, wenn eine Verglasung mit einem Wärmedurchgangskoeffizienten von höchstens 1,3 W/(m²·K) eingebaut wird. Werden Maßnahmen nach Nummer 2c an Kasten- oder Verbundfenstern durchgeführt, so gelten die Anforderungen als erfüllt, wenn eine Glastafel mit einer infrarot-reflektierenden Beschichtung mit einer Emissivität $\varepsilon_n \leq 0,2$ eingebaut wird.

4 Sonderverglasungen im Sinne der Nummern 3a, 3b und 3c sind
   – Schallschutzverglasungen mit einem bewerteten Schalldämmmaß der Verglasung von $R_{w,R}$ = 40 dB nach DIN EN ISO 717-1: 2013-06 oder einer vergleichbaren Anforderung,
   – Isolierglas-Sonderaufbauten zur Durchschusshemmung, Durchbruchhemmung oder Sprengwirkungshemmung nach anerkannten Regeln der Technik oder
   – Isolierglas-Sonderaufbauten als Brandschutzglas mit einer Einzelelementdicke von mindestens 18 mm nach DIN 4102-13: 1990-05 oder einer vergleichbaren Anforderung.

5 Werden Maßnahmen nach Nummer 5b, 5c, 6b, 6c oder 6e ausgeführt, müssen die dort genannten Anforderungen nicht eingehalten werden, wenn die Bauteilfläche nach dem 31. Dezember 1983 unter Einhaltung energiesparrechtlicher Vorschriften errichtet oder erneuert worden ist.

Anlage 8

(zu den §§ 69, 70 und 71 Absatz 1)

Anforderungen an die Wärmedämmung von Rohrleitungen und Armaturen

1. **Wärmedämmung von Wärmeverteilungs- und Warmwasserleitungen sowie Armaturen in den Fällen des § 69 und § 71 Absatz 1**

   a) Wärmeverteilungs- und Warmwasserleitungen sowie Armaturen sind wie folgt zu dämmen:

   aa) Bei Leitungen und Armaturen mit einem Innendurchmesser von bis zu 22 Millimetern beträgt die Mindestdicke der Dämmschicht, bezogen auf eine Wärmeleitfähigkeit von 0,035 Watt pro Meter und Kelvin, 20 Millimeter.

   bb) Bei Leitungen und Armaturen mit einem Innendurchmesser von mehr als 22 Millimetern und bis zu 35 Millimetern beträgt die Mindestdicke der Dämmschicht, bezogen auf eine Wärmeleitfähigkeit von 0,035 Watt pro Meter und Kelvin, 30 Millimeter.

   cc) Bei Leitungen und Armaturen mit einem Innendurchmesser von mehr als 35 Millimetern und bis zu 100 Millimetern ist die Mindestdicke der Dämmschicht, bezogen auf eine Wärmeleitfähigkeit von 0,035 Watt pro Meter und Kelvin, gleich dem Innendurchmesser.

   dd) Bei Leitungen und Armaturen mit einem Innendurchmesser von mehr als 100 Millimetern beträgt die Mindestdicke der Dämmschicht, bezogen auf eine Wärmeleitfähigkeit von 0,035 Watt pro Meter und Kelvin, 100 Millimeter.

   ee) Bei Leitungen und Armaturen nach den Doppelbuchstaben aa bis dd, die sich in Wand- und Deckendurchbrüchen, im Kreuzungsbereich von Leitungen, an Leitungsverbindungsstellen oder bei zentralen Leitungsnetzverteilern befinden, beträgt die Mindestdicke der Dämmschicht, bezogen auf eine Wärmeleitfähigkeit von 0,035 Watt pro Meter und Kelvin, die Hälfte des jeweiligen Wertes nach den Doppelbuchstaben aa bis dd.

   ff) Bei Wärmeverteilungsleitungen nach den Doppelbuchstaben aa bis dd, die nach dem 31. Januar 2002 in Bauteilen zwischen beheizten Räumen verschiedener Nutzer verlegt werden, beträgt die Mindestdicke der Dämmschicht, bezogen auf eine Wärmeleitfähigkeit von 0,035 Watt pro Meter und Kelvin, die Hälfte des jeweiligen Wertes nach den Doppelbuchstaben aa bis dd.

gg) Bei Leitungen und Armaturen nach Doppelbuchstabe ff, die sich in einem Fußbodenaufbau befinden, beträgt die Mindestdicke der Dämmschicht, bezogen auf eine Wärmeleitfähigkeit von 0,035 Watt pro Meter und Kelvin, 6 Millimeter.

hh) Soweit in den Fällen des § 69 Wärmeverteilungs- und Warmwasserleitungen an Außenluft grenzen, beträgt die Mindestdicke der Dämmschicht, bezogen auf eine Wärmeleitfähigkeit von 0,035 Watt pro Meter und Kelvin, das Zweifache des jeweiligen Wertes nach den Doppelbuchstaben aa bis dd.

b) In den Fällen des § 69 ist Buchstabe a nicht anzuwenden, soweit sich Wärmeverteilungsleitungen nach Buchstabe a Doppelbuchstabe aa bis dd in beheizten Räumen oder in Bauteilen zwischen beheizten Räumen eines Nutzers befinden und ihre Wärmeabgabe durch frei liegende Absperreinrichtungen beeinflusst werden kann.

c) In Fällen des § 69 ist Buchstabe a nicht anzuwenden auf Warmwasserleitungen bis zu einem Wasserinhalt von 3 Litern, die weder in den Zirkulationskreislauf einbezogen noch mit elektrischer Begleitheizung ausgestattet sind (Stichleitungen) und sich in beheizten Räumen befinden.

2. **Wärmedämmung von Kälteverteilungs- und Kaltwasserleitungen sowie Armaturen in den Fällen des § 70**

Bei Kälteverteilungs- und Kaltwasserleitungen sowie Armaturen von Raumlufttechnik- und Klimakältesystemen beträgt die Mindestdicke der Dämmschicht, bezogen auf eine Wärmeleitfähigkeit von 0,035 Watt pro Meter und Kelvin, 6 Millimeter.

3. **Materialien mit anderen Wärmeleitfähigkeiten**

Bei Materialien mit anderen Wärmeleitfähigkeiten als 0,035 Watt pro Meter und Kelvin sind die Mindestdicken der Dämmschichten entsprechend umzurechnen. Für die Umrechnung und die Wärmeleitfähigkeit des Dämmmaterials sind die in anerkannten Regeln der Technik enthaltenen Berechnungsverfahren und Rechenwerte zu verwenden.

4. **Gleichwertige Begrenzung**

Bei Wärmeverteilungs- und Warmwasserleitungen sowie Kälteverteilungs- und Kaltwasserleitungen dürfen die Mindestdicken der

Dämmschichten nach den Nummern 1 und 2 insoweit vermindert werden, als eine gleichwertige Begrenzung der Wärmeabgabe oder der Wärmeaufnahme auch bei anderen Rohrdämmstoffanordnungen und unter Berücksichtigung der Dämmwirkung der Leitungswände sichergestellt ist.

Anlage 9

(zu § 85 Absatz 6)

Umrechnung in Treibhausgasemissionen

1. **Angabe in Energiebedarfsausweisen**

   Die mit dem Gebäudebetrieb verbundene emittierte Menge von Treibhausgasen berechnet sich für die Angabe in Energiebedarfsausweisen wie folgt:

   a) Die Treibhausgasemissionen berechnen sich bei fossilen Brennstoffen, bei Biomasse, bei Strom und bei Abwärme aus dem Produkt des nach § 20 oder nach § 21 ermittelten endenergetischen Bedarfswerts des Gebäudes bezüglich des betreffenden Energieträgers und dem auf die eingesetzte Energiemenge bezogenen Emissionsfaktor nach Nummer 3. Der Emissionsfaktor für „gebäudenahe Erzeugung" bei gasförmiger und flüssiger Biomasse darf dabei nur verwendet werden, wenn die Voraussetzungen des § 22 Absatz 1 Nummer 1 oder Nummer 2 erfüllt sind.

   b) Wird Wärme aus einer gebäudeintegrierten oder gebäudenahen Kraft-Wärme-Kopplungsanlage bezogen, ist der Emissionsfaktor nach DIN V 18599-9: 2018-09 unter sinngemäßer Anwendung der einschlägigen Regelungen in DIN V 18599-1: 2018-09 Anhang A Abschnitt A.4 zu bestimmen und jeweils mit dem nach § 20 oder nach § 21 ermittelten, durch die Kraft-Wärme-Kopplungsanlage gedeckten endenergetischen Bedarfswert des Gebäudes zu multiplizieren.

   c) Wird Fernwärme oder -kälte zur Deckung des Endenergiebedarfs (Wärme, Kälte) eingesetzt, die ganz oder teilweise aus Kraft-Wärme-Kopplungsanlagen stammt, und hat der Betreiber des Wärmenetzes einen Emissionsfaktor auf der Grundlage der DIN V 18599-1: 2018-09 Anhang A Abschnitt A.4 und unter Verwendung der Emissionsfaktoren nach Nummer 3 ermittelt und veröffentlicht, ist dieser Emissionsfaktor zu verwenden und mit dem nach § 20 oder nach § 21 ermittelten endenergetischen Bedarfswert des Gebäudes zu multiplizieren.

   d) Wird Fernwärme oder -kälte zur Deckung des Endenergiebedarfs (Wärme, Kälte) eingesetzt, die ganz oder teilweise aus Kraft-Wärme-Kopplungsanlagen stammt, und hat der Betreiber des Versorgungsnetzes keinen Emissionsfaktor ermittelt und veröffentlicht, ist der auf die für die Fernwärme oder -kälte eingesetzten Brennstoffe bezogene Emissionsfaktor nach Nummer 3 zu verwenden und mit dem nach § 20 oder nach § 21 ermittelten endenergetischen Bedarfswert des Gebäudes zu multiplizieren.

e) Bei der Ermittlung der Emissionsfaktoren nach Buchstabe c sind die Vorkettenemissionen der einzelnen Energieträger und die Netzverluste zu berücksichtigen. Zur Berücksichtigung der Vorkettenemissionen kann ein pauschaler Aufschlag von 20 Prozent, mindestens aber von 40 Gramm Kohlendioxid-Äquivalent pro Kilowattstunde, auf den ohne Berücksichtigung der Vorkettenemissionen bestimmten Emissionsfaktor angewendet werden.

f) Falls der Wärme-, Kälte- und Strombedarf des Gebäudes aus unterschiedlichen Brennstoffen und Energieträgern gedeckt wird, so ist die Gesamttreibhausgasemission als die Summe der nach § 20 oder nach § 21 ermittelten endenergetischen Bedarfs-werte des Gebäudes bezüglich der einzelnen Brennstoffe und Energieträger, jeweils multipliziert mit den betreffenden Emis-sionsfaktoren, zu ermitteln.

g) Wird Strom aus gebäudenaher erneuerbarer Erzeugung nach § 23 Absatz 2 oder Absatz 3 bilanziell bei der Ermittlung des Primärenergiebedarfs angerechnet, sind zur Ermittlung der Treibhausgasemissionen des Gebäudes zunächst die Emissio-nen nach Buchstabe a zu ermitteln, die sich ohne Anrechnung von Strom aus gebäudenaher Erzeugung ergeben würden. Der nach Satz 1 ermittelte Wert ist durch den Endenergiebedarf des Gebäudes zu dividieren. Der nach Satz 2 ermittelte mittlere Emissionsfaktor des Gebäudes ist mit dem durch 1,8 dividier-ten, nach § 23 Absatz 2 oder Absatz 3 ermittelten primärenerge-tisch anrechenbaren Anteil des Stroms aus gebäudenaher Erzeugung zu multiplizieren. Die Treibhausgasemissionen des Gebäudes ergeben sich nach Abzug des nach Satz 3 ermittelten Werts von den nach Satz 1 ermittelten Emissionen des Gebäu-des.

h) Für Gebäude, auf die § 23 Absatz 4 anzuwenden ist, ist abwei-chend von Buchstabe g das in § 23 Absatz 4 bestimmte Verfah-ren zur Bestimmung des endenergetischen Strombedarfswerts nach Anrechnung des gebäudenah erzeugten erneuerbaren Stroms anzuwenden. Der nach Satz 1 ermittelte Wert ist dann zur Ermittlung der Treibhausgasemissionen des Gebäudes nach Buchstabe a oder Buchstabe f zu verwenden.

2. Angabe in Energieverbrauchsausweisen

Die mit dem Gebäudebetrieb verbundenen Treibhausgasemissionen berechnen sich als Summe der Energieverbrauchswerte aus dem Energieverbrauchsausweis bezüglich der einzelnen Energieträger, jeweils multipliziert mit den entsprechenden Emissionsfaktoren nach Nummer 3.

3. Emissionsfaktoren

Nummer	Kategorie	Energieträger	Emissionsfaktor [g CO_2-Äquivalent pro kWh]
1	Fossile Brennstoffe	Heizöl	310
2		Erdgas	240
3		Flüssiggas	270
4		Steinkohle	400
5		Braunkohle	430
6	Biogene Brennstoffe	Biogas	140
7		Biogas, gebäudenah erzeugt	75
8		Biogenes Flüssiggas	180
9		Bioöl	210
10		Bioöl, gebäudenah erzeugt	105
11		Holz	20
12	Strom	netzbezogen	560
13		gebäudenah erzeugt (aus Photovoltaik oder Windkraft)	0
14		Verdrängungsstrommix	860
15	Wärme, Kälte	Erdwärme, Geothermie, Solarthermie, Umgebungswärme	0
16		Erdkälte, Umgebungskälte	0
17		Abwärme aus Prozessen	40
18		Wärme aus KWK, gebäudeintegriert oder gebäudenah	nach DIN V 18599-9: 2018-09
19		Wärme aus Verbrennung von Siedlungsabfällen (unter pauschaler Berücksichtigung von Hilfsenergie und Stützfeuerung)	20

Nummer	Kategorie	Energieträger	Emissionsfaktor [g CO_2-Äquivalent pro kWh]
20	Nah-/Fernwärme aus KWK mit Deckungsanteil der KWK an der Wärmeerzeugung von mindestens 70 Prozent	Brennstoff: Stein-/Braunkohle	300
21		Gasförmige und flüssige Brennstoffe	180
22		Erneuerbarer Brennstoff	40
23	Nah-/Fernwärme aus Heizwerken	Brennstoff: Stein-/Braunkohle	400
24		Gasförmige und flüssige Brennstoffe	300
25		Erneuerbarer Brennstoff	60

Anlage 10

(zu § 86)

Energieeffizienzklassen von Wohngebäuden

Energieeffizienzklasse	Endenergie [Kilowattstunden pro Quadratmeter Gebäudenutzfläche und Jahr]
A+	≤ 30
A	≤ 50
B	≤ 75
C	≤ 100
D	≤ 130
E	≤ 160
F	≤ 200
G	≤ 250
H	> 250

Anlage 11

(zu § 88 Absatz 2 Nummer 2)

Anforderungen an die Inhalte der Schulung für die Berechtigung zur Ausstellung von Energieausweisen

1. **Zweck der Schulung**

   Die nach § 88 Absatz 2 Nummer 2 verlangte Schulung soll die Aussteller von Energieausweisen in die Lage versetzen, bei der Ausstellung solcher Energieausweise die Vorschriften dieses Gesetzes einschließlich des technischen Regelwerks zum energiesparenden Bauen sachgemäß anzuwenden. Die Schulung soll praktische Übungen einschließen und insbesondere die im Folgenden genannten Fachkenntnisse vermitteln.

2. **Inhaltliche Schwerpunkte der Schulung zu Wohngebäuden**

   a) Bestandsaufnahme und Dokumentation des Gebäudes, der Baukonstruktion und der technischen Anlagen

   Ermittlung, Bewertung und Dokumentation des Einflusses der geometrischen und energetischen Kennwerte der Gebäudehülle einschließlich aller Einbauteile und Wärmebrücken, der Luftdichtheit und Erkennen von Leckagen, der bauphysikalischen Eigenschaften von Baustoffen und Bauprodukten einschließlich der damit verbundenen konstruktiv-statischen Aspekte, der energetischen Kennwerte von anlagentechnischen Komponenten einschließlich deren Betriebseinstellung und Wartung, der Auswirkungen des Nutzerverhaltens und von Leerstand und von Klimarandbedingungen und Witterungseinflüssen auf den Energieverbrauch.

   b) Beurteilung der Gebäudehülle

   Ermittlung von Eingangs- und Berechnungsgrößen für die energetische Berechnung, wie zum Beispiel Wärmeleitfähigkeit, Wärmedurchlasswiderstand, Wärmedurchgangskoeffizient, Transmissionswärmeverlust, Lüftungswärmebedarf und nutzbare interne und solare Wärmegewinne. Durchführung der erforderlichen Berechnungen nach DIN V 18599 oder DIN V 4108-6 sowie Anwendung vereinfachter Annahmen und Berechnungs- und Beurteilungsmethoden. Berücksichtigung von Maßnahmen des sommerlichen Wärmeschutzes und Berechnung nach DIN 4108-2, Kenntnisse über Luftdichtheitsmessungen und die Ermittlung der Luftdichtheitsrate.

c) Beurteilung von Heizungs- und Warmwasserbereitungsanlagen

Detaillierte Beurteilung von Komponenten einer Heizungsanlage zur Wärmeerzeugung, Wärmespeicherung, Wärmeverteilung und Wärmeabgabe. Kenntnisse über die Interaktion von Gebäudehülle und Anlagentechnik, Durchführung der Berechnungen nach DIN V 18599 oder DIN V 4701-10, Beurteilung von Systemen der alternativen und erneuerbaren Energie- und Wärmeerzeugung.

d) Beurteilung von Lüftungs- und Klimaanlagen

Bewertung unterschiedlicher Arten von Lüftungsanlagen und deren Konstruktionsmerkmalen, Berücksichtigung der Brand- und Schallschutzanforderungen für lüftungstechnische Anlagen, Durchführung der Berechnungen nach DIN V 18599 oder DIN V 4701-10, Grundkenntnisse über Klimaanlagen.

e) Erbringung der Nachweise

Kenntnisse über energetische Anforderungen an Wohngebäude und das Bauordnungsrecht, insbesondere des Mindestwärmeschutzes, die Durchführung der Nachweise und Berechnungen des Jahres-Primärenergiebedarfs, die Ermittlung des Energieverbrauchs und seine rechnerische Bewertung einschließlich der Witterungsbereinigung und über die Ausstellung eines Energieausweises.

f) Grundlagen der Beurteilung von Modernisierungsempfehlungen einschließlich ihrer technischen Machbarkeit und Wirtschaftlichkeit

Kenntnisse und Erfahrungswerte über Amortisations- und Wirtschaftlichkeitsberechnung für einzelne Bauteile und Anlagen einschließlich Investitionskosten und Kosteneinsparungen, über erfahrungsgemäß wirtschaftlich rentable, im Allgemeinen verwirklichungsfähige Modernisierungsempfehlungen für kosteneffiziente Verbesserungen der energetischen Eigenschaften des Wohngebäudes, über Vor- und Nachteile bestimmter Verbesserungsvorschläge unter Berücksichtigung bautechnischer und rechtlicher Rahmenbedingungen (zum Beispiel bei Wechsel des Heizenergieträgers, Grenzbebauung, Grenzabstände), über aktuelle Förderprogramme, über tangierte bauphysikalische und statisch-konstruktive Einflüsse, wie zum Beispiel Wärmebrücken, Tauwasseranfall (Kondensation), Wasserdampftransport, Schimmelpilzbefall, Bauteilanschlüsse und Vorschläge für weitere Abdichtungsmaßnahmen, über die Auswahl von Materialien zur Herstellung der Luftdichtheit nach den Gesichtspunkten der Verträglichkeit der Wirksamkeit sowie der Dauerhaftigkeit und über Auswirkungen von wärmeschutztechnischen Maßnahmen auf den Schall- und Brandschutz. Erstellung erfahrungsgemäß wirtschaftlich rentabler, im Allgemeinen verwirklichungsfähiger Modernisierungsempfehlungen für kosteneffiziente Verbesserungen der energetischen Eigenschaften.

3. **Inhaltliche Schwerpunkte der Schulung zu Nichtwohngebäuden**

   Zusätzlich zu den unter Nummer 2 aufgeführten Schwerpunkten soll die Schulung insbesondere die nachfolgenden Fachkenntnisse zu Nichtwohngebäuden vermitteln:

   a) Bestandsaufnahme und Dokumentation des Gebäudes, der Baukonstruktion und der technischen Anlagen

   Energetische Modellierung eines Gebäudes – hierzu gehören beheiztes oder gekühltes Volumen, konditionierte oder nicht konditionierte Räume, Versorgungsbereich der Anlagentechnik –, Ermittlung der Systemgrenze und Einteilung des Gebäudes in Zonen nach entsprechenden Nutzungsrandbedingungen, Zuordnung von geometrischen und energetischen Kenngrößen zu den Zonen und Versorgungsbereichen, Zusammenwirken von Gebäude und Anlagentechnik mit Verrechnung von Bilanzanteilen, Anwendung vereinfachter Verfahren, zum Beispiel die Anwendung des Ein-Zonen-Modells, Bestimmung von Wärmequellen und -senken und des Nutzenergiebedarfs von Zonen, Ermittlung, Bewertung und Dokumentation der energetischen Kennwerte von raumlufttechnischen Anlagen, insbesondere von Klimaanlagen, und Beleuchtungssystemen.

   b) Beurteilung der Gebäudehülle

   Ermittlung von Eingangs- und Berechnungsgrößen und energetische Bewertung von Fassadensystemen, insbesondere von Vorhang- und Glasfassaden, Bewertung von Systemen für den sommerlichen Wärmeschutz und von Verbauungs- und Verschattungssituationen.

   c) Beurteilung von Heizungs- und Warmwasserbereitungsanlagen

   Berechnung des Endenergiebedarfs für Heizungs- und Warmwasserbereitung einschließlich der Verluste in den technischen Prozessschritten nach DIN V 18599-5 und DIN V 18599-8, Beurteilung von Kraft-Wärme-Kopplungsanlagen nach DIN V 18599-9, Bilanzierung von Nah- und Fernwärmesystemen und der Nutzung erneuerbarer Energien.

d) Beurteilung von raumlufttechnischen Anlagen und sonstigen Anlagen zur Kühlung

Berechnung des Kühlbedarfs von Gebäuden (Nutzkälte) und der Nutzenergie für die Luftaufbereitung, Bewertung unterschiedlicher Arten von raumlufttechnischen Anlagen und deren Konstruktionsmerkmalen, Berücksichtigung der Brand- und Schallschutzanforderungen für diese Anlagen, Berechnung des Energiebedarfs für die Befeuchtung mit einem Dampferzeuger, Ermittlung von Übergabe- und Verteilverlusten, Bewertung von Bauteiltemperierungen, Durchführung der Berechnungen nach DIN V 18599-2, DIN V 18599-3 und DIN V 18599-7 und der Nutzung erneuerbarer Energien.

e) Beurteilung von Beleuchtungs- und Belichtungssystemen

Berechnung des Endenergiebedarfs für die Beleuchtung nach DIN V 18599-4, Bewertung der Tageslichtnutzung, zum Beispiel der Fenster, der Tageslichtsysteme, des Beleuchtungsniveaus, des Wartungswertes sowie der Beleuchtungsstärke, der tageslichtabhängigen Kunstlichtregelung, zum Beispiel der Art, der Kontrollstrategie, des Funktionsumfangs, sowie des Schaltsystems und der Kunstlichtbeleuchtung, zum Beispiel der Lichtquelle, der Vorschaltgeräte sowie der Leuchten.

f) Erbringung der Nachweise

Kenntnisse über energetische Anforderungen an Nichtwohngebäude und das Bauordnungsrecht, insbesondere den Mindestwärmeschutz, Durchführung der Nachweise und Berechnungen des Jahres-Primärenergiebedarfs, Ermittlung des Energieverbrauchs und seine rechnerische Bewertung einschließlich der Witterungsbereinigung, Ausstellung eines Energieausweises.

g) Grundlagen der Beurteilung von Modernisierungsempfehlungen einschließlich ihrer technischen Machbarkeit und Wirtschaftlichkeit

Erstellung von erfahrungsgemäß wirtschaftlich rentablen, im Allgemeinen verwirklichungsfähigen Modernisierungsempfehlungen für kosteneffiziente Verbesserungen der energetischen Eigenschaften für Nichtwohngebäude.

4. Umfang der Schulung

Der Umfang der Fortbildung insgesamt sowie der einzelnen Schwerpunkte soll dem Zweck und den Anforderungen dieser Anlage sowie der Vorbildung der jeweiligen Teilnehmer Rechnung tragen.

C
Sachverzeichnis